中国社会科学院创新工程学术出版资助项目

孰言吾非满族
一项历史人类学研究

刘正爱 ◎ 著

中国社会科学出版社

图书在版编目（CIP）数据

孰言吾非满族：一项历史人类学研究／刘正爱著．—北京：中国社会科学出版社，2015.4
ISBN 978-7-5161-5965-1

Ⅰ.①孰…　Ⅱ.①刘…　Ⅲ.①历史人类学—研究　Ⅳ.①K0

中国版本图书馆CIP数据核字（2015）第076738号

出 版 人	赵剑英
选题策划	王　茵
责任编辑	孙　萍
责任校对	王　斐
责任印制	王　超

出　　版	中国社会科学出版社
社　　址	北京鼓楼西大街甲158号
邮　　编	100720
网　　址	http://www.csspw.cn
发 行 部	010-84083685
门 市 部	010-84029450
经　　销	新华书店及其他书店

印刷装订	三河市君旺印务有限公司
版　　次	2015年4月第1版
印　　次	2015年4月第1次印刷

开　　本	710×1000　1/16
印　　张	18.5
插　　页	4
字　　数	313千字
定　　价	58.00元

凡购买中国社会科学出版社图书，如有质量问题请与本社联系调换
电话：010-84083683
版权所有　侵权必究

▲ 腰站肇氏红带子

▶ 子孙娘娘

▲ 尹登后裔胜利村肇忠华老宅

◀ 胡连玉家祖宗板

◀ 胡连玉家的"影"

▲ 高明亮家"老祖宗"
　（左侧为旧的，右侧为新请的）

▲ 富裕县大高粱村葛金友家"老祖宗"

▲ 汉军旗人祖宗龛
　（胜利村顾延春家保存）

▲ 华山大帝出巡

◀ 琴江杨氏祖先"影"

目　　录

绪　论 ·· (1)
　　本研究的缘起 ·· (1)
　　历史学与人类学的接轨 ·· (4)
　　人类学中的历史视角 ··· (9)
　　认同与历史 ·· (14)
　　"民族"与"族群" ·· (20)
　　满族的人类学研究与本研究的定位 ·· (25)
　　研究方法与内容构成 ··· (29)

第一章　神话谱系的建构与旗人的形成 ·· (32)
　　第一节　起源神话 ·· (32)
　　第二节　"满洲"（Manchu）的出现 ·· (39)
　　第三节　八旗制度与"旗人"、"民人" ··· (43)
　　　　一　满洲八旗、汉军八旗、蒙古八旗 ······································ (43)
　　　　二　"旗人"与"民人" ·· (46)
　　　　三　佛满洲与伊彻满洲 ·· (48)
　　第四节　小结 ·· (50)

第二章　姓名、族谱与认同 ··· (52)
　　第一节　姓名与认同 ··· (52)
　　第二节　作为"历史"的族谱 ··· (55)
　　第三节　小结 ·· (60)

第三章　从"旗人"到"满族" ………………………………… (62)
- 第一节　1911—1949年从军事、政治性范畴到民族集团的转换 … (62)
- 第二节　"满族"的诞生——作为下位集团的少数民族 ………… (65)
- 第三节　小结 …………………………………………………… (71)

第四章　国家、地方政府、个人三者之互动
　　　　——以新宾满族自治县成立为例 …………………… (73)
- 第一节　新宾满族自治县概要 ………………………………… (73)
- 第二节　自治县的成立过程 …………………………………… (75)
- 第三节　边界的流动与稳定 …………………………………… (81)
- 第四节　小结 …………………………………………………… (85)

第五章　风水传说、历史记忆与认同 ……………………… (87)
- 第一节　天命与风水 …………………………………………… (87)
- 第二节　清永陵神树传说 ……………………………………… (88)
- 第三节　永陵和赫图阿拉城的风水 …………………………… (90)
- 第四节　小结 …………………………………………………… (93)

第六章　观光场域中历史与文化的重构 …………………… (94)
- 第一节　"恢复"赫图阿拉城 …………………………………… (95)
- 第二节　展示的历史、观看的历史 …………………………… (100)
- 第三节　历史与文化的"开发"过程 …………………………… (103)
- 第四节　小结 …………………………………………………… (109)

第七章　活态历史——腰站个案 …………………………… (112)
- 第一节　村落概况 ……………………………………………… (112)
- 第二节　腰站肇氏的来源 ……………………………………… (114)
- 第三节　官方书写的历史与历史认识 ………………………… (117)
- 第四节　作为口头传承的历史 ………………………………… (122)
- 第五节　祖先祭祀与墓地——仪式空间中的历史 …………… (126)
  - 一　祖先祭祀的变迁 ………………………………………… (126)
  - 二　墓地空间与祖先祭祀 …………………………………… (137)

第六节　逝去的辉煌 …………………………………… (139)
　　第七节　皇族还是满族 ………………………………… (145)
　　第八节　被遗忘的人们——另一个历史 ……………… (148)
　　第九节　小结 …………………………………………… (172)

第八章　民间信仰、族谱与历史记忆 ………………………… (179)
　　第一节　族谱与传说——徐氏家族的两种历史 ……… (179)
　　　一　作为文字记载的家族史 ………………………… (180)
　　　二　作为传说的家族史 ……………………………… (182)
　　　三　仪式中的历史——佛祖诞辰庆典 ……………… (184)
　　　四　"纯满族"与"随旗的" ………………………… (187)
　　第二节　祖先与地仙信仰——富村个案 ……………… (190)
　　　一　族谱中的家族史 ………………………………… (190)
　　　二　祖先与保家仙 …………………………………… (191)
　　第三节　小结 …………………………………………… (196)

第九章　黑龙江省三家子村满族生活的变迁与认同 ………… (197)
　　第一节　三家子村概况 ………………………………… (198)
　　第二节　族谱、祖先祭祀与过去的记忆 ……………… (200)
　　第三节　满语的"活化石" …………………………… (209)
　　第四节　小结 …………………………………………… (212)

第十章　空间、历史与认同 …………………………………… (213)
　　第一节　福州驻防八旗的创建 ………………………… (213)
　　第二节　作为历史记忆的空间 ………………………… (216)
　　第三节　记忆中的历史——两位满族女性的口述史 … (219)
　　第四节　孰言吾非满族——三江口水师旗营后裔 …… (228)
　　　一　琴江村概况 ……………………………………… (228)
　　　二　建筑空间与信仰景观 …………………………… (230)
　　　三　城墙内外 ………………………………………… (236)
　　　四　成立满族村 ……………………………………… (240)
　　　五　历史记忆、传统文化与认同 …………………… (243)

第五节　小结 …………………………………………（247）

第十一章　历史记忆与认同 …………………………………（250）
　　第一节　作为复数变种的过去 …………………………（250）
　　第二节　集团的名称与认同 ……………………………（253）
　　第三节　识别的民族、想象的民族 ……………………（256）

附录　辛亥颠险始末记 ………………………………………（262）

参考文献 ………………………………………………………（266）

致　谢 …………………………………………………………（287）

图表目录

表 3-1　中国满族人口分布……………………………………（68）
表 3-2　中国满族人口变化……………………………………（69）
表 4-1　新宾满族人口变化……………………………………（75）
表 7-1　腰站择年人口变化……………………………………（177）
图 5-1　"复原"后的赫图阿拉城内"神龙二目"……………（92）
图 5-2　赫图阿拉城内万神庙…………………………………（93）
图 6-1　农家小院室内摆设……………………………………（98）
图 6-2　文化长廊中的仙女沐浴图……………………………（102）
图 6-3　赫图阿拉一景——汗宫大衙门………………………（104）
图 7-1　1993 年腰站村景………………………………………（113）
图 7-2　2015 年腰站村景………………………………………（113）
图 7-3　肇祥臻保存的《奉天维城学校同学录》封面………（119）
图 7-4　肇祥臻保存的《奉天维城学校毕业照》……………（119）
图 7-5　腰站肇氏祖宗板（腰站街肇忠华家）………………（131）
图 7-6　腰站肇氏的达子香碗…………………………………（134）
图 7-7　2000 年腰站六将军庙…………………………………（136）
图 7-8　2013 年重建的六将军庙………………………………（136）
图 7-9　肇氏祖坟图 1…………………………………………（137）
图 7-10　肇氏祖坟图 2…………………………………………（139）
图 7-11　腰站肇氏西安乐堂……………………………………（140）
图 7-12　胡连玉家的索罗妈妈（万历妈妈）…………………（154）
图 7-13　王文武家谱书…………………………………………（156）
图 7-14　吴景祥家祖宗板………………………………………（161）

图7-15	王静波家"老祖宗"	(165)
图7-16	民人所供"老祖宗"（大谱单）	(169)
图7-17	1945年之前腰站肇氏祭祀单位	(175)
图7-18	刚扎好的"佛托"	(176)
图8-1	老城徐氏家庙	(183)
图8-2	老城徐氏"老祖宗"	(186)
图8-3	三道仙寓居的石棚墓	(192)
图8-4	富姓"祠堂"	(194)
图8-5	富姓"祠堂"仙人图	(194)
图9-1	三家子村满语教师石君广	(210)
图9-2	满族小学学生校服	(211)
图10-1	福州驻防	(215)
图10-2	琴江旗人墓碑1	(230)
图10-3	琴江旗人墓碑2	(231)
图10-4	许辉手绘水师旗营	(232)
图10-5	琴江天后宫	(233)
图10-6	琴江许辉太高祖的"影"	(235)
图10-7	琴江台阁	(245)

绪　　论

本研究的缘起

笔者生长在东北的一座小城，17岁那年，笔者离开山清水秀的故乡，来到中国腹地——武汉开始了求学生涯。此后每隔几年都要回老家探望家乡的亲人，一睹家乡的一草一木、一街一巷。渐渐地，笔者发现家乡一改往日的宁静，变得喧嚣、热闹起来，街头巷尾充满了喜气洋洋的节日气氛，"满族"这个不曾熟悉的字眼开始出现在大街小巷，商店挂上"民族商场"的牌子，餐馆变成了"民族餐馆"，县文工团改名为"满族歌舞团"，小时候喜爱吃的"驴打滚"成了"满族食品"，运动会上多了几项满族体育项目，县政府的牌子上又多了一行满文……

这些年家乡到底发生了什么？是什么改变了小镇以往的宁静（或许只是表面的），使她变得如此喧嚣？为什么儿时一起打闹的朋友突然宣称他们是"满族"[①]？带着这些疑问，1993年笔者开始做第一次田野调查，走上了满族研究之路。

如今，满族人口规模仅次于壮族，占中国少数民族人口的第二位。纵观几十年来的满族人口变化，我们看到，1953—1964年满族人口基本上没有太大的变化，分别为1953年240万和1964年270万，1982年满族人口超过430万人，2000年已高达1068万人。在笔者的主要田野调查点辽宁省新宾满族自治县，从1982年到1985年满族自治县成立这三年期间，满族人口增加了约10万人。1982年全县满族人口为99668人，占人口总数的33%；1985年成立满族自治县之际，满族人口增至193642人，而到

[①] 笔者是朝鲜族，在家乡生活的17年间，只知道周围有很多汉族，而从未听说过"满族"，这也许与笔者的生活经历和阅历有关，但也从一个侧面反映了当时的情况。

了1990年竟高达231375人，分别占人口总数的63%和77%。显然，该数字不是人口自然增长的结果，满族人口短期内的剧增除了与国家实行的少数民族优惠政策紧密相关外，无疑还有更复杂的历史和社会背景。那么，这个历史社会背景到底是什么呢？

20世纪50年代，国家曾经强调不要随便使用"满清"一词[1]，一是为了区分"统治阶级"与"满族人民"，以便澄清一部分人头脑中"清朝＝满族"的错误认识；二是考虑到"满清"一词在19世纪末20世纪初使用的语境会影响"团结满族人民"。对此，若考虑到"支那"一词所包含的历史性与政治性，应该很容易理解。然而，自20世纪90年代以来，电视屏幕上诸如《雍正王朝》、《康熙微服私访记》、《还珠格格》等以清朝的人物及历史为背景的电视连续剧等众多的文化表象，恰恰以悖论的方式证明了"清朝＝满族"这个图式的正当性。无可非议，这是媒体与公众无意识共谋的结果。而这些公众恰恰也包括满族。在多数情况下，他们对媒体创造的"清朝＝满族"图式不是反感，而是自豪。在这里，多元的满族文化被勾勒成一种单一的王朝文化模式，而由地方政府实施的旅游开发在某种程度上又进一步强化了这种模式的形成。这是市场机制使然，也是满族的独特历史与文化使然。在旅游开发这一时空中，历史与文化以前所未有的形式被开发并赋予经济意义。在此过程中，历史充分体现了其自身具有的可以不断重构并重新阐释的特征。然而，我们必须承认，与一些政治、文化精英利用媒体表象将王朝历史打造成满族文化的行为不同的是，大部分的满族依然日复一日、年复一年地过着淳朴的日常生活，他们的生活与媒体表象中奢华的王朝文化相去甚远。那么，到底哪一个才真正代表满族文化呢？

在这里，追求文化与历史的本真性（authenticity）或许没有太大的意义。重要的是种种现象背后所蕴含的深刻含义以及满族本身对这些现象的认识。我们可以将其视为文化复原运动以及追求经济效益的活动，然而该

---

[1] 1956年2月8日，国务院曾颁布过《关于今后在行文中和书报杂志里一律不用"满清"的称谓的通知》。该通知说："'满清'这个名词是在清朝末年中国人民反对当时封建统治者这段历史上遗留下来的称谓。在目前我国各族已经团结成为一个自由平等的民族大家庭的情况下，如果继续使用，可能使满族人民在情绪上引起不愉快的感觉。为了增进各族间的团结，今后各级国家机关、学校、企业、各民主党派、各人民团体，在各种文件、著作和报纸、刊物中，除了引用历史文献不便更改外，一律不要用'满清'这个名称。"

结论似乎过于简单。我们还必须考虑到中国这个文化、政治环境中"少数民族"范畴所具有的政治性，以及长期以来生活在清朝之荫下的满族独特的历史背景。

20世纪80年代以后，国内满族研究成果频繁问世，许多研究者倾向于将"满族"视为一个固有的实体，而很少问及"谁是满族"这样一个最基本的问题。① 在讨论认同问题时，也多见铁板一块式的叙述，鲜有分析其认同的多元性。

许多学者认为，清朝在庞大的中国文化包围之下，在长达267年的统治过程中，不得不或者是出于政治上的考虑而策略性地吸收了汉文化。辛亥革命以后强制性的民族同化以及后来诸多政策变化中，满族被认为是"汉化最显著"或"缺乏文化特征"的少数民族之一。但是，"汉化"与"缺乏"这个命题是以本质性或本真性文化的存在为前提的，而该命题又在多大程度上有效呢？若以"满洲"的出现为满族形成的起点，那么，认为满族一开始就具有本真性文化的观点是缺乏说服力的。

柯乔燕（Pamela K. Crossley）认为，被称为满族的人们并非开始就具有均质的文化或身为满族的认同感，满洲人（Manchus）的认同是17世纪30年代由清朝创造出来的，尽管此后（尤其是乾隆年间）朝廷做了种种努力去强化满洲人的认同，但在民众的日常实践上却收效甚微。②

满族的成员构成极其复杂，在普通民众中也没有固定不变的认同，其认同的复杂性或许就是满族认同最显著的特征。若想理解当今的满族，就必须要理解于清代形成的具有独特历史和文化的群体——旗人；而想了解旗人，就需要将历史纳入我们的研究视野。20世纪50年代满族被认定为少数民族的主要依据是其历史和"民族意识"③，那么他们拥有一个什么样的历史，他们的"民族意识"又是什么呢？

今天，满族是中华人民共和国的少数民族成员之一。满族是多元的，在许多情况下，他们的认同依据与其说是共同的血缘关系以及语言和生活

---

① 20世纪80年代以后出版的满族研究书籍数不胜数，支持该观点的主要有《满族》（彭勃，1985）、《满族的历史与生活》（金启孮，1981）、《满族的家族与社会》（满族の家族と社会）（爱新觉罗·显琦、江守五夫编，1996）、《满族文化与宗教研究》（赵展，1997）等。

② Pamela Kyle Crossley, *The Manchus*, Cambridge: Blackwell Publishers, 1997, p. 6; *Orphan Warriors: Three Manchu Generations and the End of the Qing World*, Princeton: Princeton University Press, 1990, p. 30.

③ 参见纳日碧力戈《现代背景下的族群建构》，云南教育出版社2000年版，第105页。

习俗等文化特征，倒不如说是曾经身为旗人的社会历史记忆，是八旗这样一个军事、政治共同体造就了旗人的共同情感。

尽管如此，当认同需要某种物证来支撑时，"民俗"这个文化因素便起到了一定作用。在谈论与外部的差异时，有些人自然会将文化差异作为区别我他的标准。尤其是在政府主导的观光开发场域，历史以及被差异化的诸种文化要素被大张旗鼓地动员起来，作为"拟构"① 的历史文化正在重构或重新创造。

随着20世纪80年代以后民族政策的进一步落实，为了适应行政方面的要求以及出于某种利益，大量汉族将民族成分改为满族。这背后的社会、历史背景是什么，"民族"这个分类于他们又有何种意义呢？

带着这些问题，本研究将满族视为一个拥有自身历史经验的主体，通过历史叙述和生活中的各种口头传承及日常实践，从清朝以及现代国家的角度，分析他们的历史意识（或历史认识）和"满族"认同的形成过程。在本研究中，"历史"是重要的关键词，在进入正论之前，有必要对人类学领域中历史研究的意义做个探讨。首先厘清历史学与人类学的关系，再根据笔者的立场，分析人类学中"历史"概念的含义，并从人类学的角度梳理几个主流的民族认同理论，从本研究出发，对民族概念给出一个定义。

历史学与人类学的接轨

历史学与人类学（民族学）的接轨起始于20世纪20年代后期年鉴学派对人类学手法的借用，除了初期的布洛赫以外，自觉采用人类学的主题和方法是在20世纪70年代以后。② 末成道男将希罗多德的《历史》以及司马迁的《史记》视为人类学诞生之前的优秀历史民族志。③ 前者详细地描述并记载了周边民族的生活习惯和习俗等，后者则为后世留下了不受单方面价值标准束缚的各种人间图像。关于历史学与民族学的关系，勒高夫认为两者曾经有过"保持密切关系的时期"和"分道

---

① 关于"拟构"概念，参见渡边欣雄《冲绳文化的创造》（沖縄文化の創造），《亚洲游学特集：冲绳文化的创造》第53号，勉诚出版2003年版，第2—13页。

② 参见关一敏《何谓人类学的历史？》（人類学の歴史とは何か），海鸣社1986年版，第6页。

③ 末成道男：《人类学与历史研究》，《东洋文化》1996年第76号，第2页。

扬镳的时期"，后者是因进化论的观点将发达社会与所谓未开化社会切割开来而产生的现象，如今历史学与民族学（人类学）的关系则非常密切。①

历史学与人类学的交叉在"自下而上的历史学"中更为显著。这种历史学是从对偏重政治史和事件史的历史研究的批判中产生出来的，它从那些曾经被认为没有历史的人们的集团中发现他们的历史，在重构他们的心性和过去时采用了人类学的模式，历史学家们开始重视口述资料等文献以外的史料。②

在人类学方面，从20世纪50年代起，西方人类学界开始出现重视历史研究的趋势。例如，埃文思·普里查德倡导历史民族中研究历史的重要性，指出社会人类学本质上是一种历史的编写。③ 1966年，他在一次题为"人类学与历史学"的演讲中指出，社会人类学与历史学的断绝导致了诸多后果，比如缺乏使用历史记录和口传资料进行重构的努力、静态地看待欧洲统治以前的土著社会等。一个民族的传统历史是构成该社会思维和社会生活的一部分，人类学家对此毫不关心，甚至忽视这一点，除了马林诺斯基以外，大多数人类学家都没有对历史、神话、传承、逸事以及民间故事加以明确区分。历史的阐释受时代和文化的影响并发生变化，这本身就可以成为知识社会学的研究对象。④

人类学与历史学的关系更加亲密的契机可从结构主义与历史学的关系上窥见一斑。末成道男认为，结构主义试图发现人类精神中普遍存在的无意识的结构，而历史学则是以个别的一次生成的事件为研究对象，从此意义上讲，结构主义与历史学基本上是对立的，但是结构主义对历史抱有较大的关心。列维·斯特劳斯从语言学那里引进了共时和历时的概念，他虽

---

① 勒高夫（Jacques Le Goff）等编：《历史、文化、表象——年鉴学派与历史人类学》（歴史・文化・表象—アナール派と歴史人類学），岩波书店1999年版，第18—20页。

② Perks Robert and Alistair Thomson, *The Oeal History*, London: Routledge, 1998; Studs Terkel, *Hard Times: An Oral History of the Great Depression*, New York: Panthron Books, 1970; ポール・トンプソン（Paul Thompson）（酒井順子译），『記憶から歴史へ—オーラル・ヒストリーの世界』，青木书店2002年版（1978, *The Voice of the past: Oral Histor*, Oxford University）。

③ E. E. Evans-Pritchard, (The Marett Lecture) "Social Anthropology: Past and Present", in *Man*, 1950, p. 198.

④ E. E. Evans-Pritchard, *Social Anthropology and Other Essays*, New York: Free Press, 1962, p. 152.

然反对历时方法优于共时方法的立场，但他承认两者的视点是等价的。①

结构人类学比其他任何种类的人类学都要关心"人"的存在，以"人"为中心考察各种社会现象，通过对"人"的考察来整体地把握社会，在此意义上勒高夫高度评价了历史学，尤其是新的历史学给民族学的历史学所做出的巨大贡献。②

实际上，西方人类学从正面研究历史起始于对人类学与殖民地主义关系的反思，而人类学家将历史叙述纳入民族志书写的主题是在20世纪80年代之后。1981年以后，萨林斯将结构主义历史人类学的方法和理论应用到大洋洲的许多岛屿上，从此大洋洲成为围绕历史人类学进行各种讨论的舞台。③

尽管如此，正如森明子指出的那样④，直至今日，在人类学中关于如何看待历史，尚未形成一个系统的方法。或许重要的是人类学家要抱着各自的问题意识去靠近历史，持续不断地、有意识地将历史作为一个研究对象，实现历史的客体化。

日本人类学家川田顺造曾经在《无文字社会的历史》（1976）中尝试了人类学的历史研究，尤其是无文字社会的历史研究。川田以非洲西部的莫西族个案为中心，阐明了无文字社会的历史特征，并依此来实现有文字社会的相对化，提出不依赖文字的历史，尤其将口头传承视作一种历史的可能性。川田的研究超越了非洲这一区域性的视角，他关于历史人类学方法的一系列讨论和考察对文献资料极为丰富的欧洲、日本以及中国都具有较大的启发性，他为历史人类学做出的贡献是不言而喻的。

川田较早注意到所谓"传统性"的虚像，他指出："传统性的东西本身是在某个时代、某个社会、某个社会条件下创造出来并在此后不断发生

---

① 末成道男：《人类学与历史研究》（人類学と歴史研究），《东洋文化》（東洋文化）1996年第76号，第6页；列维·斯特劳斯：《野性的思维》（野性の思考），大桥保夫译，みすず書房1976年版，第308—309页（1962，*La Pensee sauvage*，Paris：Plon）。

② 勒高夫（Jacques Le Goff）：《历史与记忆》（歴史と記憶），法政大学出版社1999年版，第25页（*Histoire et Memoire*，Paris：Galimard，1988）。

③ 宫崎广和：《大洋洲历史人类学研究的最前线》（オセアニア歴史人類学研究の最前線），《社会人类学年报》（社会人類学年報）1994年第20号，第193页（Sahlins，M. D.，*Island of History*，Chicago：University of Chicago Press，1985）。

④ 森明子：《期待对话——文化、历史、权力》（対話への期待——文化、歴史、権力），载森明子编《历史叙述的现在——历史学与人类学的对话》（歴史叙述の現在——歴史学と人類学の対話），人文书院2002年版，第21页。

变化的，尽管这一事实在原理上非常清楚，但人们还是很容易将它视为固定不变的东西。"① 此观点的提出比20世纪80年代以后盛行的"传统创造"的讨论要早十年。

1985年，在日本人类学、民族学会联合大会上由关一敏组织的"何谓人类学的历史"学术研讨会给人类学家带来了较大启发。次年，该讨论会成果出版，同时又出版了山下晋司主编的论文集《社会人类学的可能性Ⅰ：历史中的社会》。②

以上给人一个总的印象是，在欧美和日本，历史学与人类学的靠近，主要反映在研究有殖民地经验的非洲和大洋洲上。

而中国则与欧美人类学不同，无论是受功能主义影响的人类学家还是接受美国式历史特殊论人类学训练的人类学家，他们从未排除过历史的视角。换言之，历史学研究历史世界，人类学研究"无文字历史"或者"无历史的社会"这样一个功能主义人类学成立以来风靡20世纪上半叶的"古典分工"③ 在中国从未存在过。这一点可谓文献资料极为丰富的中国人类学（民族学）的一大特征。

奠定中国东南人类学之基础的著名人类学家林惠祥早在20世纪30年代就指出了人类学中历史方法的重要性。"历史学原是有历史性质的，人类学所要考出的原是人类历史上的事实，所用的方法也是历史的方法。"④ 关于历史学和人类学的关系，林惠祥认为，人类学的目的之一是还原人类的历史，历史学与人类学的关系极为密切，两者有很多互相交错、互相借重的地方。⑤

此外，受马林诺斯基功能主义影响较深的费孝通也在半个世纪前指出了社区研究与历史的关系，认为社区历史记述模式的基础在于该社区历史

---

① 川田顺造：《无文字社会的历史》（無文字社会の歴史），岩波书店1976年版，第184页。
② 参见关一敏《何谓人类学的历史？》（人類学的歴史とは何か），海鸣社1986年版；山下晋司主编《社会人类学的可能性Ⅰ：历史中的社会》（社会人類学の可能性Ⅰ 歴史の中の社会），弘文堂1988年版。
③ 山下晋司：《仪式所记忆的历史》（儀礼に記憶された歴史），载山下晋司主编《社会人类学的可能性Ⅰ：历史中的社会》（社会人類学の可能性Ⅰ 歴史の中の社会），弘文堂1988年版，第16页。
④ 林惠祥：《文化人类学》，商务印书馆2002年版，第6页。
⑤ 同上书，第15—17页。

资料的建构。① 他的《中华民族多元一体格局》（1999）可谓历史人类学研究的集大成。

如上所述，中国的人类学自其诞生时起就已经把历史纳入其研究视野。然而，正如蓝达居所指出的那样，问题不在于缺乏历史的观点，而在于20世纪20年代以后欧美人类学逐步超越古典式进化论历史观的时候，中国人类学直到80年代还依然沉浸在进化论的幻想当中。②

1980年代以后，中国的人类学与历史学的结合开始出现新的趋势。这种趋势主要表现在历史学向人类学的靠近。1986年，中山大学成立了由历史学和人类学学者组成的历史人类学研究中心，在香港科技大学历史人类学中心的协助下，中心开始重视民间资料和田野实证研究相结合的研究方法。这些人类学家和历史学家共同合作，对珠江三角洲、中国香港、潮州、汕头、福建省南部地区明清时期地方史进行了批评性的反思，并且在研究方法上形成了所谓"华南学派"的"文化过程"或"文化实践"的研究方法，它兼顾了对平民史、日常生活史和当地人想法的关注，对过往的精英史、事件史和国家的历史权力话语进行了批评。③

2000年，中心又开始了重建工作，在研究内容和方法上也出现了多样化的趋势。2003年创刊的《历史人类学学刊》（与香港科技大学华南研究中心合办）又为历史学与人类学共同讨论提供了一个良好的平台。

近年来，受后现代思潮的影响，在社会史学和历史学、人类学领域出现了重视口述史的倾向，刊发了大量的研究成果。国外的中国研究也有同样的趋势，诞生了一系列采用人类学方法的历史学著作。人类学方法被借用到多个领域，人类学对历史、社会以及人文科学研究所产生的影响也愈来愈大，反之，历史研究对人类学的影响也不可忽视。历史人类学如今已经成了一种时尚语言，不过此处有一个误解必须要澄清。正如张小军所言，历史人类学至少在目前还不是一个学科的分支，而只是一种研究方法和视点。④ 历史学著作套用一些人类学的经典话语并不等于历史人类学，

---

① 参见费孝通《乡土中国》，生活·读书·新知三联书店1985年版，第94页。
② 蓝达居：《历史人类学简论》，载邓晓华、林美治编《中国人类学的理论与实践》，华星出版社2002年版，第62页。
③ 张小军：《历史的人类学化和人类学的历史化》，《历史人类学学刊》第1卷第1期，中山大学历史人类学研究中心、香港科技大学华南研究中心，2003年，第12页。
④ 同上书，第20—21页。

人类学的长处和难点就在于其贯穿民族志和理论研究始终的整体把握以及系统和结构分析。历史学家起码要关注下层平民、连续的日常生活世界和当地人的看法，去批评国家和政治精英建构的历史、琐碎的事件历史以及外人强加的历史观。

人类学中的历史视角

如果将历史人类学看作是从历史学的角度探索与人类学接轨的模式的话，我们还需思考另外一个问题，即对人类学来说，历史到底意味着什么。在上面提到的以"何谓人类学的历史"为专题的讨论中，学者们关心的焦点之一是"非文字载体所运载的历史"。它关注的是从具体化的历史载体中读取感知化的和正在感知化的历史这样一个操作过程。例如，"王的名字"、"声音"、都市空间、身体、家畜等均可视为运载历史的媒介。[①]

此外，景观与都市空间一样，也可视为运载历史的重要媒介之一。民族志调查通常设有一个共项，那就是作为场所的"环境"。许多民族志作者往往在其论文和著述的序言中详细描述他所调查过的地点，但其中有些描述不是缺乏历史性就是忽略了论述中的主体间性（inter-subjectibity），而将景观视为运载历史的媒介恰恰可以克服这个弱点。景观不仅反映了生活在其中的人们的历史，而且可以通过场所记忆的形式反映人们的认同。人们通过景观来证明自身的区域性、民族性自我认识的感觉以及社会性认同。民间传承、神话、口述史、诗歌、仪式性咒语以及日常生活中的一般性故事等都可以唤起共同体成员的现实的抑或想象的空间定位。[②]

J. Stewart 和 Strathern 注意到作为过程的景观特征以及场所的命名。[③] 景观反映了一个时代的变化，它属于变化的一个部分。作为过去的连续性的重要标志，景观可以确保人们当前的认同，并给予人们一个值得信任的过去。例如，本书中"长白山"、"山东小云南"等名称是许多八旗满洲（所谓纯满族）和八旗汉军（汉军旗人）各自寻求自身起源时所回忆（想

---

① 参见关一敏《何谓人类学的历史？》（人類学の歴史とは何か），海鸣社1986年版。

② J. Stewart & Strathern, "Introduction", In J. Stewart Pamela and Strathern Andrew (ed.), *Landscape, Memory and History*, London ect.: Pluto Press, 2003, pp. 1-3.

③ 参见 J. Stewart & Strathern, "Introduction", In J. Stewart Pamela and Strathern Andrew (ed.), *Landscape, Memory and History*, London ect.: Pluto Press, 2003, pp. 4-5.

起）的地名之一，也是确保他们身份认同的重要因素。

场所的名称还可以记录发生于人们身上的经验形式，从考古学意义上来说，它可以将或许被遗忘了的历史的一面抑或已经不存在于这个场所的环境性特征记录下来。Cole 用"记忆景观"（memoryscape）一词来表现景观所具有的共时性和历时性特征。① 马达加斯加的 Betsimisaraka 人有一个风俗，在进行二次葬时，他们将众多死者的单个遗骨分别拆散，然后重新组合成一对男女祖先。通过这种具体表现在二次葬中的记忆的时间层面和体现在景观中的共时性的混合（Heterogeneity），Cole 将记忆景观的时空性特征凸显出来。他主张："记忆景观表现了支配特定时期的个体记忆和社会记忆之间的关系。它由使横跨时间的历史意识的连续性成为可能的历时性方向所构成，同时它也包括使所有集团的变化成为可能的、历时性方向和共时性混合交叉的方式。"②

景观的历时性一面同时表现在 J. Stewart 和 Strathern 的"过程"（process）这一词语上，但将其作为一个概念所提出的"记忆景观"则表现了 Cole 的独创性。

"记忆景观"这个概念为人类学家田野调查中的特定建筑物、坟墓等祭祀空间以及信仰空间提供了一个崭新的视角。以往的人类学研究往往用公式的眼光看待这些空间，而采用历时性视角的记忆景观概念可以帮助我们读取或重新发现隐藏在空间中的历史。

记忆与历史具有密不可分的关系。历史作为一个共同体（或家族）的传记，它的诞生是以一定的想象力为基础的。在没有自身语言或文字的情况下，或者即使有语言，但没有书写权利的情况下，记忆会成为历史的一种特殊形式。但是，记忆具有不确定性，任何记忆都将受到挑战。正如凯利所言，在任何情况下，记忆都具有选择性；它不是一种记录或追溯的过程，而是在某种语义系统内纪念或熟记某种现象的方式，这种语义系统本身又在不断地发生变化。③

然而不管记忆是真是假，也不管它是建构的还是发明的，这些问题对于认为它是真的，或至少认为它有用或有意义的人们来说都不是一个问

---

① 参见 Jennifer Cole, *Forget Colonialism*? Berkeley: University of California Press, 2001, p. 289.
② Jennifer Cole, *Forget Colonialism*? Berkeley: University of California Press, 2001, p. 290.
③ [美] 唐纳德·R. 凯利：《多面的历史：从希罗多德到赫尔德的历史探寻》，生活·读书·新知三联书店 2003 年版，第 18 页。

题。因为记忆是作为过去的连续性来认知的,它能提供一种历史感,并由此产生一种个人的或集体的认同。对此,哈布瓦赫阐述道:"通过它们(记忆),就像是通过一种连续的关系,我们的认同感得以终生长存。"①相反,如果一个群体或民族缺乏集体记忆,或集体记忆消失,便可能导致深刻的集体认同危机。

与历史一样,记忆的载体也是多样的,语言、身体、行为、景观都是使记忆得以维持的媒介。家族传说、个人口述、仪式②、墓地、寺庙,或具有纪念意义的建筑物,这些载体中都储存着或多或少的个人记忆或集体记忆,人们会通过这些记忆载体追溯过去、定位自身。它所承载的记忆超越了人们肉体的物理性界限,而向他者,或向自身的未来开放。

卢洛瓦戈兰曾将"民族记忆"一词用于所有的人类社会,而勒高夫则相反,他将"民族记忆"一词限定在无文字群体的集体记忆上来使用。但他强调说,存在于文字之外的记忆活动不仅在无文字社会,在有文字的社会中也是一种常见的现象。③ 关于口传文化与文字文化的关系,勒高夫认为,两者都是一种极端的形式,在此意义上两者都是错误的。一个强调所有的人具有同样的可能性,另一个则潜在地或明确地区分"他们"与"我们",由此,勒高夫下结论说,没有文字的人们的文化虽然与有文字的文化有区别,但两者并非完全不同。④ 这是一种对西方中心主义的批判,它与列维·斯特劳斯结构主义所试图寻找普遍存在于人类精神中无意识的结构的做法一脉相承。

人类学对历史的关心主要放在历史的契机乃至时间连续性的空间化、具体化和感觉化上,因此,关一敏主张人类学所研究的社会无论是无文字的还是有文字的,都有必要探求列维·斯特劳斯所称的"野性的思维"式的历史意识和历史建构。⑤ 人类学家所关心的另一个历史形态是民族历史学(ethnohistory)。末成道男认为,所谓 ethno 是指当地社会的认识体

---

① [法]莫里斯·哈布瓦赫:《论集体记忆》,上海人民出版社2002年版,第82页。
② 这里是指包括祖先祭祀、婚丧嫁娶,以及其他各种宗教仪式在内的广义上的仪式。
③ 勒高夫(Jacques Le Goff):《历史与记忆》(歴史と記憶),法政大学出版社1999年版,第96页(*Histoire et Memoire*, Paris: Galimard, 1988)。
④ 同上书,第96—70页(*Histoire et Memoire*, Paris: Galimard, 1988)。
⑤ 参见列维·斯特劳斯《野性的思维》(野生の思考),大桥保夫译,みすず书房1976年版。关一敏:《何谓人类学的历史?》(人類学の歴史とは何か),海鸣社1986年版,第7页。

系，ethnohistory 则意味着"民俗的历史"，即当地人自身对事件的认识方式。① 构成 ethnohistory 的几种要素中最重要的是口头传承或口述史。川田顺造指出，口头历史传承与文字史料的不同之处在于，前者缺乏对于过去的同时代性以及传承过程中内容的变化。将口头传承史中的历时态历史的可信赖性作为问题来考虑时，有一种依据等时法的编年感和辨别历史叙述真伪的朴素的实在论感，而口头传承史则超越了上述问题，将历史叙述本身对人们所具有的意义用极端的方式表达出来，这样的口头传承史会反过来照射文字化的历史叙述。②

在口头传承所具有的意义上具有悠久文字历史的中国与非洲无文字社会有所不同。但是，正因为文字所具有的绝对的权威性，使得中国仍然大量存在以往被历史学家们所忽略的未曾记录的历史，即活态历史。人类学家的工作就是挖掘这些活态历史，使埋没于正史中的幽魂重见天日。

提到重视当地社会认知体系的研究，人们首先会想到雷纳托·罗萨尔多的《易隆高人的猎头，1883—1974：一个社会和历史的研究》（1980）。作者采用的方法是，通过研究者的调查经验来记述无文字社会人们的历史意识结构，将民族志资料和历史资料相结合，根据当地社会的历史知识，勾画出该社会特有的历史图像。罗萨尔多使用口述史和口头传承资料，在以易隆高人自身叙述为中心的一系列行为中探索他们自身的历史意识，并试图将易隆高人自身的历史作为客体来重新加以建构。

这一点与关本照夫所主张的，人类学家要研究事件固定成文本的过程，亦即从事件中产生历史意识的过程这一观点不谋而合。③ 关本认为，人类学的历史内容不是已经客体化了的历史，而是行为的痕迹、标记，抑或记录，亦即作为"纪念物"（monument）而即将成为历史的这样一个过程。

罗萨尔多从叙述中作为定点出现的各种特定场所的记忆中，发现了易隆高人空间化的历史。易隆高人表面上看似私人化的无秩序的叙述中具有

---

① 末成道男：《人类学与历史研究》（人類学と歴史研究），《东洋文化》（東洋文化）1999 年第 76 号，第 9 页。
② 川田顺造：《无文字社会中的历史》（無文字社会の歴史），载关一敏编《何谓人类学的历史？》（人類学の歴史とは何か），海鸣社 1986 年版，第 10 页。
③ 参见关本照夫《作为纪念碑的历史》（モニュメントとしての歴史），载关一敏编《何谓人类学的历史？》（人類学の歴史とは何か），海鸣社 1986 年版，第 25—27 页。

超越个人的共同的标准,给予这个共同标准的不是类似历法的人为的时间顺序,而是残留于空间的、人的行为标记。①

尼德尔对尼日利亚的努白族作了两种类型的历史区分。一种是他们称之为"客观的"历史,另一种是被称为"意识形态的"历史。在第二种历史中,集体记忆混淆了历史与神话,"意识形态的"历史自然"起始于王国",并将目光投向努白王国的文化英雄、神话性创始人澈德或埃德基等特殊人物身上。②

满洲起源神话以及民间流传的有关努尔哈赤的各种传说在此意义上也是一种"意识形态的"历史。这种历史通过构建一种有关正统性的谱系,而成为王朝、近代国家或群体的合理性的证明。关于起源的历史就这样成为传统的"神话性"宪章。

此外,关注当地社会认知体系和民族志历史的中国研究有费孝通的《乡土中国》(1985)、林耀华的《金翼》(1989)及其追踪调查研究成果《银翼》(庄孔韶,2000)、黄树民的《林村的故事》(2002)等具有代表性的人类学著作。具有历史取向的日本的人类学研究有以河原正博(1944)、白鸟芳郎(1950)、牧野巽(1979—1985)等人为代表的主要使用历史文献资料所进行的研究;以伊能嘉矩(1904)等人为代表的调查与历史资料相结合的研究以及铃木满男(1987)、赖川昌久(1991,1993,1996)等人将文献资料活用于人类学田野调查的研究等。③

每一个社会都有自己独特的历史意识,换言之,每一个社会的人们都有自己的时间意识和历史意识。该问题的研究应该是历史学最基本的课题之一。但以往在以近代西欧意识为标准的历史学领域里,该问题却没有得到充分的挖掘和认识。具有悠久文字传统的中国也不例外。历史历来是王朝或现代国家为巩固其统治所利用的工具。在重视"正史"轻视"稗史"之风盛行之际,研究民众之活态历史对于人类学家来说是至关重要的。

---

① Ronato Rosald, *Ilongot Headhunting, 1883—1974: A Study in Society and History.* Stanford, Stanford University Press, 1980.

② 勒高夫(Jacques Le Goff):《历史与记忆》(歴史と記憶),法政大学出版社1999年版,第97页(*Histoire et Memoire*, Paris: Galimard, 1988)。

③ 末成道男:《人类学与历史研究》(人類学と歴史研究),《东洋文化》(東洋文化)1999年第76号,第18页。

如今，生活史、口述史、口头传承、日常琐事以及各种空间或纪念碑（遗迹）已经不属于人类学家特有的研究领域，而正在成为"新史学"以来历史学和人类学共同关注的对象。但正如末成道男所指出的那样[①]，历史学与人类学在调查和记述以及对象和专业教育等方面各有千秋，为了进一步加强两个学科领域的实质性交流，还需在双向交流、具备相关的专业知识和资料的整理、共同田野调查、成果发表场所的整备和教育体制调整等方面做进一步的努力。但也不能盲目地丢掉历史学和人类学以往构筑起来的核心部分，人类学如果放弃田野调查、微观场域中对整体性的把握以及相对性感知等个性，那么，这种双向交流就会失去其意义，因此，探求一种发挥双方特长的交流方式是今后历史学家和人类学家的共同目标。

认同与历史

20世纪60年代后期以来，族群认同研究（ethnic identity studies）开始成为西方社会人类学界的主要关注点，尤其在人类学和社会学领域，族群研究著作可谓汗牛充栋。其中在人类学界影响较大的主要有边界论、工具论、原生纽带论以及创造想象论。

例如，巴特的族群边界论所代表的族群（ethnicity）研究对以往族群的客观定义提出了挑战。以 Narroll 为代表的以往的人类学家在定义族群概念时会经常提到：①生物上具有极强的自我延续性；②共享基本的文化价值，实现文化形式上的公开的统一；③组成交流和互动的场所；④具有自我认同和被他人认可的成员资格，以形成被同一种类其他范畴所识别的范畴。[②] 巴特对这种客观定义并未采取直接否定的态度，而是提出这种公式化会妨碍人们理解社会和文化中的族群及其定位。因为上述定义一方面标榜提供一种反复生成的实证形态的理想性模型，另一方面却对什么是这类群体的生成、结构和功能中的重要因素存在着一种预设。这种观点会让人觉得维持边界并不重要。[③] 巴特在指出族群认同重要性的同时，

---

① 末成道男：《人类学与历史研究》（人類学と歴史研究），《东洋文化》（東洋文化）1996年第76号，第22—27页。
② Fredrik Barth, "Introduction", In Barth (ed.), *Ethnic Groups and Boundaries*, Universitesforlaget, 1969, p. 11.
③ Ibid..

认为族群性是自我和他者互动行为关系中的产物，它受双方的制约。在边界的形成过程中，"文化"具有重要的意义，并且文化特征也会不断发生变化。①

在这一点上，科恩与巴特立场相同。科恩认为不应把族群性看作是固有不变的，而应将其视作根据周围情况不断变化的社会现象或可操作的归属意识。科恩强调族群性具有随机性、战术性和工具性特征，它是任意的和可变的。②

霍布斯鲍姆则从传统创造的观点出发，认为各集团（真正的或人为的共同体）社会凝聚力以及归属意识得以确立或得到象征的传统实际上是工业革命以后被创造出来的。③ 霍布斯鲍姆对历史记忆也作了明确阐述，他认为，历史已经成为知识的基础或国族（nation）、政治实体（state）以及运动的意识形态的一部分，它并不是储存于民众记忆当中的历史，而是由其承担者选择、撰写、描绘以及制度化的东西。④

与霍布斯鲍姆观点相同的是安德森关于民族主义起源的"想象的共同体"论。安德森认为国族（nation）是一种想象的共同体——并且，它是被想象为本质上有限的（limited），同时也享有主权的共同体。说它是想象的是因为，即使是最小的成员也不可能认识他们大多数的同胞，和他们相遇，或者甚至听说过他们，然而，他们相互联结的意象却活在每一位成员的心中。⑤

需要明确指出的是，安德森所说的"想象"并非等于"捏造"和"虚假"，因为"捏造"和"虚假"已经预设了一个"真实"的共同体的存在。而实际上"所有比成员之间有着面对面接触的原始村落更大的一切共同体都是想象的"⑥。在此表述中，安德森的想象共同体论不仅包括他最初定义中所指的国族（nation），而且包含了所有超过面对面集团的

---

① Fredrik Barth, "Introduction", In Barth (ed.), *Ethnic Groups and Boundaries*, Universitesforlaget, 1969, pp. 10–12.
② Avner Cohen, "Introduction: The Lesson of Ethnicity", In Cohen A. (ed.), *Urban Ethnicity*, London: Tavistok Publications, 1974.
③ E. 霍布斯鲍姆·T. 兰格编:《传统的发明》（創られた伝統），前川启治·梶原景昭译，纪伊国屋书店1992年版，第20页。
④ 同上书，第25页。
⑤ 安德森:《想象的共同体》，吴睿人译，上海世纪出版集团2003年版，第5—6页。
⑥ 同上书，第6页。

较大共同体，族群（ethnic group）当然也不例外。

实际上巴特的边界论、科恩的工具论并非互相矛盾，双方观点具有互补性，他们从各自的角度揭示了族群认同的不同特征，而其共同点又在于他们更强调族群的主观认同感。霍布斯鲍姆和安德森则通过强调共同体的近代创造性特征为我们提供了一个可变的、流动的视角。

那么，族群主观认同的依据来自何处？一个族群或一个国族为什么或出于什么目的要去想象这样一个共同体？他们根据什么想象自己是 A，而不是 B 呢？霍布斯鲍姆和安德森并没有为我们准备这个答案。

格尔茨用于解释 20 世纪新兴国家人民归属意识而提出的"原生纽带"（primordial attachment）论，或许在一定程度上能够解答这一问题。他认为，原生纽带主要是指从社会存在的"先赋性"中产生出来的东西，即主要是指直接接触关系和血缘关系，以及由出生于特定的宗教集团，讲特定语言乃至某种方言，遵从特定的社会习俗中生发出来的先赋性。这种归属感不仅是个人情爱、实践需要、共同利益或应承担义务的结果，而且是这种纽带本身具有某种不可估量的重要性。[1]

安东尼·史密斯则对这种强调语言、宗教、人种、族群性（ethnicity）、领土具有重要原生纽带作用的"原生主义者"观点提出了质疑，他认为，原生主义主张集体性文化纽带与情感的古老层面是正确的，但不能假设这种纽带或情感是普遍的，更不能说它是自然的。实际上"原生主义者"主张国族与国族主义是恒久的，是不受历史状况支配的自然的存在。[2] 史密斯同时质疑了以安德森为代表的"现代主义者"的观点，后者认为前现代的单位或感情与近现代以后的国族与国族主义之间存在着明显的断裂。史密斯进而主张区分两个不同概念，即近现代工业化以后的 nation（国族）与工业化以前的 ethnos（民族），他认为要分析近现代的民族（national）单位、感情与前近代的集体性文化单位或感情之间到底有何种差异与类似性，想了解当今世界的国族以及国族主义的形成，就得首先关注民族（ethnic）共同体的概念以及它的象征体系。在此，"形态"、"认同"、"神话"、"象征"、"信息传达"的代码（code）等诸概

---

[1] Clifford Geertz, *The Interpretatioan of cultures*, New York: Basic Books, Inc., 1973, p. 259.

[2] 安东尼·D. 史密斯:『ネーションとエスニシティ』（Anthony D. Smith. *The Ethnic Origins of Nations*），巢山靖司、高城和義译，名古屋大学出版会 1999 年版，第 15 页。

念具有决定性的意义。① 史密斯就 ethnos 提出了六个特征,即集团名称、共同的血统神话、共享历史记忆、共享独自的文化、共享家园以及连带感。②

关于历史与族群（ethnic group）的关系问题,Eller 指出这两者之间具有四个不同而相关的联系：作为传统的过去或文化的过去；作为历史的过去；作为神话的过去；作为现在的"资源"的过去。作为传统的过去或文化的过去,是指族群通过"我们曾经是谁"来说明"我们到底是谁"；作为历史的过去是指一个集团所经历的现实（也许是现实）事件的记录或记忆。前者往往缺位,而仅后者（记忆）就足以使一个集团产生认同感和凝聚力。Eller 认为这种历史的过去（historical past）至少包含三个层面：远古的（ancient）、殖民的（colonial）和近期的政治性（recent political）过去。

作为神话的过去是指人类学意义上的,"遥远的和无法证明的历史"以及"集团存在的宪章和现时的文化"。神话与其他记忆一样,不能简单地与真实或"事实"画等号。对一个族群而言,作为神话的过去是一个有关记忆、忘却、解释和发明的复杂的、经验性的融合体。而作为资源的过去则有两种功能：一种是给予个人以某些文化的、历史的象征或标记,使某个人对集体产生认同感；另一种功能是,在过去、现在和未来之间提供重要的联结点,使集团理解社会的现在并诉之于它。③ 在大多数情况下,族群包含了这些所有因素的总和,有时这些不同要素之间的差别是通过变通或神秘化的方式来实现的。④

Eller 在此提出了一个非常重要的观点,即族群通过与过去不同形式的连接,具有了某种建构的可能。实际上,族群不是本质的、单靠回溯过去的社会集合体,它不是客观的、有机的和连续的,而是现时的产物。正

---

① 安东尼·D. 史密斯：『ネーションとエスニシティ』（Anthony D. Smith, *The Ethnic Origins of Nations*）,巢山靖司、高城和義译,名古屋大学出版会 1999 年版,第 16—17 页。
② 史密斯提到的族群的六个层面分别为：集团名称、共同血统神话、共有历史、共有独自文化、与特定领土的关系、连带感。详细参见安东尼·D. 史密斯『ネーションとエスニシティ』（Anthony D. Smith, *The Ethnic Origins of Nations*）,巢山靖司、高城和義译,名古屋大学出版会 1999 年版,第 29—39 页。
③ J. D. Eller, *From Culture to Ethnicity to Conflict: An Anthropological Perspective on International Ethnic Conflict*, Michigan: The University of Michigan Press, 1999, pp. 28 – 47.
④ Ibid., p. 28.

如弗里德曼所言，它可以通过有选择的组织与现时的主体有关联的过去的事件，对现在的生活创造出一个恰当的表述，而现在的生活是从古至今一直连续下来的。① 从此意义上说，建构过去并非无中生有，而是在一个自我界定的连续的运动中对自身存在合理性的一种强有力的解释。因此，说历史是根据现时的社会目的重构而成的，不仅仅意味着它所指向的是现在，更重要的是它给主体提供了展望未来的丰富画面。

在讨论民族、文化或传统时，存在本质主义和非本质主义的对立，非本质主义在认识论上是正确的，但是它的种种政治性战略仍无法解决"认同政治"②或存在于"认同政治"中的与本质主义相对立的问题，而能走出此困境的是结构主义。③

小田亮在讨论想象的共同体和本真性（authenticity）的程度时说，结构主义主张，所有文化要素只有在与其他要素的恣意性差异关系所构成的体系中才具有意义，并且只有通过该体系与其他体系之间的"转换"才得以建构，结构主义的这种立场是对以同一性观念为基础的近代欧洲表象方式的尖锐批判，这种同一性观念认为文化、民族或某种文化要素自身就是一个完整的整体。结构人类学主张，认为所有文化都非自我完结的纯粹的东西，而是从一开始就是一种混合的多文化，并不等于说文化就没有本真性。对于文化与认同，结构人类学承认，在现代社会，或在民族国家框架内，比 nation 或 ethnicity 等集团规模更小的共同体之间存在着不同程度的"本真性"（如直接关系的连续性或具体记忆的共有等），近代民族国家中的 nation 或 ethnicity 的统合不是本真性的，而作为生活场域中地方性共同体中的文化或传统才是"真正的"。但这个"本真性"或"地方性共同体"不是固定的本质主义的概念，这里的文化认同是在直接关系的连续性中构成的。亦即，其本真性与非本真性的区别不是原生性本质与人为性创造物之间的差异，而是构成物（nation、ethnicity 或地方性共同体）

---

① 参见［美］乔纳森·弗里德曼《文化认同与全球化过程》，郭建如译，商务印书馆2003年版，第117页。
② 关于认同政治，请参照查尔斯·泰勒《承认的政治》，载汪晖等主编《文化与公共性》，生活·读书·新知三联书店2005年版，第290—337页。
③ 小田亮：《柔软的野性之知——结构主义与非同一性的思考》（しなやかな野生の知——構造主義と非同一性の思考），载田涛、大塚和夫编《思想化的周边世界》（思想化される周辺社会），岩波书店1996年版，第104页。

之间构成方式（想象方式）的结构性差异。①

小田亮用结构主义理论阐述了史密斯所做的近现代以前的 ethnos 和近现代以后 nation 之间的区别。他将亲属关系、主从关系或以身份为基础的个体与个体的社会关系称为起因于功能乃至作用的邻接性的"转喻"关系，并将由这种转喻性社会关系所规定的近代以前的关系同一性称为"转喻同一性"，而对于近代以后登场的、将个体与整体直接（没有任何媒介）联系起来的种类同一性称为"提喻同一性"。小田进一步强调，在提喻这样作为明确界定了的种类整体与个体的阶层化关系中，错综复杂的转喻关系网所需要的不是那种阶层化的总体，而是使一个参差不齐、缝隙百出、伸缩自由的总体构成想象方式得以成立的那种关系，小田称这种关系为"隐喻性"关系。而与此相对立的则是整体与个体同时被界定的近代认同的存在方式。②

列维·斯特劳斯"结构"一词的定义中包含着对以阶层性体系为基础的同一性思考（近代性智识）的根本性批判，小田主张认同（在历史中构成的）的结构分析不会只停留在单纯认为自我认同的形成依赖于你我区别及对立关系这样一个不言而喻的一般性结论上，而是可以通过二项对立群的转换而逻辑性地描述隐喻与转喻的转换所产生的错综复杂的社会关系、文化观念的重叠以及混合性多元体。③ 小田用结构主义所做的认同分析，实际上强调了群体之间以及群体内部个体之间关系的柔变性。

在此基础上，小田认为非本质主义将本质主义绝对化后产生的后果是，有可能会忽视从当地居民柔性智慧中产生的变通战术，从而，他主张为超越近代认同的方式（阶层体系基础上的物种的＝提喻的同一性），需探求另外一种认同方式，即当地居民在生活中根据不同时刻不同情境，将缺乏一贯性意义与功能的"碎片"临机应变地整合起来，并组成参差不齐的总体。列维·斯特劳斯的"修补术"和吉尔·杜尔兹的"斜线"概念所包含的原理恰恰就是民众在生活场域中界定彼此

---

① 小田亮：《柔软的野性之知——结构主义与非同一性的思考》（しなやかな野生の知——構造主義と非同一性の思考），载合田涛、大塚和夫编《思想化的周边世界》（思想化される周辺社会），岩波书店1996年版，第105—108页。
② 同上书，第115—116页。
③ 同上书，第115—120页。

关系的方式，这种根据每一时刻每一情境的需要不断变化的"战术"，即在给定的情况下看似完全被动地接受，正是对近代的知识与权力的最柔软、最顽固的抵抗。①

作为国家参与其中的给定的群体，中国少数民族之间的边界虽然相对稳定，但一旦出现转机，这种固定的边界便会出现暂时的波动，人们会充分利用这种柔性智慧去重新调整各自的关系，并从中获得某种社会资源。20世纪80年代民族政策实施所导致的少数民族边界的大流动便是其中最好的例子。②

总而言之，研究中国的少数民族及其认同，需要在国家框架之内采取这种既区别于本质主义，又有别于非本质主义的柔软的视角。

"民族"与"族群"

有一种观点认为，汉语中的"民族"一词是1899年由近代启蒙家、政治家梁启超从日本引入的英文nation的译词。也有人主张，日本近代使用的"民族"一词有可能源于汉文典籍。③ 无论如何，"民族"作为现代意义上的nation来使用是在19世纪末20世纪初。④ 20世纪90年代以后，"族群"一词进入中国内地，于是出现一些新的情况。"族群"、"族群性"分别为"ethnic group"、"ethnicity"的译词。郝时远对西方学界"族群"概念进行系统梳理和分析时指出，ethnic group（ethnic community，ethnicity）等在西方学界有20种释义。⑤ 而国内学者往往在未做定义的情况下使用此概念，有时指国家公认的55个少数民族，有时又指"广东

---

① 小田亮：《柔软的野性之知——结构主义与非同一性的思考》（しなやかな野生の知—構造主義と非同一性の思考），载合田涛、大塚和夫编《思想化的周边世界》（思想化される周辺社会），岩波书店1996年版，第120—124页。

② 详见本书第三章。

③ 横山广子：《走向多民族国家之路》（多民族国家への道），载宇野重昭编（《岩波书店讲座现代中国 3：静静的社会变动》岩波講座现代中国 3：静かな社会変動），岩波书店1989年版，第265页；郝时远：《中文"民族"一词源流考辨》，载郝时远《类族辨物》，中国社会科学出版社2013年版，第20—35页；邸永君：《"民族"一词非舶来》，《中国民族报》2004年2月20日第6版。

④ 中文关于"民族"的定义纷繁复杂，本书不想就此过多展开，详细可参照郝时远《类族辨物》，中国社会科学出版社2013年版；马戎《民族社会学》（2004）。

⑤ 郝时远：《对西方学界"族群"概念释义的辨析》，载郝时远《类族辨物》，中国社会科学出版社2013年版，第129—148页。

人"、"客家人"、"福建人"、"疍民"等具有不同地域文化的汉族次群体,① 这导致了一种新的概念混淆。如下文所述,在中国,族群或族群性概念无法涵盖中国少数民族所处的状况。更何况 ethnicity 这个用语所产生的背后,还有 20 世纪 60 年代抬头的文化多元主义研究的背景。②

中国"少数民族"的官方英译词曾经是"nationality"。该词虽兼有"共同的起源"、"共同的语言"和"共同的文化"等含义,但主要的含义是"国籍",近年来,中国官方越来越多地用 ethnic group 来代替 nationality。③ 但这两个词都不能确切表示上述意义上的"民族"。因为,英文的"ethnic group"有多层含义,有时它与"nation"同义,而"nation"有时又是"state"的同义语,这样便会导致"ethnic group"与"state"在逻辑上同义的荒唐结论。实际上,并非所有的"ethnic group"都是"nation",但一部分是;并非所有的"ethnic group"或"nations"都拥有他们自己的"state",但有些是拥有的。词语的乱用有时会导致思维的混乱以及政治性错误。④

实际上,国内一些学者也意识到这些词语所包含的复杂性。纳日碧力戈的《现代背景下的族群建构》(云南教育出版社 2000 年版)是国内第一部以"族群"命名的民族研究专著。作者意识到国内在使用"族群"用语上的复杂性,并在该书中把 ethnic group、ethnos 对译为族群,nation、nationality 对译为民族,前者主要表示文化和情感共同体,后者主要表示政治和文化共同体,⑤ 并认为中国的"民族"主要是指少数民族。⑥ 他后来明确主张"族群"(ethnic, ethnic group, ethnicity)是一个外来概念,它不能和中国古代及现代的"民族"对号入座,尽管它们的话语圈多有

---

① 如周大鸣主编的《中国的族群与族群关系》(2002)就是这样一种研究。关于 Ethnicity (族群性、族群)这个话语在中国的适应性问题,详细参见杜瑞乐(Joel Thoraval)"Ethnicity as Applied to the Chinese Cultural World", *China Perspectives* (Hong Kong), 25: 44—59, 1999, pp. 44–59.

② 参见绫部恒雄《现代社会与族群性》(现代社会とエスニシティ),弘文堂 1993 年版,第 12 页。

③ [美]郝瑞·斯蒂文:《田野中的族群关系与民族认同——中国西南彝族社区考察研究》,巴莫阿依、曲木铁西译,广西人民出版社 2000 年版,第 282 页;纳日碧力戈:《现代背景下的族群建构》,云南教育出版社 2000 年版,第 120 页。

④ J. D. Eller, *From Culture to Ethnicity to Conflict: An Anthropological Perspective on International Ethnic Conflict*, Michigan: The University of Michigan Press, 1999, p. 16.

⑤ 纳日碧力戈:《现代背景下的族群建构》,云南教育出版社 2000 年版,第 125 页。

⑥ 同上书,第 124 页。

重合，但终不能互相取代。① 对此，费孝通早已阐明，他认为 ethnicity、nationality 都是英国的概念，不是中国的东西，中国没有这一套。说过去他将"民族学院"翻译成 Institute of Nationality 是不通的。因为 nationality 是国籍的意思，这样就成为"国籍学院"了。由此费先生主张直接用英文。② 当然，这或许不太符合中国人的书写习惯，但是费孝通所强调的 ethnicity 的不可译性还是值得我们深思的。

目前，我们面临着两种困境，一个是英译中的困境，另一个是中译英的困境。刘禾的跨语际实践研究揭示了主方语言与客方语言之间的不对等关系，她认为，创造新词语旨在同时表述和取代外国的词汇，而且由此确立了自己在语言张力场中兼具内外于一身的身份，因此，翻译不是在对等词之间进行的，相反，通过翻译，我们在主方语言与客方语言之间的中间地带创造着对等关系的喻说。③

我们不可能避免翻译所带来的各种困惑，外来概念终究要寻找一个恰当的词语去"对应"，但是，我们没有必要生搬硬套地将它用于我们自己身上。"族群"作为 ethnic group 或 ethnicity 的译文，可以在介绍西方或其他有这种现象的国家时使用，如果将它用于中国的"民族"，就必须做出一个新的定义。而在这种情况下，必须意识到此"族群"已非彼"族群"。赫瑞认为中文的"民族"不能转译，在英语中应该保留中文音译 Minzu，④ 笔者认为这可能是解决问题的一条途径。纳日碧力戈曾经忧虑这种用法不能一下子被人们所接受，原因是它不符合人们的语言习惯，⑤ 笔者认为这种担心是没有必要的。因为用罗马字表示原意的标记法在英文中比较常见，西方人对此不会感到有什么不便，而且，人类学界长期以来一直有以这种方式标记地方性概念的传统。

但是中文的"民族"本身就是一个非常模糊的概念，若事先不加以

---

① 纳日碧力戈：《问难"族群"》，《广西民族学院学报》（哲学社会科学版）2003 年第 25 卷第 1 期，第 44 页。
② 费孝通：《文化随笔》，群言出版社 2000 年版，第 316 页。
③ 刘禾（Lydia H. Liu）：《跨语际实践——文学、民族文化与被译介的现代性》，宋伟杰等译，生活·读书·新知三联书店 2002 年版，第 55 页（1995, *Translingual Practice*, Stanford University）。
④ ［美］郝瑞·斯蒂文：《田野中的族群关系与民族认同——中国西南彝族社区考察研究》，巴莫阿依、曲木铁西译，广西人民出版社 2000 年版，第 23 页。
⑤ 纳日碧力戈：《现代背景下的族群建构》，云南教育出版社 2000 年版，第 121 页。

界定，便很难弄清它真正的所指，结果还会出现同样的概念混乱。众所周知，中国的民族（尤其是少数民族）在某种意义上是一个政治意义很强的行政性范畴，民族边界的流动性在很大程度上受行政方面的制约，"民族"与国家之间存在着某种政治力学关系。对此，马戎曾经提出不要"把中国的族群问题'政治化'"，而是要"从文化的角度和层面来看待族群问题"[①]。

从宏观角度来看，民族（或族群）问题的"政治化"包括两种含义：一种是群体成员（这里主要指"族群"）对外展示的一种政治诉求，这包括群体之间的政治化，也包括群体与国家之间的政治化。前者表现为围绕有限的资源和利益所进行的某种抗争和冲突，后者则表现在围绕群体利益与国家利益之间展开的各种博弈上。第二种是国家对国家内部群体的政治掌控，在强大的国家力量面前，群体之间的政治性减弱到最低程度，因为资源和利益由国家综合调控，群体与国家之间的较强的政治性会相对减少群体之间的各种摩擦和冲突。

中国民族问题的政治化属于第二种情况，而且，这种政治化除了政策导向外，还依赖于种种行政性制度的支撑。目前，中国的"民族成分"分类，使每个公民在身份上固定于某个群体，终生难以改变，从而加大了认同的制度性和政治性。换言之，在中国，无论本人的民族意识如何，如果得不到行政上的认可，就享受不到少数民族的待遇，而个人的民族认同与伴随着制度性保障的民族成分并非总是完全一致的。因为，国家主导的民族识别工作在某种程度上造就了行政性、制度性的"民族"。因此，要想实现"去政治化"的目标，首先要削弱国家力量对少数民族群体在行政或制度上的管理，只有摆脱终生民族身份制，才有可能实现"族群的文化化"。而这在中国是不现实的，正如郝时远所言，"去政治化"主张是一个违背事实的伪命题。[②]

如上所述，在中国，虽然也存在民族之间边界流动的情况，但是国家的行政性、政治性因素显然比文化因素重要得多。科恩强调的随机性和工具性特征在中国还是要经过国家的行政性及制度性的认可才有可能实现。

---

① 马戎：《族群问题的"政治化"和"文化化"》，ISA 工作论文 003，北京大学中国社会与发展研究中心、北京大学社会学系、北京大学社会学人类学研究所，2002 年，第 19 页。

② 参见郝时远《中国民族区域自治不能改为"民族文化自治"》，《中国民族报》2011 年 4 月 29 日第 5 版。

在这种状况下,赫瑞的三类界定和两类关系的观点倒是值得深思。赫瑞通过对中国彝族的研究指出,族群性的真实本质是三类界定和两类关系相混合的产物。族群的界定者包括族群成员自身、邻近族群成员和国家三类。而在中国,国家拥有的特权地位可能比其他大多数处于同样情形的国家享有的特权地位更加明显。这种情况之所以发生,是因为国家掌握着民族识别以及资源配置的最终决定权。①

鉴于"民族"与"族群"(ethnic group)概念内涵有所差别,且国内学术界对"族群"概念的使用尚有颇多争议,② 为避免概念上的混淆并恰切地分析和把握中国少数民族的认同特征,本书将使用"民族"(Minzu)作为操作概念,并暂且将"民族"定义如下:

所谓民族是指在国家的框架下,由国家正式认定并给予一定的制度性保障,同时被认为是具有相同的文化或习俗、宗教、语言或民族意识的群体。

本书避免使用"族群性"或"族群"用语,并不意味着就此拒绝西方族群研究给我们带来的理论资源与启发性意义。但这些研究在中国的有效性尚存探讨余地。需要指出的是,族群理论所探讨的对象是边界有较大伸缩空间的群体。而我们应该认识到,西方的"族群"概念与中国的"民族"有着实质上的区别。前者无法涵盖国家的政治与制度在其中所扮演的决定性作用这一层面。③ 因此,在谈及民族认同时,需要考虑到情感上的主观认同与行政制度制约之间的关系。既要看到日常生活层面的我他

---

① [美]郝瑞·斯蒂文:《田野中的族群关系与民族认同——中国西南彝族社区考察研究》,巴莫阿依、曲木铁西译,广西人民出版社2000年版,第23—24页。

② 关于ethnicity(族群性、族群)话语在中国的适应性问题,详请参照杜瑞乐(Joel Thoraval)"Ethnicity as applied to the Chinese Cultural World",*China Perspectives*(Hong Kong),25:44-59,1999,pp.44-59。关于"ethnic group"概念含义演化的社会背景请参照郝时远《Ethnos(民族)和Ethnic group(族群)的早期含义与应用》,《民族研究》2002年第4期;潘蛟《"族群"及其相关概念在西方的流变》,《广西民族学院学报》2003年第5期。此外,关于"民族"与"族群"的相关论述可参考阮西湖《民族,还是"族群"——释ethnic group一词的涵义》,《广西民族学院学报》2004年第5期;徐杰舜《论族群与民族》,《民族研究》2002年第1期;李红杰《论民族概念的政治属性——从欧洲委员会的相关文件看"民族"与"族群"》,《民族研究》2002年第4期;田敏《论族群不能取代民族》,载《民族学与人类学论坛:第一辑》,民族出版社2006年版,第301—312页。

③ 郝瑞也充分意识到这一点,指出"民族"不能转译为ethnic group,并主张索性在英语中保留中文音译"minzu"。参见[美]郝瑞·斯蒂文《田野中的族群关系与民族认同——中国西南彝族社区考察研究》,巴莫阿依、曲木铁西译,广西人民出版社2000年版,第23页。

双向互动和制约，也要看到国家在场时人们的认同策略。这一点恰恰是理解中国少数民族认同特征的一个关键所在。

满族的人类学研究与本研究的定位

国内外人文学界有一个叫作"满学"的研究领域，"满学"即"满洲学"，国内学者给它的定义是："研究满洲的历史、语言、文化、社会以及与中华各民族和世界各国文化之间相互关系的学问。"[①] 满学的研究范围很广，尤以历史研究居多，其中很多部分与清史研究的内容重叠。20世纪50年代以后，尤其是"文化大革命"期间，曾经是国家重点项目的满洲源流和历史研究中断了一段时间，从20世纪80年代前后开始，中华人民共和国成立早期及其后来的研究成果陆续公布于世，其中包括《满族史论丛》（莫东寅，1979）、《满族社会历史调查》（《民族问题五种丛书》辽宁省编辑委员会编，1985）、《满族的历史与生活——三家屯子调查报告》（金启孮，1981）、《满族通史》（李燕光、关捷主编，1991）等一系列的调查报告和史学著作以及《努尔哈赤传》（阎崇年，1983）、《清太宗全传》（孙文良、李治亭，1983）、《雍正传》（冯尔康，1985）、《乾隆皇帝大传》（周远廉，1990）等历史人物传记。

1985年创刊的《满族研究》为从事满族研究的学者提供了一个广阔的平台。此外，满族文化研究成果也陆续问世。尤其引人注目的是《满族民间故事选》（沈秀清、张德玉编，2000）、《满族三老人故事集》（张其卓、董明整理，1984）、《满洲古神话》（爱新觉罗·乌拉熙春，1987）等多种版本的民间传承的文字化。这些故事中蕴含的知识，与晦涩难懂且生硬的历史文献不同，很容易被大众接受。口头传承转为文字，读了这些文字的人再口传给其他人，人类学家或民俗学家收集这些故事，将其作为口头传承纳入研究中。尽管在乡村社会也有相当一部分人不识字，或不看书，但是，在有文字的社会中研究口头传承，必须留意文字给人们的知识形成所带来的影响。

在满族家谱、族谱研究方面，《本溪县满族家谱研究》（李林等编，1988）、《满族宗谱研究》（李林，1992）、《满族家谱选》（傅波、张德玉主编，1994）、《满族家谱研究》（傅波、张德玉、赵维和，1996）、《满族

---

① 阎崇年：《满学——正在兴起的国际性学科》，《北京社会科学》1993年第1期，第89页。

家谱序评注》（刘庆华编著，2010）、《辽东满族家谱选编》（本溪市党史地方志办公室编，2012）、《走进满族姓氏》（孙相适，2014）等相继问世，在萨满教研究方面，也出现了诸多成果，如《尼山萨满传》（赵展，1988）、《满族萨满教研究》（富育光、孟慧英，1991）、《满族萨满跳神研究》（李澍田主编，1992）、《满族民间祭祀礼仪》（刘庆华，2013）等。

人类学研究满族的最早成果是史禄国的《满族的社会组织——满族的氏族组织研究》（1997）(S. M. Shirokogoroff, *Social Orgnaization of the Manchus: A Study of the Manchu Clan Organization*, 1924)。该书除了重点考察满洲人的氏族组织以外，还对"满洲"的名称问题提出了有益的见解。

20世纪三四十年代，日本学者也在中国东北地区展开了一系列的调查研究，这些研究主要围绕着家族制度、民俗或宗教，尤其是以萨满教为中心展开。许多研究是针对"满洲"这样一个地区的区域性研究，其主要目的不是为了研究"满洲族"，因此，学者们并没有对"满洲族"进行一个概念性的思考。"满洲族"到底指的是哪一群人，在他们的思路中并不清晰。[①] 这一点从高原恒治昭和十四年（1939）的《访问满洲旗人部落》一文中也可窥见一斑：

> 将居住在满洲国的汉人称为满人或满洲人（满洲国人），将他们所说的语言称为满语乃至满洲语，这种广泛普及的通俗称呼使我在此次旅行中深感不便，撰写拙文时也觉得有问题。[②]

20世纪80年代以后，满族的人类学研究逐步展开，中日两国学者对满族的家族、婚姻或生活习俗进行了共同研究，并在日本出版了相关成果。[③]

---

① 参见秋叶隆《满洲萨满教的家祭》（滿洲薩滿教の家祭），《宗教研究》（宗教研究）新11—1，1935年；赤松智城《满洲旗人的家祭》（滿洲旗人の家祭），《民族学研究》（民族学研究）1—2，1935年；秋叶隆、赤松智城《满蒙的民族与宗教》（滿蒙の民族と宗教），民俗苑1941年版；大山彦一《中国人家族制度的研究——东亚诸民族的社会学考察》（中国人の家族制度の研究—東亜諸民族の社会学の考察），关书院1952年版；千种达夫编著《满洲家族制度的惯习》，（滿洲家族制度の慣習）一粒社1964年版。

② 高原恒治：《访问满洲旗人部落》（滿洲旗人の部落を訪ねて），《满铁调查月报》（滿鉄調査月報）1939年，第127页。

③ 参见爱新觉罗·显琦、江守五夫编《满族的家族与社会》（满族の家族と社会），第一书房1990年版。

这些研究只停留在一般性的论述，很少涉及某一个调查地点的社会脉络，缺乏时间性与民族志视角，将满族视为一个原生性的实体。这种实体论的视角不能充分把握满族的历史、社会、文化特征，其结果或是随波逐流强调满族的"汉化"，或是走向另一个极端，强烈主张有一个本质性的满族文化。

近些年，受人类学研究的影响，国内的满族研究开始关注民族意识问题。[①] 20 世纪 80 年代以后，"新清史"学派在欧美学术界崭露头角，陆续出版了多部相关论文与专著，其中以清代八旗制度和清代满族认同为核心的美国历史学家们的研究对本书具有较大的参考价值。

柯乔燕（Pamela K. Crossley）在其著作《孤军》（*Orphan Warriors: Three Manchu Generations and the End of the Qing World*）中，通过描写八旗满洲贵族费英东（苏完瓜尔佳氏 Suwan Guwalgiya）后裔观成（1790—1843）、凤瑞（1824—1906）、金梁（1878—1962）三代人的家世沉浮、思想演变和他们对自身满洲人身份的自我意识过程，勾画了 19 世纪中叶至 20 世纪 30 年代满族作为一个现代民族意义上的族群形成的过程及其认同。该书最大的特点是将认同作为贯穿全书的分析框架。作者提出了两个主要观点：第一，满洲（Manchu）的认同是乾隆朝为政者人为建构起来的；第二，与皇室贵族不同，满洲下层人的族群认同是清末以后随着汉族民族主义的兴起与汉族的认同同时形成的。[②]

在另一部著作中，柯乔燕进一步发展了上述理论。她认为满洲认同的形成分三个不同阶段。第一阶段是入关前努尔哈赤和皇太极时期的政治联盟阶段。这个阶段有女真人、蒙古人、汉人、朝鲜人及其他北方通古斯人加入八旗制度，导致了其政治性、人为性和恣意性。第二阶段是清中期的乾隆帝阶段。这个时期统治者面临满洲认同即将消失的新问题，因此有必要明确曾经模糊不清的族群边界。通过进行大规模的通谱编撰事业，清朝为政者以强调满洲的血统、源流或文化习俗等来强化满洲认同。第三阶段是 19 世纪末 20 世纪初。近代民族主义打着"排满兴汉"的旗号，引进

---

① 定宜庄、胡鸿保：《浅论福建满族的民族意识》，《中央民族学院学报》1993 年第 1 期，第 51—66 页。孙静：《"满洲"民族共同体形成历程》，辽宁民族出版社 2008 年版，第 224—261 页。定宜庄、胡鸿保：《从族谱编撰看满族的民族认同》，载《清朝的国家认同："新清史"研究与争鸣》，中国人民大学出版社 2010 年版，第 169—180 页。

② Pamela K. Crossley, *Orphan Warriors: Three Manchu Generations and the End of the Qing World*, Princeton: Princeton University Press, 1990.

了民族国家的意识，在创造汉人认同的同时，强化了满洲的认同。①

路康乐（Edward J. M. Rhoads）的观点与此相似。他从满、汉民族的视角描述了清代及辛亥革命以后满洲人由特权阶级"旗人"转变为完全不同的集团的过程，详细论述了清廷与汉人革命者之间的对话以及相互影响。他认为，19 世纪以前的清朝不存在族群（Ethnic）意义上的满洲，而只存在征服/贵族集团，满洲（Manchus）是一个界限不清的、恣意的、人为创造出来的政治名称。②

欧立德（Mark Elliott）对上述观点提出异议。他认为，研究满族须将清代八旗制度纳入视野。他在《满洲之道：中华帝国晚期的八旗以及族群认同》（The Manchu Way: The Eight Banner and Ethnic Identity in Late Imperial China）中系统论述了八旗制度，主张满洲（Manchus）的族群认同形成中虽然有很强的政治和人为的因素，但自清代初期，为政者便试图通过编撰先祖神话和部落历史来强调满洲认同，并且通过八旗制度强化制度性认同，因此，在西方民族国家概念引入中国之前，满洲作为一个现代意义上的民族也已形成。③

历史学家的研究对考察满族的历史及认同提供了有益的视角，这些研究大部分都是以清代为背景，"清王朝＝满洲（Manchus）"的图式随处可见，所用资料也以文献居多。有些研究（Elliot, 2001；Rhoads, 2000）虽然指出了"旗人"范畴的多元性，但很少涉及具体成员的认同表征，对辛亥革命以后，尤其是 1949 年以后旗人由国家正式命名为"满族"，成为国家框架下少数民族成员之后的情况缺乏系统论述，更没有详细的民族志资料。诚然，要求历史学家做到这一点未免过于苛求，但人类学和民族学领域除了 50 年代少数民族社会历史调查和 2004 年中国民族村寨调查出版了与满族有关的研究成果以外，也缺少满族认同方面的研究。④

近十年来，国内一些学者的研究在历史学领域开辟了一块新天地。定

---

① Pamela K. Crossley, *A Translucent Mirror: History and Identity in Qing Imperial Ideology*, Berkeley: University of California Press, 1999.

② Edward J. M. Rhoads, *Manchus and Han: Ethnic Relations and Political Power in Late Qing and Early Republican China, 1861 – 1928*, Seattle: University of Washington Press, 2000.

③ Mark Elliott, *The Manchu Way: The Eight Banner and Ethnic Identity in Late Imperial China*, Michigan: The University of Michigan Press, 2001.

④《民族问题五种丛书》辽宁省编辑委员会编：《满族社会历史调查》，辽宁人民出版社 1985 年版；张晓琼、何晓芳主编：《满族：辽宁新宾县腰站村调查》，云南大学出版社 2004 年版。

宜庄的《最后的记忆——十六位旗人妇女的口述历史》，通过对十六位旗人妇女的访谈，描写了通常被正史（从男人视角书写的）所忽视的历史的另一个层面。这十六位旗人妇女中，有的民族成分是汉族，但是作者通过"旗人"这个称呼，消解了当代满族认同与身份不一致在叙述层面的尴尬。①

《辽东移民中的旗人社会——历史文献、人口统计与田野调查》是定宜庄、郭松义等根据清代大量的户口册和族谱、墓碑以及田野调查得来的第一手资料（包括人们的记忆和口头传承）写成的。在满族研究领域，该书可称得上是结合历史学和人类学手法为数不多的重要研究成果之一。

民族或族群研究需要动态的视角。为此，历史人类学的研究方法是必不可缺的。换言之，要积极汲取历史学的研究成果，从历时和共时两个层面分析田野调查数据，在此过程中不断探索人类学意义上"历史"的含义。本研究将通过历史叙述和认同分析将满族视为一个不断形成的动态范畴。以往的满族研究缺乏系统的人类学研究成果，该研究可望弥补这一空白。

研究方法与内容构成

本书以 2003 年提交东京都立大学的博士论文为契机，比较性地吸收了完成于博士论文期间的田野数据，进一步加深和拓展了理论分析视角，在田野资料上做了较大的补充和深描。提交博士论文以后，笔者先后六次重访田野调查点，收集并补充了重要且最新的田野数据和历史资料，丰富、拓宽并深化了本研究的讨论内容。本研究基于文献资料和田野调查。田野调查时间为：1992 年 6—8 月，1993 年 7—9 月，1998 年 2—3 月，2000 年 7—8 月，2001 年 12 月，2002 年 7—11 月，2003 年 2 月，2005 年 11 月，2006 年 5 月，2006 年 9—11 月，2012 年 8 月，2013 年 12 月，2014 年 6 月。

与经典民族志以一个村落或小型社区为对象的研究不同，本研究是围绕一个主题进行的多点民族志（multi-sited ethnography）。② 在一个群体中，人们的认同以多种方式体现。就满族而言，有居住在城市和乡村的，

---

① 参见定宜庄《最后的记忆——十六位旗人妇女的口述历史》，中国广播电视出版社 1999 年版。

② 笔者 1993 年开始本研究时还不知道有一种人类学研究方法叫多点民族志，后来，从来华讲学的马库斯那里听到有关该方法的介绍，并得知早在 1995 年他就撰文讨论过此问题。参见 George E. Marcus, "Ethnography in/of the World System: The Emergence of Multi-Sited Ethnography", In *Annual Review of Anthropology* 24（1995）: 95-117。

有政治、文化精英和普通民众，有京城满族、东北满族和内地各驻防八旗后裔，他们的认同并非单一，而是根据不同的社会、历史、文化背景表现出多重认同特征。为了充分认识满族认同的复杂性与多样性，须避免铁板一块式的叙述。以一个村落或社区为对象的传统人类学研究方法显然有其局限性，因此，本研究将把研究对象分散在几个地区，进行多声道、多视角的分析。

研究区域和对象的选择会在很大程度上影响研究内容的性质与成果的好坏。由于时间与经费上的原因，不可能将所有满族居住区作为研究对象，故本研究暂且选择了历史和地理环境差异较大的辽宁省和福建省，[①]在辽宁省以1985年成立的新宾满族自治县为主要调查点，在县以下又分几个不同村落进行调查。在福建省则选择福州和琴江满族村作为研究对象。本书分别从历史、谱系、历史与文化的重构、旅游开发、民间信仰、风水传说等多个角度考察满族的认同。本研究不是单纯的地域比较研究，不同区域、不同调查点都始终贯穿着同一条主线，那就是历史记忆与认同。不同地区满族所处的历史、社会、文化状况不同，只限定某一个地区，会容易忽略其他地区的特征。

每章内容以历史为纵线，以认同为横线，整篇内容在逻辑上达到了统一。除了绪论和结论外，本书共分11章。

第一章围绕着满洲起源神话所展开的清朝官方话语和民间传说两个不同版本，分析清王朝谱系正统性的依据以及民间传说中存在的反命题，并通过"满洲"、"旗人"、"民人"等不同名称，分析八旗制度中"旗人"范畴的多元性及其认同表征。

第二章论述了姓名与认同的关系以及谱牒对满族所具有的特殊意义。

第三章讨论了20世纪初民族主义运动对旗人认同产生的影响，以及1949年以后作为军事、政治范畴的"旗人"转变为国家下位集团（少数民族）的实体化过程，在各个不同时期，旗人或满族表现出不同的认同特征。

第四章以辽宁省新宾满族自治县成立为个案，分析国家民族政策的实施过程。在此过程中，地方政府围绕着民族自治区域的建立，与国家之间展开了种种博弈，而面对地方政府的总动员，个人作为能动者，积极响应

[①] 为了与辽宁省满族作比较，笔者在黑龙江也进行了短期调查。

政府关于修改民族成分的号召，导致了满族人口在短期内剧增的现象。

第五章分析了风水传说（故事）中所蕴含的天命论与清朝乃至当今满族认同之间的关系。

第六章以后金第一都城——赫图阿拉城"恢复"为例，分析观光场域中历史与文化的重构过程，根据利科社会行为文本分析理论，将赫图阿拉比喻为一个空间文本，试图解释各种零散的建筑、布展以及活动在观光场域中固定为文本，其意义向所有人开放并形成新的历史意识的过程，从中探讨该历史意识与满族认同的关系。

第七章以辽宁省新宾满族自治县腰站村为例，通过民间传说、口述史等活态资料，再现草根意义上的村庄史与家族史，探讨爱新觉罗旁系肇氏家族的历史记忆与认同，并通过具体个案，探讨20世纪80年代"民人"（汉族）改满族的社会历史背景。

第八章通过东北地区的动物信仰与家族史的关系，把握当代满族的祖先观念、历史认识及其认同特征。

第九章以金启孮《满族的社会与生活》等先行研究为参照，考察了20世纪60年代以后黑龙江省三家子村满族的历史记忆及其认同，并从侧面描述了三家子村满族长达半个世纪的生活变迁。

第十章以福建省福州市满族（满洲八旗）以及琴江满族村（汉军八旗）为个案，考察在与东北满族极不相同的历史、社会、文化背景下，福建满族尤其是琴江满族的强烈身份认同。

第十一章为本书的内容总结与结论。

最后，需要对用语问题进行简短说明。满族曾经有满洲、旗人、满人、满洲人等多种称呼。在英文中，通常使用 Manchus 或 Manchu 来代表，日语则有"满洲族"、"满族"两种用法。为了避免用语混乱，本书根据不同语境使用不同称呼，在用动态的视角叙述满族的前提之下，"满族"除了个别特殊语境，不使用表示其非本质性的引号。

第 一 章

神话谱系的建构与旗人的形成

第一节 起源神话

随着中国民族政策的变化，20世纪80年代中期以来，越来越多的人开始从事满族历史的研究。八旗制度、满族族源以及满族历史的起点、汉军旗人的民族成分、满族民族意识等都是近30年来令人注目的话题。虽有许多研究者关注满族的形成过程，但却很少有人意识到，把焦点放在"族源"或者"起点"上，很容易陷入历史实体论的陷阱，即认为满族自古以来就是一个固有的、不变的实体。

纵观国内满族史研究，几乎所有关于满族的历史叙述都是从族源开始的。我们先来概括一下中国史学界有关满族族源的叙述。这些叙述可总结为以下三点：

（1）满族的历史可追溯到先秦时代。商周时期的肃慎人以及秦汉时期的挹娄人、南北朝时期的勿吉人、隋唐时期的靺鞨人、辽金元明时期的女真人是满族的先人。[1]

（2）满族的起点可追溯到元明之间，满族的族源是当时的女真族。[2]

（3）满族形成于16—17世纪。满族的直接祖先是明代女真人，但女真与满族不是一个民族。满族是从明代女真的一些部落发展而成的，它吸收了汉人、蒙古人等新的成分。关于起点有三种说法：一是1583年，即女真各部落开始统一的时间；二是1616年，努尔哈赤统一女真主要部落，建立后金政权；三是1619年，根据清朝文献，这个时间相当于女真各部

---

[1] 孟森：《清史讲义》，民国丛书影印本，上海书店1947年版，第8页；李燕光等编：《满族通史》，辽宁民族出版社1991年版，第1页。

[2] 刘小萌：《满族从部落到国家》，辽宁民族出版社2001年版，第1页。

落完全统一的时期。①

目前，中国史学界大体上支持第三种说法。而代表国家话语的国家民委民族问题五种丛书编委会编的《中国少数民族》（1981）则支持第一种说法。其中的"满族"一项是这样叙述的："满族的源流可追溯到两千多年前的肃慎以及后来的挹娄、勿吉、靺鞨、女真。"这种代表国家话语的历史叙述也反映在当今观光场域中历史展示的具体内容上。如赫图阿拉城的历史长廊中有关满族的源流部分便采用了这个观点。② 这对当今满族历史认识的形成也将起到一定的作用。

历史的起点不是自然所予，而是将对某一个社会或个人有意义的某个时间段切断后所得到的结果。满文创制于16世纪前后，在此之前，满族的历史是靠口头的、多声道的、流动的记忆传承下来的。而1599年创制满文后，多声道的口头传承在某种程度上被文字书写所固化，从而变成了单声道的历史叙述。此前虽有明朝和李氏朝鲜的汉字文献记载，但这些历史记录均出自他族之手，其角度自然也是外部的。清朝建立政权后，执政者们才根据这些他族的记述和民间的口头传承开始上溯式地编写属于他们自己的"历史"。

流传于民间的众多神话当中，分布最广的可能要数后来被收入朝廷编撰的正史《满洲实录》、《太祖五皇帝实录》、《满洲源流考》中的"三仙女"故事。该神话有各种不同的版本，正史中所收的与民间传说中的神话③有的内容一致，而有的前半部分相同，后半部分却大相径庭。

下面我们先简单介绍一下《满洲实录》（今西春秋，1938，满和对译）中的正史版本。然后再看看结尾内容完全相异的民间版本。

1. 正史版满族起源

> 满洲源起于长白山之东北布库里山下一泊，名曰布勒瑚里。初天

---

① 孙文良：《满族发展史上的几个问题》，《满族研究》1986年第2期，第28页。
② 刘正爱：《"恢复"赫图阿拉城》，《读书》2004年第12期，生活·读书·新知三联书店。
③ 民间版本也多种多样，此处将提示与正史版本内容有较大出入的民间版本。当然这里也存在一个取舍的过程。该传说是将"三仙女"和"小罕子"（努尔哈赤）出世"（沈秀清、张德玉编，2000）两个故事合起来的版本。

降三仙女，浴于泊，长名恩古伦，次名正古伦，三名佛库伦。浴毕上岸，有神鹊，衔一朱果，置佛库伦衣上，色甚鲜妍。佛库伦爱之，不忍释手，遂衔口中。甫著衣，其果入腹中，即感而成孕。告二姐曰："吾觉腹重，不能同升，奈何？"二姐曰："吾等曾服丹药，谅无死理，此乃天意，俟而身轻上升未晚。"送别去。佛库伦后生一男，生而能言。俟而长成，母告子曰："天生汝，实令汝以定乱国，可往彼处。"将所生缘由一一详说，乃与一舟，顺水去，即其地也。言讫，忽不见。其子乘舟，顺流而下，至于人居之处，登岸，折柳俟为坐具，似椅形，独居其上。彼时长白山东南鄂谟辉鄂多里内有三姓，争为雄长，终日互相杀伤。适一人来取水，见其子，举止奇异，相貌非常。回至争斗之处，告众曰："汝等无争。我于取水处遇一奇男子，非凡人也，想天不虚生此人，尽往观之。"三姓人闻言，罢战，同众往观。及见果非常人，异而诘之。答曰："我乃天女佛库伦所生，姓爱新觉罗，名布库里雍顺。天降我，定汝等之乱。"因将母所嘱之言详告之。众皆惊异曰："此人不可使之徒行。"遂相插手为舆，拥捧而回。三姓人息争，共奉布库里雍顺为主，以百里女为妻，其国定号满洲，乃其始祖也。① 历数世后，其子孙暴虐，部属遂叛，于六月间，将鄂多里攻破，尽杀其阖族。子孙内有一幼儿，名樊察，脱身走至旷野，后兵追之，会有一神鹊栖儿头上。追兵谓："人首无鹊栖之理。"疑为枯木桩，遂回。于是樊察得出，遂隐其身以终焉。满洲后世子孙俱以鹊为神，故不加害。

以上是正史版三仙女神话。而民间传说中往往将三仙女神话与努尔哈赤出生的故事糅合在一起，形成了几种新的传说和故事。在这些民间传承中，满洲始祖布库里雍顺常常被后来的努尔哈赤所替代。尤其是神话中喜鹊救樊察的故事在民间已经改头换面演变成努尔哈赤传说。下面我们来看一下民间版本。

---

① 该部分内容被收于乌拉熙春（1987：3—25）、刘小萌（2001：3）、宋承绪（1998：211）以及"白鸟仙女"（沈秀清、张德玉编，2000）、"满族的起源"（曹文奇编，2003）、"天赐满族英明主"（孙英、启坤编，2003）等著作与民间故事集中。详见参考文献。

2. 民间版之一 "汗王出世"①

传说在长白山和旁边的医闾山当间,是满族人的老家。有一天,从天上飞下来三个仙女,到长白天池里洗澡。就在她们洗得高兴的时候,飞来一只天鹅,嘴里叼着一颗红果,正好落到三仙女的粉裙子上。三仙女好奇地吞下了红果。可万万没想到,从此就怀了身孕,再也不能飞回天上去了。大姐、二姐没办法,只好扔下三仙女飞走了。后来,三仙女生下来一个大胖小子。可是三仙女心想,这孩子没有爹,我也没法带他上天,咋办呢?她就用柳条编个小笸箩,把孩子放在里头,推到水里,让他顺着江水往下放,谁捡去谁留着吧。

说来也怪,这白胖小子躺在柳条笸箩里,也不沉,也不叫唤,就那么飘飘悠悠地漂走了,头顶上还有一大群乌鸦嘎嘎地照应着,也不知漂了多远,到底叫人看见了。

这是在江边上洗衣裳的两个妇女,一个姓王,一个姓肇。姓肇②的媳妇说:"大妹子,反正你也没有孩子,就把孩子抱家去吧。"老王家给孩子起了个名,叫王杲,两口子就拉扯着王杲,过起了日子。等王杲长到十多岁,不出半年工夫,一前一后爹妈全死了。老肇家把王杲带到自己家里,一块儿过起来。又过了几年,老两口也死了。王杲就跟老肇家的儿子大罕放山挖棒槌过日子。③ 放山都有个规矩,放山之前,得先到山神庙去上炷香,许个愿。奇怪的是,大罕磕头,庙里那个老头,头不抬眼不睁的,可是等王杲磕头的时候,那个小老头也给王杲磕头。第二天,大罕背着王杲去问山神爷,山神爷说:"那个王杲不是凡人,他乃仙女所生,久后他的后代只能当一朝人王帝主,我山神怎敢不恭敬。"大罕听了此话,回家后跟媳妇商量,让她勾引王杲,生下了一子,那就是小罕子。④

---

① 根据全洪汉编《清太祖传说》1987 年缩写。

② "肇"是爱新觉罗的汉字姓。除此之外还有金、罗、洪、赵等。详细请参照刘庆华《满族姓氏录》,新宾县民族事务委员会 1982 年印刷。

③ "放山"是指到山上挖人参。目前,东北地区流传的努尔哈赤传说几乎都涉及努尔哈赤放山的故事。

④ 接下来的情节是大罕病死,王杲带着大罕之妻和小罕子拿着大罕的骨灰盒来到永陵,占了永陵的好风水(刘正爱,2003)。据说,新宾的肇姓家族到永陵上坟先给王杲磕头就是因为这个原因。笔者在调查中也听到类似的传说。

根据文献记载，王杲是努尔哈赤的外祖父，是16世纪中叶实际存在的人物，曾担任过"建州首领"①。而在笔者收集的另一个民间传说中，王杲却作为皇太极的生父登场。

3. 民间版之二 "王杲传说"②

皇太极不姓肇，因为他是努尔哈赤（小名罕子）的干儿子。从前，罕子和王杲经常在一起放山，一起招兵买马，关系特别好。有一天，王杲和罕子分别骑上大青马、二青马到河边放牧。那天早上，河边放大雾，王杲骑的大青马突然跳过河，把王杲甩在了河对岸，自个儿跑了回来。罕子左等右等，怎么等也不见王杲回来，心里非常着急。而这时王杲在河对岸想回家也回不了，因为没有筏，河流又急，过不了河。这可怎么办呢？王杲没办法只好往前走。走着走着，发现前面有座房子，这房子是东山墙侧开门③，他往屋里一看，里面有一个女人。王杲知道这女人准是妖精，于是就躲开，女人没吱声。王杲继续往前走，前面又发现一座小房子，王杲正想躲，只听那女人说："你是不是王杲？"王杲答应是。女人就请王杲进去。这样，王杲一待就是三年整。这期间王杲和仙女生了一个儿子，这孩子就是皇太极。

有一天，仙女跟王杲说："我该走了，你别哭，也别叫，到时候准有什么东西来接你。"说完，给王杲准备了够吃三天的东西，给孩子喂了一口奶。这时，外面又放起了大雾，仙女走了。过了三天后，王杲正在发愁，忽听外面大青马在叫唤，就抱着孩子骑上大青马回来了。这时，罕子还在那儿放马呢。罕子看见王杲非常高兴，马上给王杲盖了一座房子，让他在那儿住，不用他干活。有一天，罕子突然发现王杲的房子起火，赶忙奔去灭火。只见屋里孩子睡得正香，有七条

---

① 曹文奇编：《启运的传说》，辽宁出版社2003年版，第58页；刘小萌：《满族从部落到国家》，辽宁民族出版社2001年版，第103页。

② 辽宁省新宾县腰站村肇恒范讲述，根据田野调查录音整理，2003年8月收集。我们在许多民间传说中均可看到，历史学家笔下的历史与生活中传承的历史之间的关系是如何展开的。在此，且从"王杲传说"中窥见一斑。这个王杲传说与"汗王出世"有相似之处，有趣的是这里的主人公不是汗王（努尔哈赤），而是其子皇太极。

③ 据村里人说，东山墙侧开门的房子，里面住的不是妖精就是仙女。

大蛇正在围着孩子转。罕子心想，这孩子可不一般，他肯定是真龙天子。罕子没作声，回到王杲身边说："哥哥，你这孩子太招人喜欢了。让他给我做儿子吧！"王杲说："给你吧！你的儿子就是我的儿子。"后来，努尔哈赤把亲生儿子杀了，也没舍得扔掉这个孩子。①所以，皇太极是王杲的亲生子，北京的第二代皇帝才开始姓肇。

清朝执政者所选择的天女神话在表达满洲王朝或者爱新觉罗谱系正统性上完全起到了所预期的效果。但是，民间传承的几则故事却具有推翻这个正统性的反命题。首先，在民间版之一中，仙女生下的儿子不是布库里雍顺，而是王杲，肇姓（爱新觉罗）的媳妇勾引王杲所生之子为努尔哈赤（小罕子）。在民间版之二中，王杲与仙女所生之子为皇太极，而努尔哈赤得知其有天子之相后立即瞒着王杲将之收为义子。

王杲在民间的重要性不只是反映在这两个民间神话中，笔者在调查时曾听村民们说清永陵的好风水乃当年王杲所占，王杲的坟墓现在还在永陵的一个角落里，肇姓（爱新觉罗）到永陵②祭拜时都要先拜王杲，后拜肇姓祖先。

上述故事若从皇太极是努尔哈赤第八子的"史实"对照来看，可谓荒唐至极。而在众多民间故事集中也未发现此类故事。在一次调查中，笔者有幸与一位民间故事集的编辑谈到其编辑过程。首先，由几个人分头到民间收集故事，收集来的故事整理成文字后交给编辑，再由编辑根据自己的历史认识或者历史知识来判断哪些"符合史实"，哪些"不符合史实"，最后筛选出编辑认为"符合史实"的出版。

但是，所谓史实可设定两种情形，一种是将过去发生的事原原本本地记录下来；另一种是书写"历史"的人根据执政者的社会、政治目的对所发生的事实进行取舍，甚至进行篡改。如果说书写的历史和作为口头传承的历史同样是对过去发生的事件或事实的一种解释，那么，我们不能简单地得出后者正确前者错误的定论。而即使后者未能正确反映事实本身，其深层部分肯定也隐含着某种信息。这是从民众的角度所认识的另一种历史。

《朝鲜世宗实录》上记载，爱新觉罗在谱系上可追溯到孟特穆（猛哥

---

① 据文献记载，努尔哈赤与十六位妻子之间共生了十六个儿子和八个女儿。皇太极是第八子。长子褚英被努尔哈赤所杀（张德玉，2001：206）。
② 位于辽宁省新宾满族自治县永陵镇，为努尔哈赤先祖陵寝。

帖木儿)① 之父挥厚,《清实录》则记载,爱新觉罗有谱系连续性的只能上溯到孟特穆。② 而此前的樊察(范察)和布库里雍顺在谱系上并不具有连续性,可以说这两个人是超越时间的神话性存在。清史专家孟森认为,孟特穆到布库里雍顺之间相差三四代,孟特穆之父是挥厚,挥厚之上是范察,范察是布库里雍顺的孙子。但是孟森并没有提及范察之父是谁。③

历史学家刘小萌则认为,始祖布库里雍顺乘舟行至鄂多理的事迹,反映的是满洲始祖从遥远北方顺松花江下游南迁并加入三姓部落的经历。《满洲实录》称布库里雍顺被三姓人推举为主后定国号为满洲,而实际上,"满洲"族名在清太宗皇太极时才正式确立,实录所载,显系后人附会。④

《三仙女》神话首次见于1635—1636年所编的《太祖武皇帝实录》,并位于首页。1682年,《太祖实录》因"与历代实录体裁不符"被重新修订,三年后的1685年与新的谥号一起改为《太祖高皇帝实录》。而到了1734年,又因太祖、太宗、世祖三朝实录中"人名、地名不符"被合订、修改,1739年(乾隆四年)才最终完成。⑤《三仙女》神话作为满族起源叙述上不可或缺的开国神话,虽几经修改,却始终被编撰者保留到最后,并且频繁出现在朝廷的编年史中,成为证明清朝源流正统性的依据。欧力德在谈到清朝编年史中的神话时认为,这种操作很明显犯了一个时代错误,它将"Jusen gurun"(女真人/女真国)与后来创建的"Manchu gurun"(满洲人/满洲国)进行了置换,亦即将明代布库里雍顺统治的王国与金代女真领地结合起来,从而强调"满洲"的连续性,给满洲人,尤其是爱新觉罗确定了一个作为金朝遗产继承者的位置。⑥ 更有趣的是,这些满洲起源神话在当代满族政治精英参与策划的观光场域中,在满族历史记忆重构的过程中也起着重要的作用,并成为满族认同过程中"追溯起源"的重要因素之一。⑦

---

① 猛哥帖木儿与孟特穆是同一满文发音的不同汉字标记。
② 莫东寅:《满族史论丛》,人民出版社1958年版,第29、39页。
③ 参见孟森《清史讲义》,民国丛书影印本,上海书店1947年版,第10页。
④ 刘小萌:《满族从部落到国家》,辽宁民族出版社2001年版,第4页。
⑤ 宋承绪:《满族"三仙女神话"探微》,载阎崇年编《满学研究》1998年第4集,第211页。
⑥ Mark C. Elliott, *The Manchu Way: The Eight Banners and Ethnic Identity in Late Imperial China*, Stanford: Stanford University Press, 2001, p. 46.
⑦ 参见刘正爱《恢复赫图阿拉城》,《读书》2004年第12期,生活·读书·新知三联书店。

如果我们认为传承下来的谱系就是"史实",那么我们将会犯下一个简单的错误。因为其中具有被操作、被歪曲,甚至有时会被政治所利用的成分。但是,如果我们换一个角度,把谱系看作是现在完成式的历史,而不是当作过去的记录,那么我们就有可能将视角切入离当事者们距离较近的社会史上。① 事实上,人类学家从田野中寻找的并不是历史的"事实",而是调查对象对自身过去的理解和对自己是谁的解释。正史版的神话是清王朝执政者用来给王朝正统性提供依据的,而民间流传的关于王杲的故事却反映了普通民众的历史认识。

历史学家从神话中追求一种"历史事实",而人类学家和社会学家则从神话中寻找某种隐喻或象征的含义。正如史密斯所指出的那样②,有关继嗣与血统的神话是遥远而无法证明的历史,它是集体的存在与现存文化的宪章,或者是说明共同体的起源、成长过程以及今后命运的,一个共同体的宪章。而在现实生活中,在人们的认识当中,神话与历史书一样作为一个事实而存在。从这个意义上来讲,我们不妨可以说,神话也是历史,它是历史的一个不同形态。

第二节 "满洲"(Manchu)的出现

"名"是确定社会秩序和区别我他的重要因素。探索"旗人"范畴的形成过程和在特殊语境中概念或名称所具有的意义,是理解当代满族认同的一个重要环节。"旗人"是本书分析满族认同的重要概念。这一节将以"满洲"一词为切入点,通过整理几个与满族有关的名称,考察满族的历史形成过程及其认同特征。

"集团的名称对具有该名称的当事者们来说,会唤起具有权力(power)和意义的某种情绪性、戏剧性的效果。"③ 关于后来变为地名的"满洲"(Manchu)一词的由来,学界有多种说法,由日本参与的"满洲国"

---

① 笠原政治:《台湾山地社会史的风景》(台湾山地社会史の風景),载山下晋司等编《社会人类学的可能性Ⅰ 历史中的社会》(社会人類学の可能性Ⅰ 歴史の中の社会),弘文堂1988年版,第69—88页。

② アントニ・Dスミス(安东尼・D. 史密斯):『ネーションとエスニシティ』(*The Ethnic Origins of Nations*),巢山靖司、高城和義译,名古屋大学出版会1999年版,第30页。

③ 同上。

的创建，无疑又给这些讨论增加了几分政治内涵。

关于"满洲"名称的来源，日本学者作了许多详细的考证。市村瓒次郎发现，明朝和朝鲜方面的史料与当时发现的汉文档案中只有叫后金或金的国号，而没有叫满洲的国号，由此断定，皇太极在改国号为大清时，抹消了后金国号"金"，将从太祖努尔哈赤的尊称"满住"伪造而来的"满洲"作为国号，以代替以往的国号（伪造说）。还有一种说法认为，"满洲"是原来的一个部落名称，皇太极在改国号时恢复了旧称（复活说）。三田村泰助则根据《满文原档》和《太宗实录》的比较得出另一个结论，即Manju Grun（满珠国、满洲国）是太祖努尔哈赤统一建州女真后所起的国号，时间大约在1600年左右（Manju Grun说）。在降伏叶赫部，统一全女真，开始对外称后金、对内称诸申国后便取消了满洲这个国号。神田信夫一方面支持三田村的满洲国存在说，另一方面对后来取消满洲国号这一说法提出了不同的意见，认为满洲这个国号在此之后也在使用。①

中国的史学家们在1635年皇太极将Jusen 诸申（女真、女直）改名为Manju（满洲）这一点上似乎已经达成了共识。② 石桥秀雄则注意到"Manju 满洲"这个称呼的定位在清入关前与入关后是不同的。入关前，《旧满洲档》记载："谕曰：我国原有满洲哈达乌拉叶赫辉发等名，乃无知之人，往往称为诸申。夫诸申号乃席北超墨尔根之裔，实与我国无涉。自今以后，一切人等，止许我国满洲原名。"《旧满洲档》关于天聪九年（1635）十月十三日的记载中，有将"十"和"十三"日抹掉后修改为"其日"的痕迹，而十月二十四日的记述中又有："谕众于朝曰：国名称为满洲。其各旗贝勒所属人员，称为某旗贝勒家诸申。"③ 石桥指出，满文和汉文之间虽然有微妙差异，但学界一般认为，此后满洲一直是作为民

---

① 石桥秀雄：《关于清朝入关后的Manju 满洲的称呼——以〈御制清文鉴〉和〈满洲源流考〉为中心》（清朝入関後のマンジュ（manju）満洲の呼称をめぐって—『御製清文鑑』を『満洲源流考』を中心に），载《清代中国诸问题》（清代中国の諸問題），山川出版社1995年版，第19—20页。

② 李燕光、关捷编：《满族通史》，辽宁民族出版社1991年版。王钟翰：《关于满族形成中的几个问题》，载王钟翰主编《满族史研究集》，中国社会科学出版社1988年版，第6页。

③ 《旧满洲档》为满文档案，此处引用的汉文是《大清三朝实录》卷二五天聪九年十月十三日条的记载。详细请参照石桥秀雄《关于清朝入关后的Manju 满洲的称呼——以〈御制清文鉴〉和〈满洲源流考〉为中心》，（清朝入関後のマンジュ（manju）満洲の呼称をめぐって—『御製清文鑑』を『満洲源流考』を中心に），载《清代中国诸问题》（清代中国の諸問題），山川出版社1995年版，第23页。

族名来使用的，而作为国号的满洲则随着次年（天聪十年）四月建立大清国而取消。

据《御制清文鉴》、《满洲源流考》等文献记载，Manju（满珠）、满洲起初属于 Jusen（珠申、诸申），后来（天聪九年）才将诸申改为满洲，古文献记载的"肃慎"是"Jusen"（珠申）的转音。这种叙述表示了欲将 Jusen 据为中心的意图。即天聪九年是大清国建设期的准备阶段，清太宗皇太极有必要切断金与女真的关系，用满洲来统一其称呼。而大清国建立以后，在迁都北京、其统治区域扩大到中国内地和藩部的过程中，清朝执政者又遇到了新的问题，即在多民族国家大清国中如何定位其集团的问题。石桥犀利地分析道：在构筑最大的版图，进入守成期的乾隆后期，旗人的没落、汉化的渗透、满族意识的倒退也许让执政者感到了某种危机，在作为恢复手段之一所编撰的《满洲源流考》中，"珠申"与"满洲"实现了一体化，通过将"珠申"解释为"肃慎"的转音，将其定位成一个中国自古就有的部落。①

历史学家王钟翰则持有完全不同的看法。在《清史补考》中，王钟翰在介绍学界诸说后提出了"满洲"一词来源于靺鞨的主张。其理由是满洲与靺鞨原属同字，靺鞨在隋唐以后至明中期就生活在现吉林省长春市以南至辽宁省新宾县地区。满族是女真人的一部分，原来隶属于明帝国，1636年将国号改为满洲。即满洲这个名称来自本土，而不是外来的。②

柯乔燕通过对《满洲源流考》的考察指出，《满洲源流考》将满洲的来源与可考证的东北人联系起来，从而证明了其"种族"（racial）独特性，柯乔燕称之为基于祖宗传承的不可改变的身份认同。由于每一个种族群体，无论是满洲、蒙古、汉，抑或其他各族，都有与本族相应的地位，因此，儒家的天下观被种族排外性所抵消。③

---

① 石桥秀雄：《关于清朝入关后的 Manju 满洲的称呼——以〈御制清文鉴〉和〈满洲源流考〉为中心》（清朝入関後のマンジュ（manju）満洲の呼称をめぐって—『御製清文鑑』を『満洲源流考』を中心に），载《清代中国诸问题》（清代中国の諸問題），山川出版社1995年版，第32—35页。

② 王钟翰：《清史补考》，辽宁大学出版社2004年版，第1—6页。

③ Prasenjit Duara, *Rescuing History from the Nation: Questioning Narratives of Modern China*, Chicago: The University of Chicago Press, 1995, p. 67; Pamela K. Crossley, "Manzhou Yuanliu Kao and the Formalization of the Manchu Heritage", *Journal of Asian Studies*, 46 (4) (1987): 761–790.

名称或许不反映实质上的或真正的人群的范畴，但某个名称一旦诞生，便会出现将身份认同上溯到该名称的行为。满洲一词在此意义上，对满族身份认同的形成具有非常重要的意义。满洲在神话学上与爱新觉罗家族的谱系有着直接的联系，而该谱系又通过上溯性编撰的历史（文字）以及神话来实现其正统化。

18世纪中叶以后，朝廷编撰的书籍除上文提到的《满洲源流考》（1783）外，还有《八起满洲氏族通谱》（1745）、《满洲祭神祭天典礼》（1781）等，满族的历史与文化以前所未有的形式创造出来。乾隆皇帝想通过这些书籍的编撰来描述特定区域、语言、血缘及生活方式等几近完美的一条文化轨迹，并通过氏族生活方式或礼仪的规范化及氏族的谱系化来定义"满洲"的认同。

日本现代思想家西谷修曾经对历史书写的修辞做过精辟的论述。在"历史"被书写之前，过去并不具有可称为记述对象的秩序，而只有当它被书写时，过去才开始在一定的时间顺序下被组织起来。因此，实际上，不是因为有了作为过去事件的历史而有的"历史"叙述，而是通过"历史"的书写，作为事实的"过去（历史）"才被上溯性地设定出来。[①] 这个"历史"不仅在创造清代旗人认同上起到了重要的作用，而且直至今日，仍然是满族历史记忆和认同的重要依据之一。正如柯乔燕所言，这些官方文献的目的"不在于创造关于满洲起源的科学，而是在于起源的权威性本身"。[②] 今天，这种权威性在满族历史记忆强化和认同重构上提供了一个可靠的依据。

满洲这一范畴从努尔哈赤时代起就已经包含了多族群的成分，从而使初期的文化集团"满洲"变为帝国政体下的政治范畴"旗人"。中国史学界习惯用"满族共同体"指称满族，大部分学者认为其基本上形成于皇太极命名"满洲"的1635年。这个满洲的命名日（农历十月十三日）于20世纪80年代被定为颁金节，并成为满族活动团体的重要活动日。

[①] 西谷修：《世界史的临界》（世界史の臨界），岩波书店2000年版，第56页。

[②] Pamela K. Crossley, "Manzhou Yuanliu Kao and the Formalization of the Manchu Heritage", *Journal of Asian Studies*, 46 (4) (1987): 781.

第三节　八旗制度与"旗人"、"民人"

八旗制度是努尔哈赤时代创建的融军事、行政、生产为一体的制度。孟森曰："八旗者，太祖所定国体也，一国尽隶于八旗，以八和硕贝勒为旗主，旗下人谓之属人。属人对旗主，有君臣之分。"①

八旗有八旗满洲、八旗汉军、八旗蒙古之分。八旗制度内部还有上三旗和下三旗、佛满洲（旧满洲）和伊彻满洲（新满洲）、皇族与普通旗人、正规八旗和隶属八旗（绿营兵）、京旗与驻防八旗、八旗兵丁及其家属、披甲兵丁与闲散兵丁等多种分类。②

努尔哈赤以建州女真为中心，统一周围各女真部落，入主中原，在北京建立清朝政权的过程，同时又是以满洲为中心，吸收蒙古、汉、朝鲜以及其他北方通古斯的成分而形成一个新的政治、军事实体——"旗人"的过程。这样一个由多元群体组成的"旗人"后来能演变或被统合为一个具有一定文化特征的群体，在很大程度上是靠八旗制度这样一个融军事、行政、生活为一体的制度得以实现的。于当代满族而言，佛满洲、伊彻满洲、满洲人、汉军旗人、旗人、民人等仍然是区分我他时经常提及的概念范畴。下面简单叙述一下这些范畴的具体所指。

一　满洲八旗、汉军八旗、蒙古八旗

满洲通古斯社会有传统的狩猎组织，称为"牛录"③。努尔哈赤将其作为战斗组织的模式，逐步将投靠他的各地血缘集团和地缘集团改编为军事组织。早期的牛录虽为军队组织的基础单位，但由于保存了原有集团，每个牛录的兵员没有固定人数。后来每个牛录固定为三百名，每牛录设额真一人辖之，并设固山统辖几个牛录。④

---

① 孟森：《清史讲义》，民国丛书影印本，上海书店1947年版，第22页。
② Edward J. M. Rhoads, *Manchus and Han*, University of Washington Press, 2000, p. 19；[韩]任桂淳：《清朝八旗驻防兴衰史》，生活·读书·新知三联书店1994年版，第33—47页。
③ 旗田巍：《关于满洲八旗成立过程的考察——牛录的成立为主》（満洲八旗の成立過程に関する一考察—特に牛录の成立について），载《东亚论丛》（東亜論叢）1940年第2期，第74页。
④ 小峰和夫：《满洲——起源、殖民、霸权》（満洲—起源・植民・覇権），御茶水书房1991年版，第2—25页。

固山意为"旗"，起初只有两个旗，随着努尔哈赤统治区域的扩大，兵员不断增加，明万历二十九年（1601）努尔哈赤调整各牛录，正式编为四个固山，即黄、白、红、蓝四旗组织。明万历四十三年（1615），又在质和量上充实了原有的军事组织，增设镶黄、镶白、镶红、镶蓝四旗，由此，八旗制度正式确立。[①] 这时期的满洲八旗包括308个满洲蒙古牛录（指满蒙混合牛录）、76个蒙古牛录和16个汉军牛录。[②] 史学界将该时期所编的八旗与后来的相区分，称之为八旗满洲（或满洲八旗）。

随着八旗内蒙古人的增加，天聪九年（1635），始设蒙古八旗，旗色与满洲八旗相同。而先前被编入满洲、汉军八旗的蒙古人仍保留原籍。[③] 这说明，满洲八旗中有相当数量的蒙古人并没有析出原籍而一直留在满洲八旗内。因此，可以说，满洲八旗并非由纯粹的女真人（后来的满洲人）构成，它至少包括了大量的蒙古人。

天聪五年（1631）正月，皇太极将满洲八旗中的汉人拨出，另编一旗，后称汉军，旗色为黑色。此时，满洲各户中还有一大批汉人，天聪七年（1633）七月，皇太极命令将这些汉人从满洲各户中拨出，分补旧甲喇缺额。[④] 崇德二年（1637），分汉军为二旗，崇德四年（1639）又增设二旗，崇德七年（1642）汉军四旗扩充为八旗，旗色与满洲八旗相同。[⑤] 至此，由满洲八旗、蒙古八旗、汉军八旗组成的八旗制度趋于完善。

八旗制度确立前，满族的社会组织主要为叫作"莫昆"的亲属组织，随着八旗制度的形成，该组织功能逐步衰弱，最终被牛录替代，出兵、狩猎、赋役等都以牛录为单位，结婚、授田、诉讼等事务也都由牛录额真（佐领）来处理。八旗是个战时出兵、平时为农的生产、军事、行政性单位。阎崇年认为，努尔哈赤创建的八旗制度，将国家的中枢机构与基层的

[①] 关于八旗创建时间，学界有几种不同看法，详细请参照阎崇年（2002：35）和赵志强（2002：74—76）。这里采用的是旗田巍的观点。参见旗田巍《关于满洲八旗成立过程的考察——牛录的成立为主》（満洲八旗の成立過程に関する一考察—特に牛録の成立について），载《东亚论丛》（東亜論叢）1940年第2期，第73页；纪昀等编《钦定八旗通志》第2册，吉林文史出版社2002年版，第561页。

[②] 纪昀等编：《钦定八旗通志》第2册，吉林文史出版社2002年版，第561页。

[③] 同上书，第562页。

[④] 李燕光、关捷主编：《满族通史》，辽宁民族出版社1991年版，第222页。

[⑤] 纪昀等编：《钦定八旗通志》第2册，吉林文史出版社2002年版，第562—563页。

牛录组织联结成一个网络，从而把星散于深山密林间的满洲臣民组成一个社会军事化、军事社会化的新型社会机体。①

需要强调的是，八旗中不仅包括满洲人，还包括归顺、投降、被俘、买卖、掠夺而来的汉人、蒙古人、朝鲜人以及锡伯人等其他北方通古斯人。其中汉人和蒙古人有其各自的八旗编制，而其他则主要分散于满洲八旗中。比如，清初归顺的朝鲜人单独编成三个半牛录，隶属满洲八旗之下。之后陆续投奔过来的朝鲜人和被俘而有幸"被编为民"的朝鲜人，被分散在清初的满洲八旗内。这一点从《八旗满洲氏族通谱》"附载满洲旗分内之高丽姓氏"中便可窥见一斑，其中上了旗籍的朝鲜人姓氏有44个。②

但有的并未形成八旗编制，如锡伯、索伦、达斡尔、鄂伦春等由于没有一定数量，不能编成300人为单位的牛录，因此以变通的方式以各自族群名以冠之。与汉军八旗不同的是，这一部分人于八旗制度解体以后又回到原有各自族群中生活，并未加入满族，故不存在后来的民族成分问题。③

由努尔哈赤创建、皇太极改名的满洲发展为后金，后金遂又变成了大清。这些国号变迁的同时又是八旗制度的扩充再编过程。清朝入鼎中原时，满洲、蒙古、汉军各有八旗，实为24旗，但习惯上统称其为八旗。此时的八旗兵包括满、蒙、汉在内已经达到22.4万人之规模，其中又分禁旅八旗（京旗）和驻防八旗两种。而汉人加入八旗并未因汉军八旗的成立而告终，此后仍有大量汉人以各种形式加入"旗人"的行列。④

据研究，从清初入关直至清中期的二百年间，汉人相继投满洲而编入佐领下人的，不下几百万人。而投充汉人逃亡在外，最终归入民籍而恢复汉人民族成分的，在百万左右，但到后来容留在旗籍内的投充汉人至少

---

① 阎崇年：《满洲八旗定制考析》，载支运亭主编《八旗制度与满族文化》，辽宁民族出版社2002年版，第43页。
② 李贤淑：《浅谈清初八旗中的朝鲜族成分》，载支运亭主编《八旗制度与满族文化》，辽宁民族出版社2002年版，第266页。
③ Edward J. M. Rhoads, *Manchus and Han*, University of Washington Press, 2000, p. 279.
④ 小峰和夫：《满洲——起源、殖民、霸权》（满洲—起源·植民·覇権），御茶水书房1991年版，第31页。

也有数十万人。① 清代中期，由于旗人人口（尤其是汉军旗人）大量增加，清廷开始面临八旗生计的问题。从乾隆七年（1742）开始，朝廷先后下令允许汉军出旗为民，如乾隆十九年（1754）下令"汉军愿为民者，令指定所往省分州县，呈明出旗入籍"。汉军出旗后所遗官兵额缺，由满洲正身旗人调拨补充。②

汉军旗人出旗为民并不是以家族为单位的，有的家族长房在旗，次房却出了旗，因此就出现了同一家族中既有旗人又有民人的现象。例如，据福建《赖氏家谱》记载，赖氏于明中叶寄籍辽阳，清初以功隶属旗下，从龙入关，为汉军正黄旗人。后来驻防福州，雍正七年（1729）迁至三江口水师旗营。再后来，次房恭谨公"奉文出旗"为民，入福州民籍，而长房却始终留在旗内。对此，该家谱中写道："虽族有旗籍民籍之别，同属一本，后世修谱者，当一体合辑。" 20 世纪 50 年代以后申报满族的人当中也包括这些出旗为民的汉军旗人。

二 "旗人"与"民人"

"旗人"与"民人"是一组对应概念。简言之，前者是指清代被编入八旗及旗下的各类人口，后者是八旗组织外的汉人。"旗人"既包括满洲人也包括部分汉人、蒙古人、朝鲜人、锡伯人及其他北方通古斯人。"旗人"、"民人"这一称呼既是自称又是他称。直至今日，笔者在田野调查中还经常听到人们使用这些称呼。

旗人的身份靠世袭来保障。清代的户籍制度是考虑到集团之间的差别或均衡来制定的。它有旗籍和民籍之分。编入满蒙汉任何一个八旗者均属于旗籍，在旗者负有兵役之义务。八旗人口三年一计丁，旗籍上主要记载与户主的关系、姓名、成丁地位、年龄、干支、出生年月日、有无婚配、死亡、迁移、成丁是否残疾、族长名、旗属、居住地等内容。③

与此相对，民籍则根据赋役，即纳税义务而编成。故属于旗籍的，包

---

① 王钟翰：《清代八旗中的满汉民族成分问题》（上），《民族研究》1990 年第 3 期，第 42 页。

② 王钟翰：《关于满族形成中的几个问题》，载王钟翰主编《满族史研究集》，中国社会科学出版社 1988 年版，第 12 页。

③ Campbell, Cameron, James Z. Lee, and Mark Elliott, "Identity construction and reconstruction: naming and Manchu ethnicity in Northeast china, 1749—1909", in *Historical Methods*, (Summer 2002): 104.

括其家属在内均可称为"旗人",属于民籍的则称为"民人"。旗籍中有一种比较特殊的,即内务府旗籍。内务府旗人指皇帝亲自统帅的镶黄、正黄、正白上三旗所属户下包衣(满语booi,汉译"家人"之意)挑选组成的成员。被束缚在旗地的庄头或壮丁均属内务府旗人,其大部分由汉人编成。与八旗汉军不同的是,清中期大量汉军旗人允许出旗为民,而内务府的这些包衣汉军却因"皆系内务府世仆"而没有出旗为民之例。①

有清一代,"只辨旗民、不分满汉",八旗中基本上没有满汉之分。定宜庄等人经过详细考证认为,加入八旗的汉军或内务府三旗的汉人,在清代曾具有基本相同的社会地位和生产方式。②而在旗人和民人之间却有很大的区别。具体表现在以下几个方面:第一,旗民不通婚;第二,旗民不交产(不得互相买卖田产);第三,旗民不同刑。

这种旗民之分使旗人强烈意识到自己的特殊身份,而正是这种并非基于血缘关系的特殊身份成为清代旗人认同以及后来的满族认同的坚强纽带。清末民初甚至还出现了"旗族"的称呼。民国初年出版的《旗族》杂志第1期(1914年4月)发表署名文章《旗族解》,作者指出:"八旗制度又有满洲、蒙古、汉军之畛域乎?……究其(八旗之种族)实质,故非纯一血统;然往籍流传,俱可考见。有清一代历史,其血统(此系最大多数而言)、语言、文字、宗教、住所、习惯、精神、体质,却已纯然同化矣。"由此,作者得出结论:在八旗内部不能区分为满、蒙古、汉三族,而应该统称为"旗族"。③

旗族之称在民国时期似乎相当普遍。如民国三年(1914)成都地区旗人上层人物为解决旗人生计问题,给当时的民国政府写的一份报告中,用的就是"旗族"。此外,瀛云萍在大连金州区七顶山满族乡发现了一块

---

① 王钟翰:《关于满族形成中的几个问题》,载王钟翰主编《满族史研究集》,中国社会科学出版社1988年版,第14—15页。

② 定宜庄等:《辽东移民中的旗人社会——历史文献、人口统计与田野调查》,上海社会科学院出版社2004年版,第220页。

③ 转引自李燕光、关捷主编《满族通史》,辽宁民族出版社1991年版,第450页。此外,"旗族"之称还散见于民国初期的《内务公报》和《财政月刊》等报刊。如,"文牍:部批:批吉林全省旗族生计总会请将吉林界内贡山旗产封禁勘明各节据案批示文(三月十七日)、批方焱坤呈请变通就近与继母请旌应遵照条例办理文(三月二十六日)",《内务公报》1914年第7期,第162页;"公牍:赋税:呈大总统为遵核直隶沧县旗族领种地亩请准豁免四年下忙租银文(三月三十日)",《财政月刊》1917年第4卷第41期,第1页。

民国十二年所立墓碑，碑文中有"籍列旗族，受职行伍"的字样，碑主人满氏原为巴尔虎蒙古人加入满洲八旗的。①

三 佛满洲与伊彻满洲

在东北地区做田野调查时，有时会听到当地人用"佛满洲"和"伊彻满洲"来指称自己。"佛（Fe）"、"伊彻（Ice）"分别为满语"陈（老）"、"新"之汉字标记，故"佛满洲"、"伊彻满洲"（又写作"伊齐满洲"）便是"老满洲"、"新满洲"之意了。

王钟翰认为，这两个范畴实际上是相对的，其所指对象因不同时期而有不同的内涵。他根据对《吉林外记》、《朔方备乘》、《盛京典制备考》等史料的考察指出，入关前，在皇太极时期编入八旗的东北边区女真余部及他族人，被称为"伊彻满洲"或"新满洲"，而努尔哈赤时期被编入八旗的则称"佛满洲"或"老满洲"。入关后，对于在此以前编入八旗的满洲成员均称"佛满洲"或"老满洲"，而入关后新编入的则称"伊彻满洲"或"新满洲"。②

史禄国于20世纪初在东北地区发现，当地满洲人将自己分为"佛满洲"、"伊彻满洲"、"蒙古满洲"三个群体。按他们的说法，这些分别是清帝国创建时期造成的。是伟大的汗王组建了他的军队，它成了满洲后来的巨大力量的基础，从而使他得以向南挺进。对此，史禄国认为，从历史的观点来看，这一说法并不准确，他认为满洲的形成及其区别为三种群体肯定要涉及更早的时期。总之，当地人称这一部分人为"佛满洲"，而对一部分仍留在原籍故地，后来才从军的人则称作"伊彻满洲"。当地人还说这支军队扩张并征服了蒙古人的一些地区，并将那里的人口纳入满族的军事组织，这些蒙古人群体被称为"蒙古满洲"。史禄国发现，佛满洲人并不认为伊彻满洲是像他们一样纯的满族，他们说，伊彻满洲是满人、汉人和当地部落如森林地带的游牧通古斯人和达斡尔等人的混合体。他们不认为伊彻满洲和蒙古满洲是"纯满洲"，即满族政权的创立者。③

---

① 瀛云萍：《八旗源流》，大连出版社1991年版。
② 参见王钟翰《关于满族形成中的几个问题》，载王钟翰主编《满族史研究集》，中国社会科学出版社1988年版，第8页。
③ 史禄国：《满族的社会组织——满族氏族组织研究》，高丙中译，商务印书馆1997年版，第18—19页。

史禄国为我们提供了一个与史学家们不同的当地人的视角。上述"佛满洲"、"伊彻满洲"、"蒙古满洲"三种分类不禁使人联想到"满洲八旗"、"汉军八旗"、"蒙古八旗"这三个范畴。因为上述"伊彻满洲"既包括满洲人,也包括汉人、游牧通古斯人和达斡尔人等。该观点与一些史学家的观点有较大出入。根据定宜庄等人的调查,黑龙江富裕县三家子村孟氏自称"伊彻满洲",并解释说"伊彻满洲"就是随旗的,他们自认为是随旗来到长白山,后来又从长白山迁往三家子村。定宜庄等人认为,"佛满洲"和"伊彻满洲"无论编入时间先后,它所指的都是黑龙江、松花江流域的女真诸部,而汉人则无论在何时何地入旗,都不会被称为"新满洲"。而"随旗"则是对清代东北地区加入八旗的汉人移民的特指,与"新满洲"是完全不同的两个概念。① 按照定宜庄等人的观点,史禄国书中的当地人以及第九章三家子村孟氏的说法显然是"错误"的。

上述两种不同的观点实际上是在提醒我们,在处理一个群体分类范畴时,有必要分清该范畴所指称呼是自称还是他称,关键不在于其正确与否,而是要根据具体脉络去把握该称呼使用的社会、历史背景以及他们自身的认同方式。

从上述分析中看到,"佛满洲"和"新满洲"既是自称,又是他称,他称所指内涵与自称所指内涵并非完全一致。两者既有重叠,又有差异,而自称是最具解释性的,它没有一个可以衡量的客观标准。而他称也可分为两种,一种是学者的定义,另一种是日常生活中他者的指称。

目前,有很多人使用"纯满族"一词,而关于谁是纯满族的问题,不同地区、不同的人有不同的标准。例如,在辽宁省新宾地区,人们普遍认为佟、关、马、索、齐、富、那、郎八大姓是纯满族,但也有胡氏、吴氏自称纯满族,村民们也认同这一点。除姓氏外,有时还可根据家祭或墓祭等具体实践来判断某一个人或某一个家族到底属于哪一个范畴。

20世纪80年代以后,许多汉族改报满族,在有些地区,"佛满洲(老满洲)"、"新满洲"之区分逐渐被"纯满族"和"后改的"所代替,这种区分也只有在外来学者面前才会使用。在日常生活中,人们很少意识到谁纯或谁不纯,或者连自己是谁、是什么族都不会去想。认同是在差异

---

① 参见定宜庄、邵丹《历史"事实"与多重性叙事——齐齐哈尔市三家子村调查报告》,《广西民族学院学报》(哲学社会科学版)2002年第24卷第2期,第28页。

中产生的，你、我、他在关系中定位，而这种认同以及定位又是一个动态的过程。

第四节　小结

如上所述，1635年皇太极正式启用"满洲"来命名他统领的集团。自那时起，皇太极和后来的清朝执政者不再从他者的叙述中发现并定位自己的历史，而是开始围绕着"满洲"展开各种各样的历史追溯。在这些"历史"中，主张天命论的满洲起源神话作为清王朝正统性的依据占据了重要的一页。

在该神话中，作为一个集团名称的"满洲"变成了国号，爱新觉罗成为"满洲"的创始者。该神话所包含的天命观在民间口头传承中也得到了继承，但是在多种故事版本中作为主人公登场的并非都是爱新觉罗（努尔哈赤家人），有的是建州女真另一位首领李满住，有的是与努尔哈赤关系密切的人物王杲，这说明在民间存在着根深蒂固的"历史"的反命题（antithesis）。这一点值得唤起历史学家们的注意。

"满洲"作为集团的名称，一直使用到清末民初，与此同时，随着八旗制度的创立和发展，"旗人"开始成为一个更具广泛意义的称呼。"旗人"既包括原来称为满洲的人们，也包括后来编入八旗的汉人、蒙古人、朝鲜人以及其他北方通古斯人，故"满洲"与"旗人"事实上并非同一个概念。

八旗制度起初是为了达到征服王朝的军事目的而创建的一种制度，虽说旗人内部也存在不同的阶层，但有清一代已经形成具有政治谱系关系（清朝政权）的"旗人"范畴。而该范畴反过来又成为其所属成员认同的重要依据。换言之，旗人认同的依据与其说是基于"原生情感"，倒不如说是源于制度、军事、政治性因素。这一点除了军事因素外，与当今的满族具有惊人的相似之处。

"旗人"范畴中所包含的各种要素显示出其成员认同的复杂性与多样性，它包括以女真人为主体的满洲八旗、以汉人为主体的汉军八旗以及以蒙古人为主体的蒙古八旗。上文提到，有些研究者认为，蒙古八旗在辛亥革命以后大部分自报蒙古族，因此没有出现难以定位民族成分的问题。但由于目前缺乏关于蒙古八旗的专项研究,故不能简单下此结论。[①] 满洲八旗保留了部分传统文化习俗,[②] 在笔者看来,人们看待这些文化要素并非都具有明确的本文化意识,他们常说的一句话是:这些都是祖祖辈辈传下来的。这些文化在没有被开发成商品之前,都是镶嵌在日常生活中的自在的文化。在与祖先的象征关系中,其存在本身所具有的意义远远大于其内涵。汉军八旗在长期的旗人生活中,一方面保留了汉文化,另一方面也深受满洲八旗的影响。

总之,满洲八旗也好,汉军八旗也罢,他们都有一个曾经作为"旗人"的共同归属意识,即同类意识,他们认同的依据就在于"旗人"这样一个共同的社会、历史记忆。

需要指出的是,辛亥革命以后,由于旗人社会、政治地位的下降,包括满洲八旗成员在内,多数人不敢道出自己的真实身份,他们的民族成分至今仍是汉族。而20世纪80年代民族自治区域建立时,有一部分"民人"加入了满族的行列,在福建等地区还有一部分金代女真后裔(如泉州的粘姓家族)自报满族,并得到政府的认可。

总之,当今满族与"旗人"范畴并非完全一致。

[①] 京旗的蒙古八旗后裔有一部分人报了满族,而且他们的满族认同意识非常强。
[②] 具体内容将在后面章节的个案中详细叙述。也可参考孙相适《走进满族姓氏》,四季出版社2014年版。

第二章

姓名、族谱与认同

本章将通过满族姓氏及其变化以及满族内部不同群体的族谱形式，分析姓名和族谱与认同之间的关系。

第一节 姓名与认同

姓名常常在人们的认同表象中起到重要的作用。在19世纪末至20世纪初展开的中国民族主义运动中，康有为代表的改良派和章炳麟代表的革命派之间展开了一场激烈的论争，康有为在说服排满的革命派时提到了满人改汉名的例子。革命派主张说，残杀优秀的汉人，从汉人手里掠夺了土地和财产的蛮夷满人应当回到他们自己的地方（东北地区）建立自己的政权。康有为则从文化主义的观点出发，评价了朝廷为消除满汉之间的不平等所做的努力，其中特别强调了满洲人将自己的复姓改为与汉人同样的单姓的例子。[1] 在康有为看来，满人改汉姓意味着吸收了中华文明，而吸纳了中华文明的清朝是可以通过改革而继续统治中国的。

1949年以前，为了生存，为了逃避社会歧视，满人被迫改汉姓、将旗籍改为民籍之事时有发生。民国元年（1912）九月十二日的《政府公报》记载，直立陆军小学校就有41名旗人申请冠（汉）姓并得到民国政府的批准，其中既有满洲、蒙古旗人，也有汉军旗人和内务府管领下的汉姓人。[2]

---

[1] Chow Kai-wing, 1997, "Imaging Boundaries of Blood: Zhang Binglin and the Invention of the Han 'Race'", in Frank Dikotter (ed.), *The Construction of Racial Identities in China and Japan*, Landon: Hurst & Company, p. 43.

[2] 定宜庄、邵丹：《历史"事实"与多重性叙事——齐齐哈尔市富裕县三家子村调查报告》，《广西民族学院学报》（哲学社会科学版）2002年第24卷第2期，第29页。

八旗满洲在早期有只呼其名不呼其姓的习俗，从清中叶起，在一部分人中间，出现了在原来的名字上加汉姓，即姓、名连用的风气。刘庆华认为，女真人冠汉字姓从明代初期就已经开始，其中多为明朝授封者。例如，建州卫初任指挥使阿哈出，于永乐元年，明赐姓名李诚善。但在这个时期，多数人只冠汉字姓，不用汉人式名字。《明实录》、《朝鲜李朝实录》中有许多记载，如王朵罗、李满住、李古纳哈、杨木答兀，等等。①

莫东寅也认为，女真人的称汉姓由来已久。《金史》、《国语解》已举金姓汉姓对照表，明朝的《东夷考略》也有李、杨、张、王、刘、赵等汉姓，如李满住、王台、王杲等。② 从早期编撰的八旗满洲族谱来看，从明代至清代，有很多人仍使用原来的满洲姓氏。③ 至清末尤其是辛亥革命以后，旗人改汉姓之风达到高潮。而在旗人为统治阶级的清朝鼎盛时期，由于旗人社会地位的提高，曾经出现过相反的现象，即一方面，早期已改为汉姓的八旗满洲恢复了原来的满姓；另一方面，八旗汉军将自己原有的汉姓改为满姓（复姓），如李姓改为李佳姓等。

清代八旗满洲姓氏之集大成《八旗满洲氏族通谱》中除原有的满洲姓氏外，还记载了王佳、李佳、刘佳、姜佳、唐佳等汉军旗人的姓氏，这些姓氏显然是在原有汉姓的基础上加了一个"佳"字，从而达到了复姓的效果。"佳（gya）"是满洲姓氏中常见的一个音（如"瓜尔佳"），而且"佳"与"家"汉语音相同，故称刘佳、王佳对于汉军旗人而言不会产生太多的心理抵触。当然这里还有文化和政治两种因素在起作用。

清代中期以后，满语逐渐消失，虽然朝廷一再告诫要保持"国语骑射"，但是在汉文化的强烈熏陶之下，冠以汉字姓之风逐渐盛行，从目前搜集整理的大量满族家谱来看，至清末，满人冠汉字姓已成为普遍现象。

辛亥革命以后，民国政府也提出令旗人入籍、冠姓的问题。旗人因为是军人，故没有写"某省某县"籍贯的习惯，军籍便是他们的籍，一般写"某旗某佐领下"。因此，当民国政府要求填写具体籍贯时，便出现了混乱。对此，金启孮写道："辛亥革命以后的入籍、冠姓仿佛一场政治运动，使他们无暇去做自己家系的考证，有些人甚至已不知道自己上辈的情

---

① 刘庆华：《满族姓氏录》，新宾县民族事务委员会编印，1982年，第13—14页。
② 莫东寅：《满族史论丛》，生活·读书·新知三联书店1979年版，第21页。
③ 刘庆华：《满族姓氏录》，新宾县民族事务委员会编印，1982年，第14页。

况。……至于姓氏那就更麻烦,在无可奈何之中只好找来一本《百家姓》,翻开'赵钱孙李'即以'赵'为氏了。"①

八旗满洲取汉姓大致可归纳为以下几种:①以满洲姓发音第一个字为姓,如,新宾满族自治县胜利村富察氏姓富;山东青州北城满族村富察氏姓付。②以译音为姓,如,瓜尔佳氏也译作关尔佳,故取"关"为汉姓。③取祖先名字第一个字为姓,如,永陵喜塔腊氏始迁祖叫图黑,后代以图为姓。④以满洲姓的意义为姓。如,爱新觉罗氏的"爱新"意为"金",故以金为汉姓者居多,而新宾腰站村爱新觉罗氏冠汉姓为肇②,因为清朝爱新觉罗追认的第一个皇帝是肇祖原皇帝(孟特穆),故取肇为姓。⑤以居住地为姓。⑥以某种特殊事情为姓。⑦隐姓埋名改姓。⑧分家各取姓氏。③

满洲姓氏起源较早,起初均有一定的含义,冠汉字姓后,原有的意义随之消失。汉字姓在很大程度上改变了族谱的记载方式,许多八旗满洲的族谱开始使用汉人常用的辈分字,这些均发生在冠汉字姓以后。姓名上对汉文化的接受,同时也意味着满洲的传统亲属组织(哈拉、莫昆)向汉人宗法制度的过渡。不过,需要指出的是,由于冠汉姓有较强的随意性,故存在同姓不同宗、同宗不同姓、同宗不同旗,甚至父子不同姓、兄弟不同姓等情况。④

近年来,在部分满族中出现了恢复旧满洲姓氏的风潮,姓名成为强化满族认同的象征性符号。满洲姓氏意味着与遥远的满洲先祖之间的血脉联系,它唤醒了人们对祖先的记忆。满族文化网上曾经有过这样的讨论:

> 我认为我们满族人应该恢复本姓,要与汉族人区分开,这样就可以时刻提醒每一代的满族人"勿忘自己是满族人"。一提到改姓问题,有人就敏感,我们不是要搞分裂。名字虽然只是个符号,但这是为了让人家认识满族,了解满族,是为了证明我们是满族人。⑤

一位网民说:我已将祖父和父亲等九人的户口簿及身份证全改回

---

① 金启孮:《京旗的满族(续)》,《满族研究》1989 年第 2 期,第 69 页。
② "文化大革命"期间曾经有一段时间改为"赵",20 世纪 80 年代又改回"肇"。
③ 参见孙相适《走进满族姓氏》,四季出版社 2014 年版,第 6 页;刘庆华《满族姓氏录》,新宾县民族事务委员会编印,1982 年,第 14—16 页。
④ 如,山东青州完颜氏,哥哥家姓颜,弟弟家姓汪。
⑤ 满族文化网(http://www.manchuculture.com)论坛,2002 - 12 - 02。

满姓"富察",我自己还就着满语取了名字。多年夙愿,在去年实现。①

目前,修改姓名在行政上存在一系列复杂的手续问题,因此,实际付诸行动者仍属少数。更多人采用的是双名制,即将户口或身份证上的姓名与实际生活中的姓名分开使用。

恢复满洲姓氏的举动从一个侧面说明了近年来满族认同的强化趋势,尤其在知识精英阶层,诉诸媒体手段,通过网络空间联络感情的现象越来越普遍。因此,网络文化与认同的关系也应该纳入人类学研究的范围,目前这方面的研究,包括笔者在内,在学界展开得仍不够充分,今后有待进一步研究。

第二节 作为"历史"的族谱

族谱在某种意义上是一种记忆,是一种历史。族谱是根据现阶段的需要重构过去的一种历史记述。这种以现在为中心解释或唤起过去的行为,与记忆的机制有相通之处。追溯性地建构出来的族谱与"通过书写设定追溯性事实的过去的历史"② 具有相同的性质。在资料的筛选与编者的主观价值判断方面,族谱与"历史"也具有诸多的同质性。因此,笔者认为,族谱是设定一个祖先为起源的个人或家族认同的重要依据。族谱所具有的血缘性往往将个人的认同诉诸生物学因素,因此,当族谱超越了家族或宗族的范围,其意义被夸大解释的时候,它便会具有某种类似集团起源神话的功能。

八旗满洲的族谱编撰起始于 18 世纪中叶。在 1632 年创造新满文之前,不存在关于氏族谱系的文字记载。早期满洲氏族的世系主要靠记忆与口头传承以及结绳记事的方法,这种索绳满语叫 siren(索利),汉语称索利条子或子孙绳、子孙娘娘。③ 1735 年,清帝敕谕编纂《八旗满洲氏族通谱》(以下简称《通谱》),《通谱》的出现助长了旗人的修谱之风。④

《通谱》的编纂始于雍正十三年(1735),竣于乾隆九年(1744),乃

---

① 满族文化网(http://www.manchuculture.com)论坛,2002-12-12。
② 西谷修:《世界史的临界》(世界史の臨界),岩波书店 2000 年版,第 56 页。
③ 乌丙安:《满族发祥摇篮之地》(満族発祥の揺籃の地),载爱新觉罗·显琦、江守五夫编《满族的家族与社会》(満族の家族と社会),第一书房 1996 年版,第 28 页。
④ 李林:《满族宗谱研究》,辽沈书社 1992 年版,第 2 页。

根据当时八旗满洲名门贵族保存的宗谱而编。书中记录了除清代皇室爱新觉罗氏以外的满洲姓氏,记其归顺爱新觉罗氏的时间、原籍、官阶及勋绩情况。全书共录姓氏1114个,其中包括蒙古姓、汉姓、高丽姓等,共80卷。全书记录清乾隆以前的八旗人物超过两万人。①《通谱》再现了满洲氏族分合迁徙的历史过程,具有较高的史料价值。但是,有学者指出,该谱在叙述满洲、蒙古、汉军的源流时,几乎都从归属后金的时间算起,而很少再向前追溯,这说明该谱并非建立在采撷诸部传承的基础上,而是清朝官方刻意制造的结果。②《通谱》诞生后,旗人之间编撰族谱之风盛行。许多现存的满族家谱均为乾隆期以后所编写,且不少引自《通谱》记载的同族谱系与传记。③

那么,八旗满洲的姓氏到底有多少呢?《通谱》中收录八旗满洲姓氏645个,乾隆四十三年(1778)编《皇朝通志·氏族略》除《通谱》满洲形式645个外,又补充33个,共678个。刘庆华从各地方志、满族各氏族家谱、碑铭、相关图籍及各地满族来信来函得到的资料,又集得315个,孙相适在民间走访调查时又发现3个,如此,目前所知满洲姓氏共996个。④

满族家谱的编撰深受汉文化的影响,其内容与形式同汉人谱牒大致相同,但满洲八旗家谱除了谱序、世系外,还有"氏族通谱"、"部落迁移考"等内容,记述其姓氏原住地、姓氏起源、始祖,特别记载降清、隶旗及迁移等情况。而此内容大多引自清朝开国文献,尤以《通谱》为多。因为这些家谱可追溯得最远的历史是《通谱》,而《通谱》等官编文献是清政权为主张其正统性回溯历史所编而成的,其真实性还有待商榷,因此我们很容易想象,这些家谱记载的历史从某种意义上具有神话或传说的性质。

赖川昌久在讨论族谱的这种拟构性时说道:"想弄清自己祖先和家族历史的动机,使家族和宗族层面的个人事迹或谱系关系等微观'历史'

---

① 弘昼、鄂尔泰等编:《八旗满洲氏族通谱》,辽海出版社2002年版。
② 定宜庄、邵丹:《历史"事实"与多重性叙事》,《广西民族学院学报》(哲学社会科学版)2002年第24卷第2期,第32页。
③ 李林:《满族宗谱研究》,辽沈书社1992年版,第6页。
④ 参见刘庆华《满族姓氏综录》,辽宁民族出版社2012年版;孙相适《走进满族姓氏》,四季出版社2014年版。

的记述得以成立，而正是这一动机导致在可写与不可写之间有意无意地进行甄别的过程，其结果，增加了族谱所记载内容具有某种拟构性质的可能性。因为族谱的内容对于编撰者自身而言是与其认同或荣耀直接相关的。"①

努尔哈赤时期，八旗内部的汗、贝勒、大臣及各级额真是统治阶层，诸申、伊尔根、阿哈等是被统治阶层。清朝入主中原后，又制定了严密的户籍制度，将旗人分为正户、另户、开户、户下人等几个不同等级。户籍中标明的人丁身份不得随意更改，如要改变需考其谱系，因此，家谱成为承袭官职和个人身份的重要凭证，遂出现一家一谱的现象。② 旗人的家谱与户籍簿合起来称"旗册"，每三年编写一次，旗人生男丁要报户口，并领饷银至18岁为止。辽宁省图书馆收藏的《八旗佐领袭职缘由宗谱》数十份，均为袭职而抄录的家谱。③

庄孔韶认为，谱牒与官吏的遴选相关，起始于隋唐以前。及至唐代科举兴，门第作用削弱，中小地主和农民有了一条入仕途径，身份性地主世家及其谱牒已废，国家才放弃对谱牒编撰的干预，到了宋代，开始盛行编撰私谱。④ 而旗人的家谱仍保持隋唐以前地主门第身份的功能，直至清末，旗册功能逐步衰退，尤以民国时期完全废除后才开始具有私家谱牒功能。⑤

满洲八旗的谱牒除谱书外，还有记录全族或房支世系的谱系图，有地方学者称之为"谱单"。⑥ 谱单通常写于一张（或几张）白纸或白布上，富裕人家有时使用白绸布。谱单有简有繁，最简单的只记录谱系，较为复杂的除了世系表外，还有原住地、迁移过程、修谱时间、辈分字、祖先画像等内容。

满洲人称谱单为"老祖先"（或"老祖宗"）。此外，土地神、关公、

---

① 赖川昌久：《族谱——华南汉族的宗族、风水、移住》（族谱—華南漢族の宗族・風水・移住），风响社1996年版，第14页。
② 参见李林《满族宗谱研究》，辽沈书社1992年版，第5页。
③ 傅波、张德玉、赵维和：《满族家谱研究》，辽宁古籍出版社1996年版，第24页。
④ 庄孔韶：《银翅》，生活·读书·新知三联书店2000年版，第269页。
⑤ 定宜庄、郭松义、李中清、康文林：《辽东移民中的旗人社会——历史文献、人口统计与田野调查》，上海社会科学院出版社2004年版，第189—190页。
⑥ 参见孙相适《走进满族姓氏》，四季出版社2014年版，第9页。原抚顺市满族研究所所长张德玉也主张此说。

观音的画像也称为"老祖先"①，与谱牒一道卷起，放入木匣子中，供奉在祖宗板上。据赤松智城、秋叶隆于20世纪30年代在东北地区所做的调查，土地神为"身着满洲式衣冠、跨着白马的白髯翁，上有彩云，下有八宝"；关帝为"上有彩云，骑着红驴的红颜翁"；观音也是"红马红颜，但骑的是普通马"。②

关于土地神民间有一种传说，太祖努尔哈赤创业即将大功告成之际，与明朝谈和，太祖向明朝求赐守护神，明朝将地位最小的土地神赐予太祖，众臣皆怒而反之，太祖却大喜，曰此乃明给予满洲以土地也，遂奉其于首位。后来又一次向明求赐守护神，得到的是观音与关帝，而关帝于战中屡次助清军，故满洲人皆奉之为神。③

谱单因制作方便又经济，故在数量上大于谱书。有的家族既有谱书又有谱单，经济条件较差的一般只有谱单。现在所能看到的谱书或谱单是经过历次战乱和政治运动冲击幸存下来的，而大部分已丢失或被烧毁。

史禄国在考察满洲谱牒时说道：谱牒的满语是"veceku I temgetu"，即"列祖列宗的凭证"，满语口语叫"sagdasi vocko"，即"老祖宗"或"家谱"，史禄国认为这是借用汉语的说法。④《清文鉴》上称之为《神祇》，而大间笃三郎则解释为《神的印章》。⑤

八旗满洲还有一种叫作"子孙绳"（或称"索绳"）的特殊记谱方式。有学者说，子孙绳是无文字时代对子孙繁衍情况的记载，生男孩，在绳上拴线绳，生女孩拴布条。⑥而笔者在山东青州北城满族村看到的正黄旗瓜尔佳氏子孙绳，所系布条上均写着名字，有满文，也有汉文，将这些

---

① 有人称这种祖先像为"影"，笔者在辽宁省新宾满族自治县腰站村、黑龙江三家子村、福建省琴江村都听到此种说法。
② 秋葉隆、赤松智城：《满蒙的民族与宗教》（満蒙の民族と宗教），民俗苑1941年版，第195页。
③ 同上书，第195—196页。
④ 史禄国：《满族的社会组织——满族氏族组织研究》，高丙中译，商务印书馆1997年版，第68—69页。
⑤ シロコゴロフ・S. M.（史禄国）：《满洲的社会组织》（満洲の社会組織），大間知篤三、戸田茂喜译，刀江书院1967年版，第90页。
⑥ 乌丙安：《满族发祥摇篮之地》（満族発祥の揺籃の地），载爱新觉罗·显琦、江守五夫编《满族的家族与社会》（満族の家族と社会），第一书房1996年版，第28页；孙相适：《走进满族姓氏》，四季出版社2014年版，第15页。

名字与瓜尔佳氏家谱相对照，可推断此种习俗至少保留至民国初年。子孙绳通常放在一个黄布口袋里，或与谱牒一道放在祖宗板上，或挂在祖宗板的斜余子上。青州瓜尔佳氏祖宗板于"文化大革命"时被烧毁，幸存的子孙绳与黄布口袋已经泛黑，破损严重。

谱牒对于满洲人来说曾经是秘密文件，不可出示外人。尤其是作为祖先象征的谱单以及子孙绳。祭祀时族长（莫昆达）须小心翼翼地从祖宗板上将"老祖宗"请下来，家族成员按辈分、年龄依次磕头拜礼，仪式结束后又重新郑重地保管起来。近年来，谱牒的神圣性已大大减弱，20世纪80年代以后，辽宁大学历史系组织师生到辽宁地区调查，在民间查访到500余部满族家谱，仅复制和抄录的就有400余部。① 此外，地方学者和相关部门相继编辑出版的各类满族家谱大多收自民间。② 学者们能从民间收集到如此多的家谱，这一事实本身就说明了谱牒对大多数满族来说已不再是什么秘密文件，有的甚至开始公开出版私家谱牒（如《佛满洲苏完瓜尔佳氏家谱》、《满族佟实史略》等）。在某种程度上，是学者与被调查者之间不平衡的权力关系打破了传统的观念与习俗。在权力和金钱面前，传统观念有时显得如此脆弱。尽管如此，在一些地区，谱牒所具有的神圣性依然有所保留。③

谱单的形式也常见于汉军八旗和民人，只是在形式上有所差异。一般来说，汉军八旗的谱单在世系表的上部均画有五神图，较常见的有关公、瘟神、火神、龙王、"抽常五道"等，有的画有虎神或豹神。尺寸通常在53厘米×70厘米左右。

民人的谱单要比汉军旗人的大出两三倍，所画内容也有差异，一般在顶部画有称为"高士公"、"高士婆"的男女祖先神像。汉军八旗与民人的谱单上只记录已故祖先及其配偶，活人绝不能上谱。这一点似乎与满洲

---

① 李林：《满族宗谱研究》，辽沈书社1992年版，"前言"第2页。
② 岫岩满族自治县文化馆组织搜集、整理并编辑出版的《岫岩满族家谱选》收录了大量满族家谱。张德玉、刘庆华、孙相适等地方学者也先后收集了大量满族家谱。详见高明东、李文通主编《岫岩满族家谱选》（共3卷），白山出版社2014年版；张德玉、赵岩、姜小丽：《满族谱牒文化研究》，吉林文史出版社2008年版；傅波、张德玉主编：《满族家谱选》，中国社会科学出版社1994年版；刘庆华编著《满族家谱序评注》，辽宁民族出版社2010年版；刘庆华：《满族姓氏综录》，辽宁民族出版社2012年版；本溪市党史地方志办公室编《辽东满族家谱选编》，辽宁民族出版社2012年版。
③ 笔者2014年6月在新宾地区做调查，详见第九章。

八旗不同。笔者在山东潍坊地区看到的谱单基本上与东北地区民人的谱单差不多。而山西省晋中地区也有类似的谱单，当地人称之为"弥儿"或祖先堂。

满洲八旗、汉军八旗以及民人这三种不同群体的文化特征从上述谱单的形式中便可以窥见一斑。

第三节 小结

在清代，族谱或家谱在八旗这样一个特殊的社会、军事组织中所具有的意义远远超出了单纯的世系记录，它是确定旗人身份的重要凭证，是获得某种福利的依据所在。族谱与众多的历史文献一样，是一部文字记载的"历史"，其内容是基于现在所建构的过去。从此意义上讲，族谱是人们寻根以及寻找历史认同的重要依据。

族谱又是祖先的象征，是表现一个家族盛衰的历史记录。满洲人在创造自己文字的同时，吸纳了象征宗法制度的谱牒，同时也吸收了谱牒所记载的文化。谱牒记录上的方便或许是满洲人扔掉原有的满洲姓名，开始采用汉字的一个原因。

近年来，历史重构与认同强化同时表现在族谱的编撰上。1999年，佟氏家族编撰了长达388页的《满族佟姓史略》（内部出版）。该书除收录"民修满族佟氏宗谱"外，还包括佟姓来源、宗族派系、功绩、人物传、诗文书画集锦、神话传说、古墓、书信选辑等诸多内容。可见，这不仅仅是一本族谱，更是一部家族史，甚或满族史。该书使用了《八旗满洲氏族通谱》、《八旗通志》、《清代人物传稿》、《奉天通志》等大量的清代文献以及《抚顺通史》、《清前史论丛》等近年出版的诸多明清史料。

辽宁省海城市关氏家族编的《佛满洲苏完瓜尔佳氏家谱》（2000年编，共291页）除世系外，还包括"满族族源"、"八旗制度"、"满族生活习俗"等内容，在编撰过程中接受了历史学家和满学研究者的一些建议。

海城市唐氏家族原只存有一份谱单，20世纪90年代末，族人开始组织重修家谱。因从现有谱单中无法得到有关祖先诞辰、旧满洲姓、所属旗籍、官职等详细信息，他们一方面委托地方学者从《八旗满州氏族通谱》

中查找，一方面通过占卜、托梦的方式获取相关信息。有关祖先的记忆就是这样通过多种途径重新构建而成的。

作为清代旗人认同建构依据的《八旗满洲氏族通谱》，在200多年后的今天仍具有极大的权威性。

第 三 章

从"旗人"到"满族"

第一节 1911—1949 年从军事、政治性范畴到民族集团的转换

清朝长达 267 年的统治是靠八旗这个特殊的军事、政治、行政制度来实现的。清政权建立后，执政者的统治政策始终徘徊在保护自身文化传统和吸收汉文化的矛盾当中。清朝历代皇帝常提醒八旗官兵勿忘"国语骑射"之根本，科举考试还特设有"骑射"项目。[①] 在统治方面，清廷援用汉人的政治制度，导致官僚阶层中旗人与汉人之界限不甚分明；而在八旗驻防地，却通过实施旗民隔离政策，致使旗民之间矛盾日益激化。[②] 乾隆时期，朝廷为旗人特设教育机构，为避免在服饰及生活习惯上受汉人影响，朝廷做出各种努力，以保持旗人的固有特征。在满汉通婚政策方面，则摇摆于禁止与奖励之间。八旗制度纳入了大量的汉人，其"文化传统性"能保持到何种程度始终是清朝执政者需要面对的难题。

柯乔燕认为，作为军事、政治范畴的"旗人"转化为民族集团起始于 19 世纪末太平天国运动以及 20 世纪初中国民族主义运动。太平天国运动引入现代化的族群（ethnic）概念，始称汉人为"汉族"，称满洲人为"满族"，称蒙古人为"蒙族"。当朝廷准备将大多数驻防地旗人出旗为民

---

① 乾隆四十四年皇帝下旨："……是以凡遇考试，必特派王大臣先看马步箭，择其稍可者，方准应试。"参见《钦定八旗通志》第三册，卷一〇三，选举志二，第 1642 页，吉林文史出版社 2002 年版。

② 各地八旗驻防在驻防所在地特辟一个地区建立"满营"或"满城"，与当地居民在空间和行政上隔离开来。

的时候，太平天国却将旗人作为一个集团，视其为敌，并付诸实践。这种他者的视线使旗人经历了一个意识到自身为满洲人，继而又意识到自身为旗人这样一个自我认同的过程，而至辛亥革命，他们又一次被迫经历了同样的历史。①

在西方压力下，20 世纪初的中国文人学者及官僚们面临将中国建设成一个政治性、地域性民族国家（Nation State）的需求。为了维持并强化清朝政权，保守派不得不将整个清朝重新编入"中国"框架之内，而以颠覆清朝为目的的革命运动则将"中国"与"汉"等同起来，他们立足于汉—满、中国—满洲对立的模式，掀起了一场排满的革命运动。②

在此背景下，启蒙主义者梁启超重新将"满洲"或"旗人"定义为一个"种族集团"（racial group）。1898 年，梁启超在论满汉关系时说到，正如白种人和黄种人之间存在激烈的对立，满汉这个亚黄色人种之间也存在严重的对立。在谈到满与汉时，梁启超避开传统的华、狄夷等文化概念，使用了"满人"（旗人）或"汉人"的概念。③ 章炳麟除使用"汉族"概念外，还创造了"种姓"一词，企图用宗族理论将"满人"排除在"中国人"之外。于他而言，满人不同于欧洲各国或美国等外国人的归化，他们绝不可能成为或变为中国人，因为，他们一直信奉自己的神灵，留长辫，讲自己的语言。在章炳麟看来，清朝对儒教的积极吸纳，不是为了变成真正的"中国人"，而只是一种为统治中国人，使人们变得无知的战略而已。④ 20 世纪前后的中国民族主义运动在创造"黄帝子孙"中国人认同的同时，也极大地影响了满族的认同。

与太平天国时期一样，在辛亥革命期间，革命者将旗人等同于清政权，旗人在政治上、族群上受到种种歧视，在福州、西安、广州、南京、

---

① Pamela K. Crossley, *The Manchus*, Cambridge: Blackwell Publishers, 1997, pp. 189—192.
② 茂木敏夫：《中华世界的结构变动和改革论》（中華世界の構造変動と改革論），载毛里和子编《现代中国的结构变动 七 中华世界——认同的再编》（現代中国の構造変動 七 中華世界―アイデンティティの再編），东京大学出版会 2001 年版，第 71—72 页。
③ Edward J. M. Rhoads, *Manchus and Han*, Seattle and London: University of Washington Press, 2000, p. 291.
④ Chow Kai-wing, "Imaging boundaries of Blood: Zhang Binglin and the Invention of the han 'Race'", In Frank Dikotter (ed.), *The Construction of Racal Identities in China and Japan*, London: Hust & Company, 1997, pp. 41–44.

成都、杭州等地的满城，满汉之间的紧张关系达到了极点。① 例如，1914年成都地区旗人为了解决八旗生计问题，给当时的民国政府写了一份报告书，其中写道："成都旗族困苦不能自立者，不下一万二千余人……智穷计竭，有仰药自杀者，有将所领之款交付父母而投河死者。其家累稍轻之人，于万难之际，亦只能从事于负担提篮，各图小贸，以图暂时之苟活……旗人束手无策，呼诉无门，儿啼于旁，妻缢于室，甚至白头之父母不忍重累其子，因而自杀其身，其男女老幼中宵举家自尽者不可一二数。凄惨之状，见之痛心，闻之酸鼻。"②

旗人身份在清代曾经是一份荣耀，而辛亥革命时反成为祸根，不仅在就职、升学等方面受到歧视，甚至危及生命安全，许多旗人将满姓改成汉姓，隐瞒旗人身份。然而，在某些情况下，旗人所处的环境使他们无法掩盖其真实身份。如，北京火器营的旗人从一开始就被贴上了旗人的标签，无法隐瞒其身份。不过，一旦离开火器营这个居住地，大多数人都选择冠汉姓。③

民国时期，旗人人口从清末的4500万急降至150万左右④，上述对身份的故意隐瞒或许是其中较大原因之一。在该时期，八旗汉军和八旗蒙古与八旗满洲已浑然为一体，无论他们是否意识到，他们都已被第三者贴上了旗人的标签，因而在多数情况下不得不认同旗人身份。

而满汉之间在某些方面的明显差异也常常使旗人困窘不堪。例如，在北京以外的驻防地，语言（北京话）、姓名、服饰以及缠足与否均成为判断旗人的标准，为此，许多旗人改讲当地方言，改姓名，改服装，有些女人甚至通过缠足来掩盖自身的旗人身份。⑤ 著名文学家老舍的《正红旗下》用生动的文笔描绘了当时旗人的生活与精神状态。

---

① 关克笑：《满族试论》，《满族研究》1988年第1期，第69页。Shelly Rigger, "Voice of Manchu Identiry, 1635 – 1935", in Steven Harrell (ed.), *Cultural Encounters on China's Ethnic Frontiers*, Seattle and London: University of Washington Press, 1995, p. 210. 另见附录《辛亥颠险始末记》，未刊。

② 《民族问题物种丛书》辽宁省编辑委员会编：《满族社会历史调查》，辽宁人民出版社1985年版，第189页。

③ 高明洁：《北京的少数民族——城市少数民族的认同》（北京の少数民族—年少数民族のアイデンティティ），《民族学研究》（民族学研究）1990年第54（4）期，第502页。

④ 关克笑：《满族试论》，《满族研究》1988年第1期，第69页。

⑤ Edward J. M. Rhoads, *Manchus and Han*, Seattle and London: University of Washington Press, 2000, p. 204.

如果说清代被编入八旗特权阶层的满、汉、蒙八旗成员因其特殊地位而形成军事、政治范畴"旗人"的话，那么，推翻清朝并剥夺旗人所有特权的辛亥革命，反而通过歧视将旗人凝聚在一起，强化了"旗人"的认同。在一些大城市，尤其是受辛亥革命影响较大的北京，旗人组织了文化精英团体，在升学、就职、恢复旗人名誉等方面展开了形式多样的活动。在辛亥革命以后极其困难的时期，八旗中已经没有满蒙汉之分，彼此都看作是命运相同的自己人。①

孙中山倡导的"五族共和"并没有真正落到实处，旗人被完全排除在外，正如他们自己所言，国民党的"民族歧视和民族压迫"政策，迫使他们度过了悲惨的 40 年时光。但是，曾经被认为消失了的旗人以各种方式主张自身的存在和权利，这无疑给更多的旗人带来了生活的勇气，而"民族歧视、民族压迫"不但没有消灭旗人，反而进一步强化了他们的认同感。

如上所述，对于一些大城市，尤其是满汉关系较为紧张的八旗驻防地旗人而言，辛亥革命是一个受难的历史。与革命军紧张激烈的战斗场面以及举家自尽的惨景至今在人们脑海里记忆犹新。描写清代旗人"仗势欺人"行为的学者的叙述②，受到部分满族的强烈谴责。人们无意识中在忘却曾经拥有过特权的历史经验，而受难的历史却深深地刻印在他们的脑海中。

辛亥革命的历史记忆影响了整整两代人的认同，这一点将在下文章节中详细论述。我们将看到，同样是旗人，不同的政治、社会以及地域环境导致了人们不同的生活经验和历史经验，因而也导致了对辛亥革命这一历史事件的不同的认识。

第二节 "满族"的诞生——作为下位集团的少数民族

20 世纪 50 年代，曾经为清朝之根本的旗人被国家定位为中华人民共

---

① 金启孮：《京旗的满族》，《满族研究》1991 年第 1 期，第 25 页。
② 定宜庄在《对福建省满族历史与现状的考察》中引用他人文章描述过此类内容，福州和琴江的部分满族得知此事后，召开会议"声讨"定先生。

和国境内的少数民族之一①，其名称也由过去的"旗人"、"满人"、"满洲人"、"旗族"、"满洲族"、"满族"等多种称呼正式定名为"满族"。尽管如此，关于满族是不是一个少数民族的争论此后仍持续了一段时间。

1952年10月10日，中共山东分局统战部针对山东省德州、益都（青州）、青岛等地均有满族聚居的情况，致电中央统战部，请示满族是否为少数民族。②同年12月7日，中共中央统战部颁布了《关于满族是否是少数民族的意见》，对山东分局统战部10月10日的来电做出批示："满族是我国境内的少数民族。许多大、中城市（多是北方）中有满人居住，由于他们长期地和汉人杂居，其民族语言及风俗习惯的特点已逐渐消失；自辛亥革命以来，他们更有意识地隐藏自己的民族特点，有许多已改变自己的民族成分，但是他们的民族情感，则仍然强烈地存在着……中华人民共和国成立以后，全国各少数民族获得了民族平等的权利，都呈现出欣欣向荣的新生气象，许多地方的满人也纷纷起来，要求人民政府承认他们是少数民族，并享有平等权利，这是自然的和合理的现象。我们认为，承认他们的少数民族地位，保障他们应有的民族平等权利，是完全必要的，对于团结满人和发扬他们的爱国主义的积极性是有很大作用的。"

从上述叙述中我们注意到，"民族感情"成了确定满族作为一个少数民族的重要因素。同年12月10日，北京市民政局召开满民座谈会，满族代表20余人出席了会议。关于满族工作，从此正式列入政府民族工作的日程。③

1952年，国务院公布了《区域自治实施纲要》，各级政治机构，尤其是满族人口比较集中的东北地区各大城市的人民代表大会开始有相当数量的满族代表参加。1953年8月17日，时任政务院（国务院）副总理的邓小平对时任中央统战部副部长、中央（国家）民委党组书记刘

---

① 参见毛里和子《中华世界的认同的变化与再铸造》（中華世界のアイデンティティの変容と最鋳造），载毛里和子编《现代中国的结构变动　七　中华世界——认同的再编》（現代中国の構造変動　七　中華世界—アイデンティティの再編），东京大学出版会2001年版，第19页。

② 王宇：《恢复满族应有地位，满族实现区域自治——从满族是否是少数民族说起》，《中国民族报》2012年12月7日第7版。

③ 赵书：《建国前后的北京满族人》，《满族研究》1992年第2期，第35页。

格平提出的关于基层选举中满族问题的请示做了批示,认为下列几点是可以同意的:满族是中华人民共和国的重要民族之一;凡自认为是满族的,自应确定其为少数民族,凡不愿承认为满族的,则听其自便;在满族较多的地方,应有适当数目的满族的代表人物参加政府及民委等组织。但是,由于这个问题在东北牵涉很大,故在做法上应采取在哪里碰到这个问题就在哪里解决,哪里没有这个问题就不要勉强提起。①

1949年以后,作为八旗成员的八旗蒙古与八旗汉军允许自愿报汉族或蒙古族。有一部分人根据祖先谱系报了汉族或蒙古族,但是更多的人报了满族。一项研究显示,20世纪50年代中期,锦州地区自报满族人口中只有10%为满洲八旗后人,其余90%皆为汉军八旗后人。② 而在北京和其他八旗驻防地,满洲八旗后人报汉族的情况也较多。③

关克笑将1949年以后的满族情况总结为如下内容:①比清朝时更加分居于全国各地,仍以东北和北京地区为最多,维持着大分散小聚居、与汉族杂居共处的局面(满族人口分布见表3-1);②满文已完成其历史使命而消亡,满语除黑龙江等一些边远地区的老年人使用外,绝大多数的满族人已完全不使用满语而用汉语、汉文;③满族的经济生活已同汉族融为一体,农村中主要是农业经济,城市中择业与汉族不分彼此;④满族的文化、生活习俗、服饰、发式等在三百年的与汉族相互影响下已基本趋于一致,只在部分满族人中还保留一定的先祖遗留下的痕迹,如称父亲为"阿玛"、母亲为"讷讷",喜吃黏食,新生婴儿睡头并用摇车吊起来摆动等;⑤满汉通婚司空见惯,已无人考虑旗属的不同。关克笑举出清代至当代满族人口变化的例子,强调了满族民族意识的重要性,并指出民族政策的实施导致的满族政治地位的变化和经济生活的改善是满族人口增加的直接动力。④

---

① 王宇:《恢复满族应有地位,满族实现区域自治——从满族是否是少数民族说起》,《中国民族报》2012年12月7日第7版。
② Edward J. M. Rhoads, *Manchus and Han*, Seattle and London: University of Washington Press, 2000, p. 279.
③ 李林:《满族宗谱研究》,辽沈书社1992年版,第132页。
④ 关克笑:《满族试论》,《满族研究》1988年第1期,第70页。

表 3-1　　　　　　　　　中国满族人口分布

地名	辽宁	河北	黑龙江	吉林	内蒙古	北京	河南
人数（人）	4952859	1728257	1184490	1048112	456352	164690	51593
地名	天津	山东	新疆	贵州	甘肃	宁夏	陕西
人数（人）	29952	19244	18403	16760	16723	16427	13595
地名	山西	湖北	四川	青海	云南	广东	江苏
人数（人）	13236	12256	11845	8463	7055	7019	6000
地名	广西	安徽	湖南	福建	上海	江西	浙江
人数（人）	5783	5410	5303	5732	4229	4206	2684
地名	海南	西藏	解放军	合计			
人数（人）	476	168	4317	9821639			

资料来源：阎崇年，1993。

事实上，民族认同的确是靠民族政策的实施而得以彰显的，并且表现在人口的急剧增加上。但这种认同意识仅仅是单纯的情感上的认同，还是有更加复杂的社会、历史因素掺杂其中？该问题将在后述章节的个案中做具体分析。

根据 1953 年的人口普查，满族人口约有 240 万人。其中辽宁省、吉林省、黑龙江省占总体的 86.6%，河北省、内蒙古自治区、北京市占 12.6%。这说明 98.6% 的满族人口集中在东北三省和河北、内蒙古、北京地区。满族人口在第一次至第二次人口普查期间（1953—1964 年）呈低速增长状态，年均增长率只有 0.99%，大大低于全国和汉族人口 1.60%、1.63% 的增长水平；在第二次至第三次人口普查期间（1964—1982 年）满族人口呈稳定增长状态，年均增长率为 2.63%，与同期全国和汉族人口 2.10%、2.04% 的增长水平大致持平；在第三次至第四次人口普查期间（1982—1990 年）满族人口发展迅猛，由 1982 年的 430.5 万人猛增到 1990 年的 982.1 万人，占全国人口比重由 1982 年的 0.43% 提高到1990年的0.86%，其中80%以上是靠修改民族成分增加的。① 笔者的田野调查数据也支持该结论。

表3-2　　　　　　　　　　中国满族人口变化

年代	满族人口（万人）
清代末期	4400
民国时期	140
1953年	242
1963年	269
1978年	264
1982年	430
1987年	700
1990年	984
2000年	1068
2010年	1038

20世纪80年代以后，有关满族的"历史问题"得到了解决，满族终于获得了自治权。1984年5月31日，国务院发布了《中华人民共和国民族区域自治法》，1985年，经过地方政府和精英们的不懈努力，满族实现了成立自治县的愿望。② 满族人口也由1953年的242万增加到1990年的984万，至2000年，满族人口超过1000万（见表3-2）。

满族认同的彰显除了人口增加外，还表现在恢复语言的各种努力上。③ 近年来，互联网的发展为一部分满族提供了前所未有的社会互动空间。人们纷纷开辟新的网站，"满讯网"、"满族论坛"、"旗人居"、"满族文化网"、"吉祥满族网"、"相约渌水亭"等电子空间成为满族网民相互表达各自思想、感情的重要载体，也是满族的历史和文化不断进行重构的重要空间。与面对面的传统意义上的共同体不同，这里正在形成一个新

---

① 王元青：《满族人口加速发展带来的思考》，《民族团结》1994年第5期，第26页。
② 关于满族自治县成立的经过将在后面的章节中详细叙述。
③ 1985年成立的北京满文书院，除了满语教学之外，还邀请学界著名人士讲授满族史、清史、满族文学、民间文学、古文献学等内容。2001年因资金不足而停办（中央民族大学余梓东谈）。辽宁省新宾满族自治县老城村满族小学也开设了满语课程，教授日常用语。

的"想象的""满族共同体"。①

20世纪80年代以后,斯大林曾强调的"语言、地域、经济生活共同性"的民族定义标准被重新评价,斯大林的民族定义标准之一"表现在文化共同性的心理状态的共同性"成为定义民族的首要条件,在一些人类学家和民族学家的主导下,学界开展了一系列少数民族的民族意识研究。在满学界,汉军旗人的民族成分问题又一次成为众所关注的焦点,曹雪芹也因其汉军旗属而成为文学界和史学界争论的对象。

汉军旗人主要由清代被编入八旗的汉人构成,长期以来,他们以"旗人"的特殊身份与"民人"严格地区分开来。许多八旗汉军的族谱中,除了原籍以外还有关于旗属方面的记载。有些汉军旗人表现出强烈的满族认同。记得在1992年的一次调查中,笔者到一位村民家中访问,女主人从箱子里拿出一张画有五神图的家谱(汉军旗人特有的),当同行的张德玉说那不是满族的家谱时,两位老人立即面露怒色,说:"怎么不是满族?俺们一直都是旗人,俺们就是满族。"张德玉从学者的角度判断该家谱不是满洲八旗的,而是汉军旗的,但并不是说汉军旗人就不是满族。听完张德玉的解释,老人脸上怒色似乎有所缓和。该事例让我们不得不思考一个问题,那就是他们为何如此强烈地主张自己的满族身份?是张德玉的话伤害了他们的"民族感情",还是因为他们担心如果被政府认定不是满族,就有可能享受不了少数民族的待遇?② 这件事情给笔者留下了深刻的印象。

关于汉军旗人的民族成分归属问题,早在20世纪60年代就曾经展开过讨论。③ 20世纪80年代以后,著名历史学家王钟翰先生关于"凡是既已出旗为民的大量汉军旗人或改回原籍的就应该算作汉族成员;否则就应该把他们当作满族成员看待"的观点逐步得到史学界的广泛认可。④ 这些讨论虽说与20世纪50年代民族识别工作性质不同,但在忽视当事者自身意识这一点上却如出一辙。

---

① 史学界对满族有一个固定的说法,即"满族共同体",并认为该共同体形成于1635年皇太极改称满洲。关于"满族共同体"的说法还有待商榷,在此,笔者借用此概念来表述互联网上形成的一种特殊的共同体。

② 张德玉当时在县志办工作,在村民看来,他是政府派来的人。

③ 参见中国科学院民族研究所图书资料室编《国内民族研究参考资料》第一辑,1964年,第134—136页。

④ 王钟翰:《关于满族形成中的几个问题》,载《满族史研究集》,中国社会科学出版社1987年版,第13页。

事实上，在实际生活中很难做出一个明确区分。"文化大革命"以后民族政策的变化带来的结果是，只要是子孙三代（甚至是姻亲）中有一人是旗人，就可以报满族。在辽宁省一些地区，1984年成立满族乡、1985年成立满族自治县前后，有大量"民人"后代也相继报了满族。汉军旗人的情况更为复杂，有的汉军旗人虽未出旗，但认为自己是汉族，不承认是满族。反之，虽已出旗为民，但认为自己是满族的汉军旗人也大有所在。

重要的是，无论本人的民族意识如何，若得不到行政上的认可，便无法享受少数民族待遇。换言之，在行政上决定某一人或某一群体是否是少数民族的问题上，国家的参与起着关键性作用。在中国，个人的民族认同与伴随着制度性保障的民族成分并非完全一致，因为国家主导的民族识别工作在某种程度上造就了行政性、制度性的"民族"。

第三节　小结

旗人曾经是一个军事及政治的范畴。19世纪末20世纪初的中国民族主义运动创造了"中国人"的认同，"旗人"在此过程中也随之转换成了现代意义上的民族。此后，旗人作为"满人"被纳入孙中山的"五族共和"与"中华民族"的新的整合理念中，而事实上，满人被等同于清政权，受到政治的以及民族的歧视。曾经作为特殊社会阶层的上位集团"旗人"，随着清朝的灭亡及后来的"满洲国"的失败，消失于政治舞台。

旗人无论从其成员构成还是阶层上都称不上是一个均质的集团。八旗分八旗满洲、八旗汉军、八旗蒙古，在其内部有上三旗（正黄、正白、镶白）和下三旗，有陈满洲和新满洲，有宗室贵族和普通旗人，有正规八旗和隶属八旗，有京旗和驻防八旗，有披甲旗丁和闲散旗丁及其家属等之分。

中华人民共和国成立之后，旗人正式被国家认定为少数民族"满族"，从此，"满族"开始具有自称和他称的双重性质，"旗人"、"满人"、"满洲人"等称呼统统被"满族"所替代，"满族"开始成为一个政治和文化上均质的群体。"满族"如同一个本质性的概念，被他者也被自身所认识。"纯满族"和非纯满族的分类便是在此基础上形成的，如后文所述，人们会经常谈及祖先祭祀形态或祖籍等因素之差异来区别你我，而在行政层面上，又都承认两者皆为满族。20世纪80年代以后，又出现了一个新的分类,即"后改的"。"后改的"是指1982年人口普查、1984年民族乡成立、1985年满族自治县成立前后恢复满族成分的旗人后代或重新填报为满族的民人后代。这群"后改的"人的增加直接导致了满族人口的剧增。以下将通过具体个案,分析满族人口增加背后的历史、社会及政治原因,并从另一个角度探讨当代少数民族认同的本质。

第 四 章

国家、地方政府、个人三者之互动

——以新宾满族自治县成立为例

本章通过描述新宾满族自治县成立的一系列过程，考察20世纪80年代以后满族人口急剧增长的政治、社会背景，分析国家与地方政府围绕民族政策实施而展开的各种策略行为以及民众对地方政府号召的积极响应。在此过程中，无论是地方政府还是普通民众都展示了他们杰出的智慧与策略。

第一节 新宾满族自治县概要

新宾满族自治县位于辽宁省东部山区，地处长白山延伸部，是具有代表性的山区县。全县总面积为4284.8平方公里，由15个乡镇、14个国营林场以及258个行政村组成。2000年总人口为30.8万人，其中满族占70%以上。

1616年，努尔哈赤（1559—1626）在新宾境内的赫图阿拉城（现在的永陵镇老城村）建立后金政权，故此地又被人们称为清朝的发祥地。1634年，赫图阿拉城改称兴京，1644年入关后，此地被视为"龙兴重地"，设官驻兵以守之。1763年（乾隆二十八年），清朝为了对兴京地区加强管理，民事由兴京城守尉衙门中分出，设立了兴京理事通判衙门（驻赫图阿拉城），专司汉户民刑、税课等事务，此衙门于1877年（光绪三年）升为兴京抚民同知衙门，迁驻新兵堡（今新宾镇河北），辖通化、怀仁（今桓仁）、临江、辑安四县。1909年（宣统元年）升为兴京府，

1913年，裁兴京府，设兴京县。①

清代的兴京地区是封禁区，居民半数以上均为旗人。据《兴京厅乡土志》记载，光绪三十二年（1906）统计，兴京总人口为232881人，其中满人有144794人，约占总人口的62.2%。其中除少数人为披甲兵丁或在各衙门当差外，绝大多数为闲散余丁，多为耕田农民，为商贾者极少。② 根据清朝民政部门在宣统元年（1909）对奉天省（辽宁）所进行的人口调查，当时奉天省总人口为1023.83万人，其中满人有48.59万人，约占全省总人口的4.75%。汉军人口为182.34万人，约占全省总人口的17.8%。③ 若将汉军视为满族，则共有230.93万人，约占全省总人口的22.55%。

1964年人口普查时，一部分人改报了汉族，当时，全县有212856人，填报满族的仅有34003人，约占总人口的15.97%；报汉族的有166925人，约占78.42%；朝鲜族11638人，约占5.5%；蒙古、锡伯、苗等其他民族共计290人，约占0.14%。④

在清代，兴京城内曾建有启运书院（清末改名为"兴京八旗高等学校"），当时使用满语满文进行教学，不仅学习语言文字，还学习数学、物理等，直至民国初，这座学校才被迫取消。⑤

离赫图阿拉城两公里处的永陵，是努尔哈赤的祖陵。有清一代，康熙、乾隆、嘉庆、道光等皇帝先后九次亲来永陵谒祖。从这一点可以看出，与其他地区相比，新宾的满族与王朝的谱系关系显得尤为重要。

---

① 《新宾满族自治县概况》编写组：《新宾满族自治县概况》，辽宁大学出版社1986年版，第28—29页。
② 同上书，第29页。
③ 刘庆相：《略谈满族人口的历史演进及其特征》，《人口学刊》1995年第5期，第36页。
④ 房守志主编：《新宾满族自治县志》，辽沈书社1993年版，第104页。
⑤ 《新宾满族自治县概况》编写组：《新宾满族自治县概况》，辽宁大学出版社1986年版，第34页。

表4-1　　　　　　　　　新宾满族人口变化

年代	总人口（人）	满族人口（人）	比率（%）
1964年	212846	34003	15.97
1982年	304029	99668	32.78
1984年6月	305260	缺数据	33.5
1984年8月	305260	160823	52.68
1985年	304937	193642	63.5
1990年	314880	231374	73.48

（该表根据笔者田野资料制成。）

除满族外，新宾境内还有汉族、朝鲜族、蒙古族、回族、锡伯族、达斡尔族等少数民族居住。从1964年至1982年，新宾满族人口出现缓慢增长趋势，而1982—1984年的两年间，新宾满族人口剧增10万。1964年以后新宾满族人口变化情况请参照表4-1。

表4-1显示，在1984年6—8月的两个月内，满族人口比率增加了19.18%。短期内满族人口剧增的原因何在？有人说由于国家落实了民族政策，过去不敢报满族的人纷纷改报了满族。那么为何集中在这一时段？例如，据笔者调查，1984年以前新宾县上夹河镇胜利村的满族人口占总人口的30%，至1985年上升至90%以上。其中刘姓和韩姓在没有任何依据的情况下轻易改成了满族。上夹河镇腰站村的满族人口也由原来的约50%增加至93%。① 这种种迹象显然与国家民族政策的实施，尤其是与民族自治地方的建立有着密切的联系。下一节我们将通过满族乡以及满族自治县的成立经过，了解导致满族人口变化的详细操作过程。

第二节　自治县的成立过程

上文提到，1952年国务院公布了《区域自治实施纲要》，各级政治机

---

① 关于腰站村情况本书将在后面的章节中详细叙述。

构，尤其是满族人口较为集中的东北地区各大城市人民代表大会开始有相当数量的满族代表参加，可见，中华人民共和国成立后，满族的政治地位已经开始发生变化。但是，20世纪80年代初以前，从自治区域的规模和数量上来看，满族的待遇仍不如其他少数民族。从1956年至1957年，只有黑龙江省和河北省成立了几个民族乡，而这几个民族乡也在1958年的"大跃进"运动中改成人民公社。有人将其原因归结为满族在地理上的居住不集中。尽管20世纪50年代国家领导人曾经非常关心满族的自治问题，但由于"种种历史原因"，该问题始终未能得到解决。①

1980年3月15日，县委、县政府向抚顺市委、市政府提交了一份《关于成立兴京满族自治县的请示报告》（以下简称《请示一》），要求成立满族自治县，并将县名改回旧称"兴京"。该报告中所列出的满族人口是68523人，占全县总人口的24.3%，其他五个少数民族为13737人，占总人口的4.4%。同年6月，辽宁省委、省政府向党中央、国务院也写了相同内容的报告。但在高级领导阶层中出现了一些阻力。一位曾经参与申请满族自治县工作的领导在一篇文章中这样写道："……这时又有'流言'传来，使争取建立满族自治县的工作变得更加严峻而又复杂起来。这些'流言'的主要论点有：满族的同化程度很高了，没必要再去重新唤起他们的民族意识；现在要集中搞四化建设，还搞什么满族区域自治；满族弄出个慈禧太后，又弄出个'满洲国'，现在还要搞区域自治……"②显然，满族同化说以及"满族＝清朝"的模式至今仍根深蒂固地存在于一些人的头脑中。

1981年11月28日，国务院人口普查领导小组、公安部、国家民族事务委员会联合下达《关于恢复或改正民族成分的处理原则的规定》。其中第一条规定：凡属少数民族，不论其在何时出于何种原因未能正确表达本人的民族成分，而申请恢复其民族成分的，都应当予以恢复。③

新宾县委和县政府根据上述通知精神，先后对新宾县满族社会现状和

---

① 参见 Edward J. M. Rhoads, *Manchus and Han*, Seattle and London: University of Washington Press, 2000, p. 281。

② 李春昱：《完善我国民族区域自治制度的辉煌成果——记全国第一个满族自治县成立经过》，载抚顺市政协文史委员会、抚顺市民族宗教事务委员会编《抚顺少数民族·宗教》，宗教文化出版社2001年版，第49页。

③ 国家民委办公厅等编：《中华人民共和国民族政策法规选编》，中国民航出版社1997年版，第106—107页。

民族成分进行了三次调查①,并在1982年全国人口普查中放宽了修改民族成分的条件,只要本人愿意,就可以改为满族。当时,办理修改民族成分的手续极其简单,一位具体负责户口登记的干部回忆说:"那时候,个人申请,村里证明这个人是我们村的社员,家里有几口人,父母子女名字叫什么,要求改民族成分,原来什么成分,现在什么成分,不说什么理由,不说什么根据,村里生产大队盖上章以后,拿这个介绍信到乡派出所盖个章,写某某人是我派出所辖下的人口,拿着两个章到县民委,民委一看(有时甚至不看)是改民族成分的,就写'同意',盖上章,拿回来到人口普查办公室就改了。我当时给办不少呢。有些农民要改,他不能到县里去,我到县里办事,就给捎去办了。他们当中很多都是因为少数民族上大学加分、可以生两个孩子才改的。"

1983年12月19日,中央下达《国务院关于建立民族乡问题的通知》,通知指出:"凡是相当于乡的少数民族聚居的地方,应当建立民族乡。民族乡,可以在一个少数民族居住的地方建立,也可以在两个或几个少数民族居住的地方建立。建立民族乡,少数民族的人口在全乡总人口中所占的比例,一般以30%左右为宜,个别情况特殊的,可以低于这个比例。民族乡的名称,一般按照地方名称加民族名称确定。民族乡人民政府配备工作人员,应当照顾到本乡内的各民族。民族乡的乡长由建立民族乡的少数民族公民担任。民族乡使用当地民族通用的语言文字。民族乡依照法律和有关规定,可以结合本地区的具体情况和民族特点,因地制宜地发展经济、文化、教育和卫生等事业。民族乡应当注意对各族居民进行民族政策和民族团结的教育,以不断促进社会主义民族关系的发展,加强各民族之间的团结互助。上级人民政府应当切实加强对民族乡的领导,并注意照顾当地民族的特点和少数民族人民的需要。建立民族乡是一件重要的工作,是关系到加强民族团结、保障少数民族实现民族平等权利的大事,各省、市、自治区应当予以重视。"

1984年5月31日,全国人民代表大会第二次会议又正式通过了《中华人民共和国民族区域自治法》,于是,各地方政府立即开始行动,回应

---

① 李春昱:《完善我国民族区域自治制度的辉煌成果——记全国第一个满族自治县成立经过》,载抚顺市政协文史委员会、抚顺市民族宗教事务委员会编《抚顺少数民族·宗教》,宗教文化出版社2001年版,第48页。

国家新出台的民族政策。新宾县是其中响应最积极的一个。县政府于6月28日起草了《关于建立上夹河等八个民族乡的请示》（以下简称《请示二》），报抚顺市政府。该请示强调了新宾作为"满族故乡"、"清朝奠基地"的特殊地位，并根据《国务院关于建立民族乡问题的通知》，要求建立七个满族乡和一个满族朝鲜族乡。关于当时的少数民族人口情况，该请示写道："全县现有少数民族11万余人，占全县总人口的38%，其中满族占33.5%，朝鲜族占4.2%，其他少数民族占0.2%，全县21个乡镇中有16个乡镇少数民族人口超过总人口的30%。"

8月18日，辽宁省人民政府正式批准新宾县成立上夹河等12个满族乡和旺清门朝鲜族满族乡，9月18日，县政府向各乡镇人民政府发布《建立民族乡工作方案》，并于9月20日召开乡长会议，传达省政府成立满族乡的批复，全面部署建立民族乡工作。县政府于9月下旬先在上夹河乡进行试点工作，然后分两批分别于10月上旬和下旬成立了满族乡。

实际上，成立满族乡并不是地方政府的最终目的，他们有更高的目标，即成立满族自治县。在关于满族乡成立批文下达之前的8月9日，县政府第二次起草了《关于成立新宾满族自治县的请示》（以下简称《请示三》），呈交抚顺市人民政府。[①] 该请示写道："我县……人口305260人，其中满族人口160823人，占总人口的52.68%，还有朝鲜、蒙古、锡伯、回、达翰尔和苗族等少数民族人口13656人，占总人口的4.47%。七个少数民族人口共174479人，占总人口的57.15%……我们于1980年正式向上级提出了成立兴京满族自治县的请示，事过四年有余，至今没得到批复……"

细心的读者或许已经注意到，《请示一》、《请示二》与《请示三》在满族人口数量上有明显差异。1980年新宾满族人口占总人口的比率为24.3%，1984年6月28日升至33.5%。这是因为1982年人口普查时有一部分人修改了民族成分。而至1984年8月9日，满族人口的比率急剧上升至52.68%。[②]

---

① 抚顺市人民政府将此提交辽宁省人民政府，1984年11月13日，辽宁省人民政府又向国务院提交了《关于建立岫岩、凤城、新宾满族自治县的请示》。

② 关于满族人口增加的民族志资料将在后面的章节中详细叙述。

关于这一点，还是来听听上面那位原乡干部是怎么说的："人口普查后要成立满族乡了。这时候就有要求了，少数民族人口要占总人口的一半以上，还得是同一个民族的。所以上面就鼓励人们修改民族成分。后来还不够，就到下面去做工作，动员他们改。有的也没通过住户个人，乡里头，乡委书记一句话，就都给改了。那户口是乡镇级的派出所管辖，后期就统一到县里管辖，乡里没有权管。所以那时说改就改了。乡里头开会，通知各个村改民族成分要成立自治乡，愿意改的有什么优惠政策啦，可以生俩孩儿啦，可以上大学啦，愿意改就改，村里的会计一登记一报，登记完了以后拿到乡派出所，派出所哗哗地就给改过来了。户口册都重新登记。县政府积极支持，甚至号召这么干的。因为要变民族自治县得先够乡，民族乡多了，少数民族人口不就上来了吗？上来以后才有资格成立自治县啊，所以人口必须得上来。"①

实际上，《国务院关于建立民族乡问题的通知》中并没有要求少数民族的人口要达到一半以上，而是"一般以30%左右为宜"，而且个别情况特殊的，还可以低于这个比例。1984年颁布的《中华人民共和国民族区域自治法》中也没有规定硬性的人口指标。但由于1980年申请满族自治县的申请报告始终没有得到上级部门的回应，地方政府认为只有在人口上做文章，才能真正说服那些持反对意见的"上面的人"，才能抵挡得住来自某些方面的压力。

关于满族人口比例必须达到50%以上才能批准成立满族乡、满族自治县的说法虽说没有任何行政依据，但笔者在调查当中不止一次听到，且均出自曾经的政府部门领导干部之口。

1980年提交《请示一》后，因为始终未得到明确答复，县委、县政府决定派人亲赴北京，同时又与辽宁省凤城、岫岩等县取得联系，通过当时全国人大代表、凤城县县委书记白万起，把要求建立满族自治县的提案提交到全国人大常委会。经过一番努力，效果仍不明显，县委、县政府一方面申请并筹备满族乡的成立工作，并再次递交成立满族自治县的请示报告，另一方面又一次派人赴京斡旋，做相关部门的工作。

1984年年底，由县人大主任、县人大副主任、民委主任、计委、办公室五个部门组成的"工作组"赴京，在中央组织部招待所安营扎寨，

① 2006年9月30日访谈笔记。

展开为时一月有余的宣传动员工作。他们先后请来几位曾在新宾县任过职的领导以及爱新觉罗·溥杰等满族著名人士，又到民政部、文化部、国家民委、北京市人大、北京市政协等部门，宣传新宾的历史地位与社会经济发展现状。时任最高人民检察院相关人士、中央民族学院某知名教授等也对他们的工作提供了很大的支持和帮助。在京期间，"工作组"几次应邀参加在京满族人士组织的联欢会，并组织了多次在京知名人士的座谈会、茶话会，以扩大影响，创造舆论。

经过多方面的协调努力，1985年1月17日人们终于等到了《国务院关于辽宁省设立岫岩、凤城、新宾满族自治县的批复》，该批复通知辽宁省人民政府撤销岫岩、凤城、新宾三县，设立岫岩、凤城、新宾三个满族自治县。此时，赴京"工作组"尚在北京开展艰苦的"游说"工作，当时带队赴京的原新宾县人大常委会主任关跃兴不无感慨地说："那阵儿，我们天天出去找这人找那人，有一天他们说：你们回去吧，批文已经下去了。我们赶紧回新宾，开始准备自治县成立筹备工作。"①

在岫岩、凤城、新宾三县当中，第一个筹备并召开成立大会的是新宾县。1985年6月7日，中国第一个满族自治地方——新宾满族自治县正式成立。随后，岫岩、凤城两县也分别成立了满族自治县，至1989年，全国共成立了13个满族自治县。

根据1984年《中华人民共和国民族区域自治法》规定，民族自治地方的人民代表大会中，实行区域自治的民族和其他少数民族代表的名额和比例，根据法律规定的原则，由省、自治区的人民代表大会常务委员会决定，并报全国人民代表大会常务委员会备案。民族自治地方的人民代表大会常务委员会中应当有实行区域自治的民族的公民担任主任或者副主任。

1983年新宾在全县换届选举的时候，县委就明确提出人大常委会主任和县长必须由满族干部担任，并要求在政府组成人员中也要有一定比例的满族干部。为了适应新形势的需要，县委书记、县委副书记、副县长、公安局长均将民族成分由原来的汉族改为满族。至1984年，县委、县人大、县政府、县政协的一把手均为满族干部，各部门领导干部中，满族干

---

① 2006年9月30日访谈笔记。

部占了29%。①

　　1985年4月，新宾满族自治县首届人民代表大会第一次会议召开。出席大会的代表共271名，其中满族代表152名，占56.1%，汉族代表92名，占33.9%，朝鲜族代表22名，占8.1%，回族、蒙古族、锡伯族代表5名，占1.8%。②

　　满族自治县成立前后的县委、县政府干部的民族构成发生了较大变化。之前，25名领导班子中，满族14名、汉族10名、朝鲜族1名；之后，28名领导班子中，满族20名、汉族8名。随着民族区域自治地方的建立，满族的社会地位有了明显的提高。

第三节　边界的流动与稳定

　　如上所述，民族政策的实施过程，同时也是地方政府与国家以及地方政府与个人之间积极互动的过程。地方政府作为一个能动者（agency），在自治县成立的整个过程中扮演了非常重要的角色。地方与中央的互动，主要表现在中央的政策下达与地方对政策的解释能力以及以压力为动力的积极进取的态度上；而地方政府与个人之间互动的主要表现，是在修改民族成分问题上前者的号召、鼓励以及后者的积极响应。地方政府与个人互动的结果导致了满族人口的急剧上升，同时又为地方说服中央提供了必要的（也许是想象的）前提条件。

　　于是，在这一时期，由户口行政制度设定的相对稳定的族群边界出现了较大的流动性。

　　在非行政意义上（这里是指撇开户口登记的因素），关于谁是满族的问题，没有一个明确的界限。③ 在《关于恢复或改正民族成分的处理原则的规定》下达之前，由于户口行政制度方面的原因，无论本人主观上认同哪一个民族，各群体之间的边界还是较为清楚的，因为人们须在户口上

---

　　① 李春昱：《完善我国民族区域自治制度的辉煌成果——记全国第一个满族自治县成立经过》，载抚顺市政协文史委员会、抚顺市民族宗教事务委员会编《抚顺少数民族·宗教》，宗教文化出版社2001年版，第52页。

　　② 《新宾满族自治县概况》编写组：《新宾满族自治县概况》，辽宁大学出版社1986年版，第86页。

　　③ 如学界长期以来一直存在汉军旗人是否属于满族的争论。

填写民族成分，一旦填了某族，就等于在行政上认同了该族。① 但在1982—1985年，由户口行政制度设定的相对稳定的民族边界出现了较大的流动。据笔者调查，自治县成立前后改报满族的人大致包括如下几种：第一，辛亥革命以后报汉族的八旗满洲后代及其相关亲属②；第二，原报汉族的八旗汉军后代及其相关亲属；第三，民人后代，即汉人③。其中，第二、第三种情况居多。④ 如在笔者的主要调查点之一腰站村，1979年全村总人口1240人中，满族819人、汉族421人，到了1984年，总人口1273人中，满族人口增加到1223人，汉族人口仅50人⑤，这些后改满族的汉族当中很少属于汉军旗后裔。⑥

根据《关于恢复或改正民族成分的处理原则的通知》第一条规定，

---

① 在民族识别过程中，有一部分人尚未得到识别，他们在户口簿或身份证上填写"某某人"，而不是"某某族"，如"夏尔巴人"、"苦聪人"等。

② "相关亲属"的范围很广，包括配偶、配偶的双亲或兄弟姊妹等姻亲。以下相同。

③ "民人"是相对于"旗人"的概念，在东北地区，清代未加入八旗组织的汉人称为"民人"，加入八旗组织的汉人或被称为"汉军旗人"，或与满洲八旗和蒙古八旗一道统称为"旗人"。"民人"和"旗人"的分类至今仍在东北地区的日常生活中广泛使用。

④ 国家民委曾经在1986年指出有些地区对更改民族成分的政策标准掌握得偏宽，将"有些地区把历史上属'汉军旗'、'蒙古军旗'的人只要本人愿意，也改成满族"的现象视为不恰当的做法。但根据笔者调查，在20世纪80年代更改民族成分过程中，"民人"，即与八旗毫不相关的汉人改成满族的数量要远远大于汉军旗人。这种情况在辽宁其他几个满族自治县也是如此。关于汉军旗人是否是满族的问题，学界曾有过诸多讨论。1981年王钟翰就曾提出清代汉军旗人的民族成分标准应按当时是否出旗为民作为一条杠杠，凡是既已出旗为民的汉军旗人，或因罚入旗后又改回民籍的，应该算作汉族成员，否则都应该把他们当作满族成员看待。9年后王钟翰又通过运用大量的史料证明八旗中的满汉你中有我、我中有你的局面，最后得出结论说："八旗中的满汉民族成分问题乃是有清一代三百年间满汉两民族长期杂居共处，交相融合，进出出出，你我难分，与任何民族一样，是历史自然同化交融的必然结果。"详见国家民委（86）民政字第252号中共国家民委党组《关于我国的民族识别工作和更改民族成分的情况报告》，国务院办公厅等编《中华人民共和国民族政策法规选编》，中国民航出版社1997年版，第114—116页；黄光学主编：《中国的民族识别》，民族出版社1995年版，第166页。详见王钟翰《关于满族形成中的几个问题》，初载《社会科学战线》1981年第1期；收入《满族史研究集》，中国社会科学出版社1987年版，第1—16页。王钟翰：《清代八旗中的满汉民族成分问题》（上），《民族研究》1990年第3期，第36—46页；（下）1990年第4期，第57—66页。相关论述还可参照关克笑《试论满族的发展变化》（上），《满族研究》1991年第2期，第14—29页；（下）1991年第4期，第21—28页。

⑤ 资料来源：腰站村《农村基本统计资料台账》。

⑥ 更甚者如岫岩满族自治县岭沟乡山城村山城沟村民组和该县龙潭镇大房子村大房子村民组，除了村中白氏家族是满族外，其余两百多人均为未曾在旗的民人，1984年成立满族自治县之际全部改为满族（根据2014年6月笔者田野调查）。

"凡属少数民族，不论其在何时出于何种原因未能正确表达本人的民族成分，而申请恢复其民族成分的，都应当予以恢复"。而满族的情况则比较复杂，因为在非行政意义上（这里是指撇开户口登记的因素），关于谁是满族的问题没有一个清晰的界限，满族是清代的八旗满洲，还是所有加入八旗组织的旗人？若是后者，为何学界存在关于汉军旗人是不是满族的争论？而且，与八旗制度或旗人毫不相干的民人为何也变成了满族？八旗满洲、八旗汉军或八旗蒙古的后代的自我意识又是如何的？

在上述通知下达之前，由于户口行政制度方面的原因，不管本人主观上认同哪一个民族，各族群之间的边界至少有一个明确的行政划分，人们必须要在户口上填写某一族称，而一旦填上某一个族，就等于在行政上认同了该族。但是，在1982—1985年，这种相对稳定的边界出现了20世纪50年代以来的最大波动。

在实际操作过程中我们不难发现，国家的相关规定与政策在县、镇、乡一级已经在内容上发生较大变化。例如《关于恢复或改正民族成分的处理原则的通知》中明确规定，凡不同民族的成年之间发生的抚养关系、婚姻关系，均不改变其各自的民族成分。而实际上，处于婚姻关系的一方因其配偶是满族遂将汉族改成满族的事例不计其数。这导致了另一个理所当然的后果，即由于夫妻双方均为满族，故可按相关规定生育二胎，甚至是三胎。一项研究表明，1992年全国982.11万满族人口中，15—49岁的育龄妇女有262万人，占总人口的26.7%，而且1994年后的十年将有90万人陆续加入此行列。①

地方政府在夸大解释或"误解"中央政策的时候，或许连他们自己都没有想过这个后果，他们当初的目的就是如何尽快增加满族人口的比例，以此增加成立民族自治地方的可能性，消除当时存在的种种不利因素。满族自治县的成立伴随着一些相应的优惠政策，主要有减免或部分减免民族工业、商业、企业税；增加民族事业经费，开放民族工商业政策等内容。在计划生育和教育方面，县政府规定夫妻双方均为少数民族、农民户口，就允许生两胎，在全国统一高考中少数民族可以加10

---

① 王元青：《满族人口加速发展带来的思考》，《民族团结》1994年第5期，第27页。

分等。由于上述种种优惠政策，自治县成立后仍不断有人申请更改民族成分。

针对更改民族成分过程中出现的一些偏颇做法，相关部门认为有必要对1981年的《关于恢复或改正民族成分的处理原则的通知》加以修正、补充，以适应当前民族识别工作的需要。① 1986年2月8日，国家民委印发了《关于恢复或改正民族成分问题的补充通知》，对恢复或改正民族成分问题的审批权做了必要调整，对个人申请更改民族成分的，由原来规定的由户籍管理部门审批改为由县级民族工作部门审批；大规模集体更改民族成分的，由原来的县级人民政府审批改为报国务院有关部门核准；对隔代要求恢复或改正民族成分，增补了生祖父母和生外祖父母均已亡故的，则不要纵向追溯或横向援引；强调要注重对现实民族特点的调查研究，凡带有一定群众性的要求恢复或改正民族成分的，必须具有作为某一民族的明显特点，如语言、文化和风俗习惯等，特点已消失的，一般不要变更民族成分。② 从全国范围来看，从1982年到1990年，中国少数民族人口增加了2303万人，其中更改或恢复少数民族成分者约占56.64%，约1300人。在这些人口中，仡佬族、满族占90%以上，土家族、侗族占80%以上。③

1989年11月，国家民委、公安部又针对个别地区不适当地、大批地更改了民族成分的现象印发了《关于暂停更改民族成分工作的通知》，要求全国各地一律暂停更改民族成分的工作。④ 至此，更改民族成分工作告一段落。1990年5月，国家民委、国务院第四次人口普查领导小组、公安部联合发布了《关于中国公民确定民族成分的规定》，做出了个人的民族成分只能依据父或母的民族成分确定；原来已确定为某一少数民族成分的，不得随意变更为其他民族成分等规定。⑤

---

① 黄光学、施联朱主编：《中国的民族识别——56个民族的来历》，民族出版社2005年版，第113页。
② 国家民委：《关于恢复或改正民族成分问题的补充通知》，国务院办公厅等编《中华人民共和国民族政策法规选编》，中国民航出版社1997年版，第113—114页。
③ 参见张天路《民族人口学》，中国人口出版社1998年版，第115—119页。
④ 国家民委、公安部：《关于暂停更改民族成分工作的通知》，国务院办公厅等编《中华人民共和国民族政策法规选编》，中国民航出版社1997年版，第121—122页。
⑤ 参见国务院办公厅等编《中华人民共和国民族政策法规选编》，中国民航出版社1997年版，第124—125页。

1986年以后，新宾县的满族人口上升速度也开始明显下降，从1986年到1990年期间只增加了13.5%。① 后来又传出一种说法，人口1000万以上的少数民族不享有计划生育方面的优惠政策。② 2000年人口普查数据表明，满族人口已经超过了1000万。而地方政府此时也开始采取严格的控制措施，按国家相关规定严格把关。就这样，民族边界的波动持续了一段时间后，又逐步趋于稳定。

据当时具体办理户口的人说："1986年以后，一般情况下，你就是哪一方是（少数民族），他也不给改了。好像是国务院有文件，这个文件我没看过，但以前我到民委去问过，他们这么说的。比如说，朝鲜族可以改，满族不行。那时候满族自治县全国有十四个，大家都喊着要成立满族自治州，中央有的领导好像对这个特别反感。从那以后，就是你父母都是满族的，子女再想恢复满族、改满族也不行了。这个到后来就非常严了。"③ 就这样，族群边界的波动持续一段时间后，又逐步趋于稳定。满族范畴的模糊性因行政的界定再一次变得清晰，不论是出于"原生情感"，还是出于"实利性认同"，户口簿上的"满族"已然划清了满族与非满族之间的界限。

第四节　小结

满族自治县是民族政策的象征性产物，在自治县成立的整个过程中，地方政府与部分精英起到决定性作用，而普通民众则通过被动或积极地修改民族成分的方式参与到此过程中。

上述考察与分析基于新宾这样一个个别地区，对其他满族自治区域有共性可言，但在没有自治区域的地方，如福建省由于不同的历史、社会背景，人们所表现的认同方式不尽相同，这一点将在后续章节中详细叙述。

---

① 1985年底满族占全县人口总数的63.5%，1990年占77%。参见《新宾满族自治县概况》编写组《新宾满族自治县概况》，辽宁大学出版社1986年版，第11—12页；抚顺市第四次人口普查办公室《抚顺市第四次人口普查手工汇总资料》，内部发行，第29页。

② 根据中央精神，结合少数民族地区经济、社会发展现状以及少数民族人口发展状况，一般规定，1000万人口以下的少数民族人口才可以生育两个孩子。参见《从基本国策到基本法律——〈人口与计划生育法〉的立法背景与立法过程评析》，免费论文网（Paper800.com）。

③ 2006年9月30日访谈笔记。

新宾满族自治县成立后,地方政府作为区域经济发展的一个环节,进行大规模的旅游开发,满族的历史与文化作为产生经济效益的重要商品而被"挖掘"、开发。这个特殊的观光空间在强化满族的身份认同上起到了重要的作用。

第五章

风水传说、历史记忆与认同

本章通过在新宾满族自治县广泛流传的风水传说，来讨论历史记忆的形成及其与满族认同的关系问题。风水在此处已经不是简单的民俗现象，有清一代，它是清王朝强调其正统性的重要依据，在当代，风水又是地方政府开发旅游的一个有效资源，风水实践由日常的生活实践转为创造传统文化的实践，在观光这样一个特殊场域中获得其合法性。

第一节 天命与风水

《地理原真》中有这样一句话："自古以来，出圣出贤尽在朝阳俊秀之处，清雅之地。"概观中国历史，在王朝更替之际多有风水逸话伴之先后。出现在"真命天子"左右的"王气"或"天子之气"更是层出不穷，王朝的正统性很大程度上是受这种"天命"观念所支撑的。当年秦始皇深谋远虑，得知五百年后金陵之地将出现"天子之气"，于是掘山断脉，以扑灭该地所孕育的山川灵气；① 刘伯温望天相，辅佐朱元璋打天下的故事更是家喻户晓。新王朝的创建是以否定旧王朝为前提的，这意味着要暂时割断历史的连续性，而连续性的断裂又意味着新王朝正统性的丧失。因而，为了确保正统性，就必须重新建构历史的合理性，即此处所说的"天命"之标志——"天子之气"，即所谓的风水。

被称为异民族王朝的清朝，自然也不会忘记援用风水说与天命说来主张其正统性，或许正因为是非汉族，就更需要强调它在中国王朝谱系中的历史正统性。主张此种天命说的风水故事，主要靠传说和故事的形式流传

---

① 张荣明：《方术与中国传统文化》，学林出版社2000年版，第350页。

于民间,而在《清史稿》这样一部正史文献中却几乎不见其踪影。口头传承有时会转化为文字记录,并作为王朝历史的一部分被人们传播并沉淀在人们的记忆中。该记忆被引申到政治场域时,记忆便会由多声道切换为单声道,并演变为"特权化的被控制的记忆"。

当与风水相关的历史记忆不是出现在实际生活中,而是在"传统文化"的脉络中被谈论的时候,风水便会从以往的"迷信"话语中解放出来,扮演一个创造"传统文化"的助手的角色。于满族而言,"传统文化"始终伴随着征服王朝的历史性特征。如今,历史记忆被重新唤醒,无形的记忆变成具体有形的"神树"或赫图阿拉城的宫殿,而"风水宝地"也成为满族认同的要素之一。

第二节　清永陵神树传说

相传明朝末年,崇祯皇帝当政的时候,与钦天监夜观天象,忽然发现辽东有望不断的紫气滚滚而来,就像百条神龙在腾云驾雾。他怕混龙出世自己皇位被篡,就从南方找来一个风水先生到东北破除100条龙脉。这个风水先生带领一班人马来到东北,他走东沟,串西岗,发现龙脉,就在龙脖子上挖一道大深沟,意思是割了龙首,或在龙头上压个小庙,以表示镇住了龙气。就这样,他们一连破了99道龙脉,最后只剩下一条离地三尺的"悬龙"。他想,既然是悬龙,不附在地面上,也就形不成龙脉,谁也葬不上,就成不了混龙,不破也罢。于是,他便回京复命去了。

恰在此时,努尔哈赤祖先在长白山被其他部落打败,于是,努尔哈赤的祖父背着自己父亲的尸骨,沿着长白山走下来,打算给自己的部落找一个落脚的地方。这天,他来到苏子河畔,烟囱山下,见天色已晚,就住进附近一个小店。可是,店主人见他身背骨灰匣,说什么也不让他进店。无奈,他只好背着父亲的骨灰匣走出小店,来到龙岗山脚下,见有一棵大榆树,树干离地三尺分叉,于是便把骨灰匣放在上面,准备次日来取,然后自己回客店住下。

第二天,他来取骨灰匣想继续走路,可是却怎么也拿不下来,越使劲骨灰匣越往里长。一着急,他借来一把斧子,想把树杈劈开,可是一斧子下去,大榆树竟流出几滴血来。他赶紧找来一位风水先生,风水先生来到这里，看了看大榆树，又看了看周围的山形地势说："这儿是块风水宝地，前有呼兰哈达（烟囱山）相照，后有龙岗山相依，龙岗山有12个山包，你家里将有12代皇帝可做，天意不可违，你就把尸骨葬在这里吧。"原来，那条"悬龙"正盘在这棵大榆树上，被努尔哈赤的祖先给压中了。

努尔哈赤的祖父葬好骨灰匣，就回到长白山，把部落迁到离龙岗山不远的赫图阿拉住了下来。后来，努尔哈赤以父祖被害为由，发布"七大恨"起兵，他东征西讨，真的打败了明朝，做了清王朝开国皇帝，清朝也真的出了12代真龙天子。

以此为题材的民间故事广泛流传于辽宁省新宾满族自治县一带，上述故事引自抚顺市社会科学院新宾满族研究所编《新宾旅游景点导游词》①。而在民间流传的更多故事版本中，背尸骨占风水的主人公不是努尔哈赤的祖父，而是努尔哈赤本人。在上文中我们注意到，故事的主人公虽然是努尔哈赤的祖父，但并未出现具体名字，整个叙述是围绕着努尔哈赤来进行的，这说明该传说的记忆核心不是"祖父"，而是"努尔哈赤"本人。

故事中的龙岗山即位于清永陵后面的启运山，从远处眺望，的确可看到蜿蜒起伏的12个山头。陵内埋葬着努尔哈赤六世祖猛哥帖木儿、曾祖福满、祖父觉昌安、父亲塔克世及伯父礼敦、叔父塔察篇古。据说，1599年（明万历二十七年）陵墓建成之初，这里只葬有福满一人的遗骨，其他均于1659年（清顺治十六年）从辽阳东京陵迁至此地。从这一点来看，上述故事版本更接近于"史实"。而民间流传的努尔哈赤葬父之说虽不符合"史实"，但相比于前者，后者在民间流传更广。

《新宾旅游景点导游词》是1999年随着旅游开发工作的进展由旅游部门编辑而成的，其内容多取自当地的民间传说。也许编者在采集故事的过程中发现了上述事实，对其进行了修改。例如，在沈秀清、张德玉主编的《满族民间故事选》（2000）中的"神树"故事中，葬父于悬龙之上的主人公就是小罕子（努尔哈赤的爱称），而笔者在田野中搜集到的几个故事也几乎大同小异。

---

① 抚顺市社会科学院新宾满族研究所编：《新宾旅游景点导游词》内部印刷物，1999年，第57—59页。

上面的故事至此尚未结束。1779年（乾隆四十四年），乾隆帝第三次东巡祭祖时，曾将这棵榆树封为神树，并写下《神树赋》。乾隆御笔《神树赋》石碑目前仍保存在永陵的西配殿内。如果说在立此碑之前，关于榆树盘悬龙、努尔哈赤占风水的故事只是以口头的形式传承下来的"口碑记忆"的话，那么乾隆御笔碑文的出现便意味着从"口碑记忆"到"文字记忆"的转化，或者是从民俗记忆到政权统治者记忆的转化，它同时代表了记忆转化为历史过程中的一个环节。

可以说，给清朝带来12位皇帝的这棵"神树"曾经是清朝自身的一个象征。据说，1863年，枝繁叶茂的大"神树"被大风连根拔掉，巨大的树枝将永陵启运殿的屋顶压塌。紫禁城的同治皇帝感觉此事不吉利，为保清朝"气数"，急命两位大臣赶赴东北，用木墩撑住神树。然而，所有努力都无济于事，神树的"天根"终未免于腐烂。后来，神树边又长出一棵小榆，人称"配榆"。人们本以为配榆会给清朝带来新的生机，但如风水师预言，这棵小树还是未等成材便枯萎了，大清帝国到了第12代便谢下了那长长的历史帷幕。

半个多世纪以后的1985年，"神树"被赋予了第三次生命，永陵又重新开始受世人瞩目。在"驱除鞑虏，恢复中华"口号下展开的辛亥革命将满族等同于清王朝，满族受到了许多不公平的待遇。中华人民共和国成立后，情况逐步好转，"文化大革命"后随着民族政策的进一步落实，全国第一个满族自治县于1985年在辽宁省新宾县诞生。县政府为了发展经济，制订了大规模的旅游开发计划，当时利用的主要是包括永陵、赫图阿拉城（1616年努尔哈赤为后金所建的都城）在内的历史资源。永陵文物管理所"为了满足广大满族人民的愿望"，在启运殿又重新栽了一棵榆树，人称"瑞榆"。如果说"神树"曾经是清朝命运的象征，那么新栽的"瑞榆"仿佛是当代满族命运的象征，亭亭玉立地矗立在永陵启运殿的后山上。

第三节 永陵和赫图阿拉城的风水

努尔哈赤（或其祖父）依天意将先祖遗骨葬于永陵，从风水角度来看，此处自然是山清水秀、"王气葱郁"的吉壤。据当地精通风水的张先生讲，永陵左有青龙之首，右有白虎之尾，前方是龙山（烟囱山），这几座山距永陵均为12里。此外，位于后方的坐山有12个山头，陵宫恰好位于其中。前方的龙须水（苏子河）流经此地长度恰好也是 12 里。12 这一数字象征着清朝 12 代皇帝，而永陵的风水地势所有的数据也均与 12 吻合。

另外，前方有朝山——鸡鸣山（又称凤凰山），玉带河宛如一条玉带缠绕永陵，二道河、错草河、苏子河三条河流形成"三水入库"（"库"意为"墓"）之势。以至于风水师张先生不停地感叹，说此绝妙地形非人间风水师所能及，并言此乃天意。就这样，传说中的神圣性与风水地势中的神秘性在此处达成了完美的契合。

努尔哈赤当年建立后金政权时首先设都城于赫图阿拉，故此地又称后金第一都。根据民间传说，努尔哈赤最初在离赫图阿拉数公里处的费阿拉城建了一座城堡，但是每天都发生不顺之事，于是，努尔哈赤找来一位风水先生问其缘由。风水先生便告诉努尔哈赤，让他每天仔细听，看有没有鸡叫声，若有，那鸡叫之处便是长居久安的地方。

某日，从鸡冠山的北边果真传来了响彻云霄的鸡鸣声，努尔哈赤信了风水先生的话，带着家眷与官兵迁移鸡鸣之地，重新建造都城，此即为赫图阿拉城。后来，努尔哈赤统一了周围其他女真部落，并于 1616 年创建了后金政权。

关于赫图阿拉城的好风水还有另外一个传说：某日，努尔哈赤之父塔克世到赫图阿拉的一位村民家借宿，恰巧有两位道士路经此地。道士们对主人的盛情款待感激不尽，向他们道出一个秘密："此乃非寻常之地。城北两个莲花池为神龙二目，八月十五莲花盛开之时，可将祖先遗骨掷于莲花之上，花瓣即会闭合，如此，你的后人便会成为天下之王。"塔克世听罢此言，赶在村民之前将自己祖先的遗骨掷于莲花之上。只见满池的莲花如含羞般地收起那鲜美的花瓣。村民则因迟了一步而被塔克世抢走了好风水。努尔哈赤后来之所以能成为后金国的大汗，都是因为其父塔克世占了好风水的缘故。

后金第一都——赫图阿拉城的选址，是风水先生所预言的结果，清朝之前身后金国创建的必然性也由风水得到证实。清王朝的正统性在赫图阿拉城又一次找到了有力的依据。诚然，关于努尔哈赤祖先遗骨埋葬的故事有多个版本，而此处重要的是这些传说所具有的隐喻性效果。

风水先生提到的"神龙二目"（两潭荷花池）于日俄战争期间遭到俄军大炮的轰击，导致莲花池决堤，池水流出城外。1999 年"恢复"

赫图阿拉城时,为确保赫图阿拉城的好风水,首先恢复了"神龙二目"(见图5-1)。

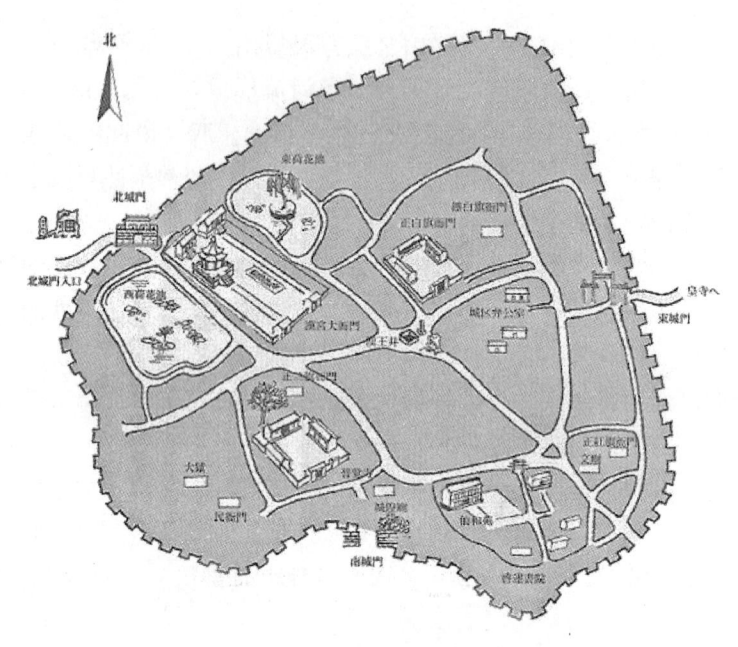

图5-1 "复原"后的赫图阿拉城内"神龙二目"

饶有兴趣的是,赫图阿拉城的复原工程自始至终有一位风水先生的参与。手持堪舆古籍和罗盘,在建筑工地上四处奔忙的风水先生,给笔者留下了深刻的印象。赫图阿拉城原是一个普通村庄,过去曾有81座大小神庙分散于村中各个角落。施工开始后,全村居民搬迁异处,村庄建筑被夷为平地,这些神庙自然也不能幸免。据说此后工地上经常发生各类事故,如卡车出故障、常有人出现头晕目眩现象等。风水先生解释说,这都是因为庙里的胡仙(狐狸)、黄仙(黄鼠狼)、长仙(蛇)、蟒仙等地仙作祟的缘故。为安置无家可归、四处游荡的神明,城内修起了一座"万神庙"(见图5-2)。

赫图阿拉城是新宾满族自治县利用满族历史和文化开发旅游的重要一环。在以"传统文化"的名义开展的旅游开发中,民俗知识显得比任何时候都更加重要,风水实践由日常的生活实践转为创造传统文化的实践。而从史学家或科学主义信奉者角度来看,有关永陵及老城风水的传说以及赫图阿拉城修建过程中的风水实践都是些不符合史实的无稽之谈，甚至是"封建迷信"。然而，标榜"传统文化"的观光场域，有时是允许暂时脱离国家意识形态的非日常空间的。通常被禁止的各种"迷信活动"在这个特殊的旅游空间已然获得了合法性。

图 5-2　赫图阿拉城内万神庙

第四节　小结

今天，满族是中国 55 个少数民族成员之一。在"传统文化复兴"之风盛行之际，很少有关于何为满族传统文化的真正讨论。不管其成员构成如何复杂，清朝作为"异族王朝"装点了中国帝国史的最后一个篇章，此处的"异族"自然是指"满族"。对于将自身认同诉诸王朝历史的满族而言，他们的传统文化恰恰是他们的"来源于历史的文化"。而对于地方政府与满族精英而言，再现辉煌的王朝史可能比恢复正在消失（经常是不得不在地下活动）的萨满教要重要得多。在此语境下，满族已经超越了"少数民族"的框架作为清王朝谱系承继者的身份出现，而王朝的正统性便意味着满族谱系的正统性，天命说与风水说作为其有效依据深深地刻印在满族的历史记忆中。

第 六 章

观光场域中历史与文化的重构

本章通过考察恢复后金第一都赫图阿拉城（位于辽宁省新宾满族自治县老城村）的个案，分析历史或文化在观光这个特殊空间中固定成文本的过程。

社会学及人类学关于旅游的研究多数把其研究对象放在游客的体验、游客的类型、主客之间的关系、旅游与社会结构的关系等诸多方面上。[①]此外，20世纪90年代后，国内外人类学界开始关注少数民族地区的旅游开发，其焦点主要放在旅游在现代化国家中所占的位置以及由此带来的"民族观光"、文化保护与认同等一系列问题上。[②]

本章并不想讨论旅游现象本身，而是将旅游作为一个广义的纪念碑（monument）或事件，从中分析历史意识的固结过程。

保尔·利科认为，从事件到历史的生成过程中有一个"文本化"的过程，即流动而又转瞬即逝的意义的固定程序。意义的内容是通过某一个瞬间，某一个场景中有关你我二者的个别性的一次性事件而固定下来的。时间一旦形成文本，便会从个别的两者性或一次性中脱离出来，开始具有向所有人开放的普遍意义。[③]关本认为这个向所有人开放的过程与我们通常所说的历史被创造的过程是相互连接的。所谓人类学意义上的历史内容不是描述业已形成的客体化了的历史，而是应该把握作为行为的标记、痕

[①] Edward M. Bruner, 2005; Dean MacCannell, 1999; 山下晋司编, 1996; 桥本和也, 1999; 濑川昌久, 2003; 彭兆荣, 2004 等。

[②] 白莲, 2001；[美]格雷本, 2001；科恩, 2001；彼特思, 2001；杨慧、陈志明, 2002；曾士才, 1998；周星, 2001 等。

[③] Paul Ricoeur, "The Model of the Text: Meaningful Action Considered as a Text", in Social Research, 38 (1971): 529 – 562.

迹，或者作为记录的历史，亦即，要了解作为一个"纪念物"（monument）而即将成为历史的这样一个过程。① 此处所说的"文本"只是意义被固定、被普遍化的一个比喻。因为在此阶段，与历史之间尚有一定的距离，还没有意味着普遍的、被固定的意义都是历史。其意义是与某个特定共同体的状态以及涵化的形式相关联而固定下来的，或者说当新的意义从中分化出去时，才会变成"纪念物"②。我们可以把这句话广义地理解为如下内容：当某一个固定化、普遍化的意义与特定的族群相连接，并成为该族群认同的依据时，历史或文化才得以形成。

历史作为文本而固定的过程是人类学者研究历史时需要关注的重要问题之一。因为历史是根据当时的社会目的而建构起来的。其建构过程同时也是从作为"复数的变种"的过去当中有选择地记录下来的历史中，通过以同样的过程选择几个"历史事实"而形成新的历史的过程。正如下文所述，将17世纪的赫图阿拉城"恢复重现"于当今，以观光这个近现代性的操作来展示的，正是这样一个过程。观光开发与日常生活不同，它具有使历史意识和文化在短时期内得以形成的机制。在此过程中尤其不能忽视的是各种展示的制作者亦即"引导"游客参观游览的导游。

第一节 "恢复"赫图阿拉城

随着20世纪70年代末改革开放政策的实施，作为支持改革开放持续性发展的旅游开发在全国范围内展开。中央与地方政府积极开展的以少数民族为资源的民族风情游格外引人注目。关于国家致力于民族观光的主要原因，曾士才认为是为了缩小地区差异并促进公民国家的形成。③ 而事实上除了象征国家理念的一部分主题公园（如北京的中华民族园等）外，在各地区的民族观光场域，少数民族的历史与文化正在以前所未有的形式建构并重构，少数民族的认同也因此而不断地被强化，人们似乎又重新认

---

① 关本照夫：《作为纪念物的历史》（モニュメントとしての歴史），关一敏编《何谓人类学的历史？》（人類学の歴史とは何か），海鸣社1986年版，第26页。
② 参见关本照夫《作为纪念物的历史》（モニュメントとしての歴史），关一敏编《何谓人类学的历史？》（人類学の歴史とは何か），海鸣社1986年版，第85页。
③ 曾士才：《中国民族观光的创出——贵州省个案》（中国における民族観光の創出—貴州省の事例から），《民族学研究》2001年第66卷，第88页。

识了历史。在这里，不仅是少数民族的文化多样性得到彰显，甚至连过去以汉民族为中心所描述的"中华民族"的概念也在历史特殊性面前遇到了挑战。这一点在以"满族"为旅游资源的观光场域中尤为突出。

满族以清王朝的统治闻名中外，但满族成员构成的复杂性以及文化的多元性却很少被公众所认识。① 正如孙文"驱除鞑虏，恢复中华"的口号所示，20世纪初的民族主义运动勾勒了一个"满＝清王朝"的图式，人们选择了具有较强政治色彩的"满清"一词来指称清朝。1956年，国务院曾颁布过《关于今后在行文中和书报杂志里一律不用"满清"的称谓的通知》②。尽管如此，直至今日，包括满族自身在内，使用"满清"一词的人比比皆是。尤其是20世纪90年代以来频繁播出的以清代为历史背景的电视连续剧的出现，进一步加深了这种认识。人们将《雍正王朝》、《康熙微服私访记》、《还珠格格》等剧中所展示的宫廷文化与满族文化等同起来，满族的文化特征又一次与王朝文化接轨。

如果说20世纪初的"满清"在"满"与"汉"、"满洲"与"中国"这样一个相对立的构图上具有强烈的政治歧视含义的话③，多年来媒体所展示的各种文化表象中的"清朝＝满族"图式却将"清王朝"纳入现代国家中国的辉煌历史中。多元的满族文化被描述为一种单一的王朝文化模式，这是媒体与公众无意识地共谋的结果。而这些公众当中恰恰也包含了满族自身。地方政府主导的旅游开发在某种程度上进一步强化了这种模式的形成。这是市场机制使然，也是满族的独特历史与文化使然。

东北各地在成立满族自治地区之前，还尚未形成具有满族特色的民族旅游区，自20世纪80年代后期始，展开了一系列有关满族自治地区旅游

---

① 清朝实施军政一体的八旗制度，八旗士兵及眷属统称"旗人"。八旗分满八旗、汉八旗、蒙古八旗。旗人是一个包括满、汉、蒙及其他北方通古斯民族在内的多元群体。这些旗人在中华人民共和国成立以后被正式称为满族。

② 该通知说："'满清'这个名词是在清朝末年中国人民反对当时封建统治者这段历史上遗留下来的称谓。在目前我国各族已经团结成为一个自由平等的民族大家庭的情况下，如果继续使用，可能使满族人民在情绪上引起不愉快的感觉。为了增进各族间的团结，今后各级国家机关、学校、企业、各民主党派、各人民团体，在各种文件、著作和报纸、刊物中，除了引用历史文献不便更改外，一律不要用'满清'这个名称。"

③ 茂木敏夫：《中华世界的结构变动与改革论》（中華世界の構造変動と改革論），载毛里和子编《现代中国的结构变动　七　中华世界——认同的再编》（現代中国の構造変動　七　中華世界—アイデンティティの再編），东京大学出版会2001年版，第71—72页。

资源开发的讨论①，以满族聚居区为中心的"满族民俗旅游线路"逐步得到开发。辽宁省新宾满族自治县也以1985年自治县成立为契机，将发展地方经济作为刻不容缓的首要目标之一。但是，光靠农业、林业和少量的种植业来发展地方经济显然是微不足道的。加上县城不通火车，交通极为不便，发展商业及工业几乎没有可能。在此状况下，地方政府认为唯一可利用的资源就是自然景观与人文历史景观，于是在县领导的带领下成立了由满、汉干部和文化精英组成的旅游工作委员会，开始推动"以清前史、满族文化为品牌"的旅游开发。地方政府与旅游局将清前史的一系列遗迹和建筑物纳入规划当中，其中的重点是"恢复"赫图阿拉城。

"赫图阿拉"是满语汉字发音，原意为"横岗"。赫图阿拉城位于平缓的山坡上，居高临下，周围山川一览无余。过去分内外两城。内城建于1603年，当时居住着努尔哈赤的家眷与亲属，建有努尔哈赤居所、关帝庙、城隍庙、启运书院、文庙等建筑；外城于1605年建成，驻扎着八旗精锐部队，建有点将台、校场、仓廒区、商贾区。这些城内外建筑大部分在20世纪初的日俄战争中毁于战火。随着时间的推移，这里逐渐变成民居散在的村落空间。

离赫图阿拉两公里处的永陵是努尔哈赤祖先之陵。有清一代，康熙、乾隆、嘉庆、道光等皇帝先后九次亲来永陵谒祖。可见，与其他地区相比，新宾的满族与王朝的谱系关系显得尤为亲近。赫图阿拉又称"老城"，1948年设兴京县下属行政村老城村（后改为赫图阿拉村）。截止到2005年2月，该村总人口为2038人，其中满族占80%、朝鲜族占14%、汉族占6%。2011年该村人口有所增加，为2138人、556户。赫图阿拉村分北关、河北、城里、黄寺四个自然村落，1999年开发的对象主要是城里和黄寺部分。在恢复工程启动之前，城里只有部分城墙和汗王井、普觉寺、白旗衙门等古迹尚可感受到些许历史气息。由于"恢复"工程勾画的是一个从无到有的崭新的赫图阿拉城形象，因此原有的村落自然变得多余。在不到半年的时间里，城中138户及黄寺约100户村民全部迁至城外，除上述几处古迹与一栋民房外，整个村落被夷为平地。

赫图阿拉城开发工程的主体是包括旅游局在内的政府，因而不属于居民参与性开发。此乃赫图阿拉城的性质所致。因为这里是展示努尔哈赤时

---

① 富育光、王宏刚：《正待开发的吉林省少数民族地区的旅游资源》，载《社会科学战线》，吉林人民出版社1987年版。

代历史与文化的空间,作为现代人的老城村民的生活在此不可能有立足之地。当然,旅游开发的预设受益者是全县人民,满族的历史与文化是超越民族这个框架的地区共有的财产,是产生经济利益的摇钱树。

"恢复"后的赫图阿拉城共分三个部分:一是由北城墙、汗宫大衙门、正白旗衙门、汗王井、文庙、普觉寺、塔克世故居、满族农家小院组成的内城;二是在外城建的"中华满族风情园"(以下称"风情园"),风情园由人工湖、别墅区、农业观赏区、林业观赏区、满族博物馆(兼满学研究院)以及满族老街和满族历史文化长廊组成;三是距内城两里的黄寺,主要是地藏寺、显佑宫等被称为"宗教活动区"的信仰空间。

城内具有典型东北建筑风格的塔克世故居,又称满族民俗村,里面展示着从各地收集来的满族传统家具和装饰,以便使游客们近距离地体验到"满族的传统文化"。此外,人们还可以在这里观赏到"满族传统婚礼"的表演。在满族农家小院,游客们可一边观赏室内摆设的摇车、幔子、大烟袋、满族被褥等目前已很稀少的生活用品(图6-1),一边坐在炕上品尝水豆腐、玉米面饽饽(大饼子)、苏子叶饽饽等东北农村常见的菜肴。如果愿

图6-1 农家小院室内摆设

意，只要付上10元钱，便可在此过上一夜，体验一下朴实无华的乡村生活。①

一位来自天津的男游客说："都说满族汉化了，没什么特点了，到这里我才知道什么是满族。"一位沈阳的女游客说："我怀念小时候的生活，到这里看到了火炕、摇篮，就好像回到了少女时代。"厌倦了千篇一律的都市生活的人们，在这里可以暂时回味一下"旧时美好的时光"，或回到家中向亲朋好友炫耀一番，告诉他们亲身体验了满族生活。这里所展示的东西已经不仅仅属于这一小片的空间。因为当展示内容被游客带到外部世界时，"其意义因素就会从个别的两者性或一次性中脱离出来，开始具有向所有人开放的普遍意义"②。

1999年9月，努尔哈赤登基大典仪式在刚刚建成的赫图阿拉城内举行，它以一次戏剧性的场面再现了清前史的辉煌篇章。2001年夏天，城内的白旗衙门内又举办了努尔哈赤展，满族的形象通过与具体人物有关的历史场面的再现而形成并得到强化。满族文化也常常在与努尔哈赤相关的历史记忆中被叙述。在这里，"传统文化"的概念始终蕴含着清前史的谱系。这些展示活动后来被收录到1999年出版的影集《中国满族第一乡》以及《清前故里》（出版年限不详，笔者推测是2000年）中，满族的文化与历史的图像以诉诸人们视觉感官的形式实现了具象化。

科恩在论及东南亚民族旅游时指出，在东南亚各国，由于强调少数群体表面的、外在的特征，从而缺乏对国家话语挑战性的一面的关注，而前者又是游客最容易接近的部分，比如，服装、艺术、工艺品、舞蹈以及类似的演出等。③ 中国的民族旅游实际上也存在同样的问题，尤其是西南少数民族地区的旅游开发在这一点上更为明显。而赫图阿拉城所展示的"满族特征"除了上述所谓表面的、外在的特征外，还具备有可能与国家话语相冲突的重要因素，那就是赫图阿拉城最为推崇的清前史。

众所周知，从国家主流历史观来看，努尔哈赤建立的后金政权是偏离正统王朝谱系的异民族政权，即使是同样的政权，其被纳入正统王朝的谱系也是在后金改国号为大清之后。也就是说，明朝政权的正统继承者不是

---

① 目前该农家小院已经不再留宿旅客。
② Paul Ricoeur, "The Model of the Text: Meaningful Action Considered as a Text", In *Social Research*, No. 38 (1971): 544.
③ [美]科恩：《东南亚的民族旅游》，载杨慧、陈志明等编《旅游、人类学与中国社会》，云南大学出版社2001年版，第34页。

后金,而是清朝。而后金是动摇明政权的敌国,是华夷秩序的边缘。通过将后金的历史定位成清前史,它与清王朝的谱系连续性得到了强化,后金也因此而获得历史的正统性。无论开发者的初衷如何,事实上赫图阿拉城正在变成一个新的历史意识形成的场域。这一点将在下一章的个案中做具体阐释。

第二节 展示的历史、观看的历史

观光场域展示给游客们的大多是"一个民族特有的"舞蹈、歌曲、仪式、劳动工具、食品等内容。有时,游客们还可以参与其中,亲身体验一番。赫图阿拉城也不例外。不过这里更显眼的还是统治中国约267年的辉煌历史的展示。历史是赫图阿拉城最大的卖点。历史的展示源于以往的历史叙述及国家话语,其中包含着复数的、多层次的建构过程。展示工程中的行为主体,即布展形式与内容的设计者是政府指派的地方文化精英。他们在设计过程中很多方面都要依赖于文字记录,并深受国家历史观和意识形态的影响,而他们所依赖的文字记录又是历史学家从众多的文献资料中选择并建构起来的。例如,满族博物馆的《满族肇兴史迹展》[①] 序言这样写道(2002年):

> ……她孕育了勤劳勇敢的骑射民族——满族。从15世纪开始,满族的先人女真人就在这里生息繁衍,开发了这块土地。以努尔哈赤为首的一代英杰,也从这里崛起、勃兴,发展并创造了满族共同体,建立了大清王朝,奠定了中国的版图,统治偌大个中国近三百年之久,其政治、经济、文化的再度辉煌,享誉世界。

引人注目的是,在此叙述中我们可以看到关于满族的几个常见话语。有清一代,清朝统治者所提倡的旗人最重要的文化特征是"骑射",而在这一传统已经消失的今天,"骑射"作为满族勇敢的象征再次刻入人们的记忆中。此外,满族的构成要素是多样的,而此处却简单地把满族的祖先与"女真人"直接联系起来。这种叙述显然把"女真人"以外的八旗汉军及来自其他族群的满族成员排除在外。另一方面又使用"满族共同体"来表述满族,可见对"满族"认识的模糊。而"奠定中国的版图"一句是1961年

[①] 展览共设"满族源流"、"满族的勃兴"、"称汗建都"、"进军辽沈"、"国号大清"五个展厅。

周恩来在关于满族问题的讲话时作为肯定清朝一个方面时提及的内容。①

序言中的短短几句话，囊括了史学家及官方的历史认识与特定的叙述方式，而展览设计者的人选及其资料选择方式又在历史重构的过程中增加了一道程序。

"满族源流"展厅的序言在介绍满族起源神话之后写道：

> 这个故事告诉我们，在社会变化发展过程中，人类经历了知其母不知其父的母系氏族社会，后来逐渐演变成父系社会。

在这段叙述中，满族起源神话中的仙女被认为是母系社会的原型，中国进化论式的历史观在此可见一斑。

位于外城的具有清代建筑特色的满族老街由许多以"格格"、"勿吉"等命名的店铺构成。在"肇家祖传铁匠炉"，可看到身着古代服装的铁匠正在打制"努尔哈赤使过的大刀"。在"建州算命第一仙"的黄色幌子下，有三四个算命先生正在为游客算命卜卦。在此，各种店铺的名称成为展示满族历史的一个强有力的手段，那些具有满族特色的店名与具有普遍意义的商品融合在一起，构成了一个新的"纪念碑"式的空间。此外，向来被国家话语界定为迷信的卜卦，在这里却以合法的、正当的、传统文化的身份出现，这里又是一个过去与现在相互交融的非日常的空间，是由各种建筑物与展演构成的超越时空的过去。

"满族文化历史长廊"（以下简称"长廊"）是考察历史作为文本固定过程的最佳事例。具有清代建筑风格的长廊位于"中华满族风情园"，全长560米。它试图再现从神话时代的布库里雍顺至入关前的清前史。长廊的头幅画面是描写三仙女下凡衔朱果生布库里雍顺的满洲起源神话（图6-2）。接着画面急转，进入"历史"时代。先是"满族的先人"挹娄、勿吉、靺鞨、女真登场，在插入一段民间传说［"真命天子"努尔哈赤被辽东总兵李成梁手下追赶，狗和喜鹊（又说乌鸦）救之］之后，画面再现了努尔哈赤结婚、统一建州女真、夜读《三国志》、创制满文、萨满祭祀、建都赫图阿拉、迁都辽阳、迁都沈阳、计丁授田、重用汉官、迁都北京、定鼎中原等共75个"历史"场景，最后以清朝12代皇帝的画像收尾。

---

① 参见《周恩来选集》（下），人民出版社1984年版。

图 6-2　文化长廊中的仙女沐浴图

　　一个少数民族若拥有本民族的语言和文字，便可用本民族语言书写并叙述历史。此时，作为一种可能，它可以作为"内部视点"来书写并描述历史，而不是出于国家的政治目的所编撰的具有"外部视点"的历史。杨海英曾提示过的有关19世纪蒙古史中"回民叛乱"的种种历史书写与叙事属于前一种。① 但是满族属于另一种情况。清代初期用满文书写的历史资料除了一部分学者之外，在满文满语作为工具基本已消失了的今天，已经很少有人读得懂，更何况用满文来书写自己的历史。当代满族自身以及他者对满族的历史认识，都是通过国家公认的"正史"及地方史志等汉文历史资料来重构的。另一方面，通过资料的筛选与调整，并反过来利用"外部视线"，也可达到"内部视线"的效果。

　　在民间流传的诸多神话与传说中，"长廊"之所以选择了起源神话和

---

　　① 杨海英：《19世纪蒙古史中的"回民叛乱"——历史的书写方式与"活的方式的历史"之间》（一九世紀モンゴル史における'回民反乱'—歴史の書き方と＜生き方の歴史＞のあいだ），《国立民族学博物馆研究报告》（国立民族学博物館研究報告）26—3，2003：473—507。

努尔哈赤救助传说，正是因为这些资料具有主张王朝正统性的意义。通常在正史中缺位的神话与传说，通过在长廊与其他的"历史"场景共演一个具有连续性的"满族历史"而获得了"正史"的地位。在此过程中，既有唤醒的记忆，也有被忘却的记忆。比如，在广泛流传于该地区的民间传说与神话中，努尔哈赤作为主人公频繁地登场，神话中被乌鸦所救的范察在此被替换成努尔哈赤，而具有神话谱系的范察和孟特木（又称猛哥帖木儿）却在历史记忆中被忘却。于是，原有的零散的文化要素和历史记忆根据当下的需要被筛选、重构，并作为满族的"传统文化"和历史来重新叙述，这一点恰恰明确了满族与周围汉文化之间本已模糊的界限。

第三节 历史与文化的"开发"过程

在观光场域，市场逻辑起主导作用，因而以新的方式重新生成的历史与文化也深受市场逻辑的影响。换言之，包括建筑物在内的所有展品都要求附带有商品价值。尽管历史学家对赫图阿拉城内某些建筑的本真性（authenticitiy）存有质疑，但最终的主导权仍掌握在开发方。其中争议最大的是"汗宫大衙门（努尔哈赤寝宫兼朝政处）"（图6-3）这个八角亭式宫殿建筑以及绿草茵茵、花草树木交相辉映的现代公园式景观。很多专家认为，史书中记载的汗宫大衙门（这个名称也是后起的）只是三间硬山式青砖瓦房，而不是今天这样的宫廷式华丽建筑，这是一个古城不古的问题。但在最大限度追求经济利益的旅游产业中，即使忠实地再现原有的古城风貌，若地方政府得不到一定的经济收益，也仍会采取其他措施，以实现发展地方经济的最终目标。

尽管如此，地方政府和旅游局并未完全忽视历史学家的意见。当笔者提到如何看待古城不古的问题时，旅游局负责人Z说："专家提出古城不古、不尊重历史的问题，我们应该引起高度重视，在原有基础上进行不同的改进。旅游没有历史、没有产业干不大，也干不好。所以旅游必须要有文化。今后要听取专家的意见，在产品的包装、服务上做好。人们说赫图阿拉城是大花园，我们认为有些遗址尽量少恢复，要保护遗址，在这方面吸取了国内外的经验、教训，现在已有所改进。比如，大家对塔克世故居比较认可。因为在历史、建筑风格、布展等方面没有搞那些投资较大、富丽堂皇、追求时髦的东西。所以在这方面，已经迈出很大步伐。"在这段话里，我们注意到，"历史"已被"文化"所置换，也许对 Z 来讲，在赫图阿拉城这个语境中，作为展示商品的"历史"与"文化"是具有同等含义的。

赫图阿拉城是脱离生活场域的、以历史为主题的空间。因此，有关本真性的讨论都是在具有历史知识的专家与地方政府之间进行的，而常年生活于其中，后来迁至他处的村民们却被排除在议论的主体之外。实际上，新宾旅游事业的主角是地方政府和文化精英，从计划到实施的阶段基本上

图 6-3 赫图阿拉一景——汗宫大衙门

没有要求普通居民参与其中。据赫图阿拉城管理所一位负责人说，"恢复"工程的总设计由抚顺市园林局承担，建筑整体配置、布展的设计和指导由辽宁省文物古建筑研究部门负责。布展设计过程中的常用参考书有《清实录》、《李朝实录》、《满文老档》、《太祖实录》、《太宗实录》等历史文献，也有当代历史研究成果《满族通史》。

2002 年竣工的满族博物馆主要以满族的族源和清前史为主题。但由于游客和专家们都反映其内容与"长廊"重复，县政府和旅游局重新拟订了计划，决定于 2003 年 8 月召开第五届"满族风情节"之际，将博物馆的"历史"主题改为"民俗"。该"满族民俗"从设计到布置、展示的整个过程是历史、文化的文本化过程，它给人类学提出许多发人深思的

问题。下面我们将通过个案来考察历史与文化从日常生活和文字记录中抽取出来并开发为商品的过程。

一般而言，观光场域中的展品是由展品设计者直接"创作"而成的，它主要通过两个渠道传达给游客，一是通过直接诉诸视觉与听觉的方式在游客的脑子里形成某种意象（image），二是通过导游这个媒介来实现的。关于后者，我们可将导游的"知识"或导游的各种展演（performance）视为一种展品。故在以下讨论中，把焦点放在展品设计者与导游这样一个文化能动者（agent）的身上。为了更好地捕捉该过程中的细节以及当事者们微妙的语感变化，笔者将记下展品设计者 R 和导游 D 的访谈内容，而后分析他们的参与行为。[1] 从这一段描述中，我们可以看到在博物馆和赫图阿拉城总体建设和设计的幕后，政府与文化精英以及文化精英之间展开的各种战略及策略。"历史"与"文化"正是从这样一个极富人性化的故事中生发出来的。

访谈 1

访谈对象：展品设计者 R，男，58 岁，满族

访谈时间：2003 年 8 月

地点：赫图阿拉城

关于博物馆

问：听说今年要更换布展内容了，为什么？

答：从我看来去年的布展不是博物馆，因为博物馆是历史文物，文物是（博物馆的）基础，但是去年的布展很少有文物，没东西可看，另外解说得也不行，解说得不清楚。去年的是从沈阳故宫请来的专家（搞的）。

问：这次博物馆更换内容是谁提议的？

答：县委书记 Z。

问：是他提议搞民俗的吗？

答：他没提议搞民俗，但去年的内容不行，观众（游客）、领导看了都不满意。

---

[1] 访谈记录源自笔者 2003 年 8 月的录音，因篇幅有限，此处只选择与本章有关的部分。

问：什么反映？

答：观众认为白旗衙门反映的是满族的历史和有关汗王的内容，博物馆再搞这些内容就重复了，没有意思了，10元钱白花了。

问：专家怎么认为？

答：沈阳故宫的W有意见。别人不敢吱声，有意见心里有数。今年一看不行了，找我了。这之前满族研究所的S写了一个大纲，他写的基本上都是历史，像讲座一样，那怎么行，跟"长廊"（的内容）又重复了。所以我跟领导说，如果你叫我做，就不能照他的做。我向他说明我的道理，这是博物馆，不是讲演所，博物馆是以文物为基础的，文物本身要说话。领导研究以后表示同意，我便写了一个陈列计划，领导认为很好，就决定采用我的意见。

关于城内建筑

问：县政府对满族文化有何看法？

答：（……）① 比如说老城（赫图阿拉城）。这哪叫古城？人家要看的赫图阿拉城是三四百年前的风貌、建筑特色和历史古迹、满族风情，但现在没有这些，都是些花草绿树、水泥建筑、假树等。谁愿意看这些东西？他如果真想弘扬满族文化，就绝对不会这么干。汗宫大衙门原本是硬砖式（硬山式）三间大瓦房，他们非要搞重檐式八角建筑。

问：根据什么？

答：他认为漂亮、富丽堂皇。

"汗宫大衙门"这个名称是县领导请我定下来的。解说词也是我写的。写到汗宫大衙门时，我有意避开了建筑形式。

1999年"满族风情节"在赫图阿拉城举办的"汗王登基"和在永陵举办的"乾隆祭祖"的剧本是我改编的。这次成功了，2000年又让我导演，编了两个剧本，一个是太祖纳妃，这是有关满族婚俗的。还有一个是汗王祭祖，这是有关萨满教的。后来县里没有钱，这两个没演成。2002年建成的"长廊"壁画的内容和解说词也是我设计编写的。

---

① 为了保护受访者的个人隐私，该部分内容从略。

关于"长廊"

问:"长廊"是谁建议修建的?

答:是县委书记 Z。他到南方考察时,看到某个城市有一个文化长廊,一看挺好,回来后决定搞更大的。当时展什么弄什么有很多意见。县委喜欢听省里市里的意见。开始请沈阳故宫、社科院、省博物馆有关部门写一个本子(计划),我看了,觉得不行。但开会没让我参加,会议开始前就有人议论。

他们提出"长廊"应分三个部分。第一部分是满族的历史沿革,从古代一直说到现代。神话传说、野史都包括在内。第二部分是努尔哈赤。第三部分是清朝十二代皇帝和现代满族。我看了之后认为,第一部分不能要,第三部分也不要,只要第二部分。反映兴京满族的情况,另外历史时期要选明末清初。因为新宾是满族的故乡、发祥地。满族在这里崛起,努尔哈赤在这里建国立业。要突出努尔哈赤。我们不是全国的满族博物馆,我们只需设计新宾地区的满族。突出人物努尔哈赤,突出满族发祥史,突出满族民俗,即满族文化。

他们把野史当正史,还要把红楼梦加进去。后来落到我这儿,我重新改了方案,重点突出第二部分,神话部分他们硬要加,没办法也加进去了。

从上述访谈中我们了解到,R 参与了赫图阿拉城的几个重要活动以及"长廊"和博物馆的整个设计、解说和布展过程。R 的个人知识在赫图阿拉城这个特殊空间里以各种解说词、建筑名称、布展内容等形式被赋予了公共的意涵,并展示给游客。历史的文本化过程极富有恣意性,这是一个充满了多种偶然性的过程。设计者不同,所建构出来的历史就有可能不同,而对"历史事实"的取舍过程本身就表现了一种建构内容的恣意性。

此外,负责解说的导游们也在此次布展中起到一定的作用。从解说词的编写到解说的整个过程,同时也是导游参与历史、文化建构的过程。这一点我们可从下面的一段采访中窥见一斑。

访谈 2

访谈对象:导游 D,女,26 岁,满族

问：你刚才说的"民俗"是指什么？

答：萨满祭祀、婚礼、葬礼、服装、服饰、礼仪等。

问：你说为了展览要从民间收集文物，是谁收集？怎么收集？

答：我们导游（23名）回自己的老家（都住在附近），有东西收东西，没东西就从老人那儿打听一些民间故事或过去的生活习惯。另外，自己再看书找一找。

问：看什么书？

答：我们最常看的是《抚顺满族民俗》①。

问：有没有总的指导方针？

答：基本上没有。一般来说，我们都是根据自己得到的知识去解说。这次展品展出后，我们根据展品内容收集解说资料，再让专家看看。因为我们收集的内容有可能不一样，专家可以判断哪个对，哪个错。然后给领导审查，统一格式后我们就可以根据它解说了。

问：一个故事有可能存在多种版本，对此你们怎么办？

答：都收集。这样解说范围就广了。对不同顾客可以讲不同的故事。

问：从老人那儿收集的故事不经整理就交给领导吗？

答：老人们只知道大概的东西。我们简单做笔记后，要自己查资料补充。比如，满族服装现在已经没有了。我们听老人讲个大概后，只能根据自己的想象给顾客解说。

问：导游需要会满文吗？

答：需要。我们学了一点满语。主要是日常用语。游客经常问满文怎么说。他们经常说"满文是不是失传了"，我们不愿说满文已经失传了，我们就说满文没有失传。游客们就说"那你说两句"。于是我们就说一些日常用语，游客们就说"挺好听的，像日语"。于是他们就相信满语没有失传。

这里尤其需要关注的是 D 所说的"文物"的收集。所谓文物是指脱离日常生活语境的过去的某种东西，一般常用于考古学与博物馆学。换言之，导游们收集的不是当代的，而是业已消失的"过去"。这个"过去"

---

① 徐桂英等编，抚顺市新闻出版局 1999 年。

通过观光场域中的操作，又重新复苏于今天。它通过老人们讲的故事以及导游们的"想象"，以"满族民俗"的形式得到展演，这样，满族便以它实实在在的、活生生的形象展现在游客面前。

从某种意义上讲，解说词也是一种文本，在该文本的形成过程中，有很多因素在起作用。首先由老人提供原始素材，其次由导游"补充"这个原始素材，在补充过程中又掺杂了文字资料以及导游想象的部分，然后是专家的"审查把关"，领导的"格式统一"，最后是导游在统一格式的基础上进行的某种程度的自由发挥。在这里，导游不是被动的存在，而是积极参与文本的建构过程。如今满语除了少部分地区外，日常生活中基本上无人使用，但是在观光场域，导游们却通过讲一两句从研究者那里学来的满语，有力地"证明了满语还没有消失"。从此意义上讲，导游们不正是一个个移动于特殊空间的活的展品吗？

在观光场域，历史的建构主体主要是地方政府以及负责软件开发的文化精英。"历史"的内涵取决于其商品性，即取决于它是否有更好的销路。此外，游客作为该商品的消费者也在某种程度上影响了"历史"的内容，因此游客也是历史建构主体的一部分。此外，还有一个观光场域特有的建构主体，那就是承担展品与游客之间桥梁作用的导游们。虽说她们有格式统一的解说指南，但是导游们从老人或书本上得到的知识在不同的场合得到了应用。

通过种种过程开发出来的历史与文化，对开发方来讲是商品，而对消费方而言，该商品就是活生生的"事实"。具有恣意性、偶然性的建构要素被游客们感觉、认知的那一刻即是文本被固定的瞬间。该原理同样可用于被开发者称为民俗的传统文化的重构上。满族的历史与文化借用观光这个场域而不断地得到重复生产。

第四节 小结

以上我们考察了历史与文化在地方政府主导的旅游开发中是如何得以建构的。实际上政府当初的意图并不在于历史、文化的建构行为本身，而是在于经济利益的追求。但是，我们看到，观光场域中所产生的并不单是经济效益。新的历史与文化意识通过观光这个非日常的实践得以形成，它脱离了旅游地这样一个个别的场所而实现了其普遍化。尤其是在以"少数民族"的名义下开展起来的民族旅游中,重新构建并形成的历史中还包含着政治、权力以及历史形成主体等问题。

期待产生经济效益的赫图阿拉城正在成为演示满族"历史、传统文化"的舞台,而对一部分满族来说,它又成为强化身份认同的场所。虽说这并非当初政府与旅游业者所预期,但是满族的历史与文化(民俗)一旦被开发成商品,它们就会脱离其商品性,成为象征满族文化的强有力的手段,商品性也随之附带了政治意涵。这种历史认识在新的经济、政治语境中被重新建构,而包括满族在内的消费者们在赫图阿拉城重新认识了满族的历史和文化,满族已经汉化、消失的话语被击得粉碎。在这里,满族超越了国家给予的"少数民族"这样一个框架,而直接与清王朝接轨。不管设计者的初衷如何,赫图阿拉城的"中华满族风情园"的"中华满族(非中华民族)"一词,显然也是在强调清朝在中国近代史上的辉煌一页。

而电影、电视剧等全国范围内的媒体操作恰好与满族的历史、文化重构不谋而合,当年的王朝谱系正在被置换为满族的谱系,满族的起源在神话中再一次被追溯到"满洲"。于是,一个曾经被忌讳的词语——"满清"在新的语境下似乎被赋予了新的政治、历史内涵。换言之,在国家民族政策和经济政策的话语中,观光在市场机制的推动下可以冠冕堂皇地显示历史,以往具有历史、政治性的歧视用语"满清"一词实现了其意涵的逆转。可以说,这只有在观光这样一个特殊的场域才有可能实现。如果说书本是靠书写来实现其文本化的话,那么观光场域则是由各种各样的活动和纪念物构成的又一个文本,它是一个被娱乐的面纱所掩盖的,极富政治性的空间文本。

总之,观光场域是纪念物得以生成的场域,在这里,意义要素脱离个别的行为或事件从特定的场所或特定的个人中解放出来并形成普遍的意义。观光场域又是一个在全球化新的政治经济状况下建构新的历史与文化的重要场域。

本章使用的"历史(文化)的商品化"一词并未忽略其中蕴含的种种政治、经济、制度性语境,也未像某些学者所推论的那样,其中存在着"商品化的文化"不同于"真正的文化"这样一个前提。[①] 因为在观光场

[①] 参见冈野正纯、王向华《香港观光版附导游香港旅行》(香港観光版ガイド付き香港ツアー),载赖川昌久编《文化的展示——东北亚诸社会中博物馆、观光以及民族文化的再编》(文化のディスプレイ—東北アジア諸社会における博物館、観光、そして民族文化の再編),风响社2003年版,第253页。

域，本真性与商品性这样一个二元对立的讨论是没有意义的。旅游开发的终极目标是开发可以观赏的商品，其行为的结果所产生出来的，无论是真是假，从某种意义上都是重构或者创造出来的历史与文化。当这个历史和文化一旦离开观光场域形成一个普遍的意识时，本真性的讨论便失去意义，观光再也不是如有些学者定义的那样，只是"在异乡将人们熟知的东西少量地作为暂时的欢悦所进行的交易"①。

---

① 参见桥本和也《观光人类学的战略——文化的买卖方式》（観光人類学の戦略—文化の売り方・売られ方），世界思想社1999年版，第12页。

第七章

活态历史——腰站个案

本章将以爱新觉罗肇氏聚居村落腰站为个案，通过描述以往被史学所忽略的活态历史，分析肇姓家族及其他姓氏的身份认同。

有关腰站的文字资料除了关于始祖阿塔的记录和《爱新觉罗宗谱》以外，至今尚未找到有力线索。在东北地区，方志通常只限于县志的编撰，专门记载村史的资料极度缺乏。复原村庄历史是一件棘手的工作，通常只能通过族谱等民间文字资料和口传历史、个人生活史、墓地、祭祀仪式等非文字资料来复原家族史，而后拼接上述零散资料，厘清村庄总体历史。尽管需要大量的时间与精力，但考察村民如何记忆并认识自身过去，这些认识与记忆对当今生活带来何种影响，这些都是认同研究中必不可少的环节。描述活态历史，复原家族史与村史，是从人类学角度去开拓历史人类学领域的一项重要步骤。因此，本章将尽可能忠实地再现村民的各种叙述。为充分展示特定语境下对话的互动性以及故事的地方性特点，笔者在叙述与村民的对话以及村民讲述的故事时尽量保持其口语和方言的特点。

第一节 村落概况

腰站村行政上隶属辽宁省新宾满族自治县上夹河镇，距离新宾镇61公里，离抚顺市60公里，地处苏子河中下游，东接上夹河镇（相距4公里），西邻胜利村（相距1.5公里）。村南的一条公路是当年清王朝执政者到清祖陵永陵谒祖时的必经之路，又称"汗王路"。村北风景秀丽的莲花山是新宾县主山脉龙岗山的延伸部分，处于龙岗山山地与辽东丘陵相互交接的部位，宛如腰站的天然屏障。村南有五龙河潺潺流过，给腰站带来了丰富的水利资源（见图7-1、图7-2）。

图 7-1　1993 年腰站村景

图 7-2　2015 年腰站村景

腰站由腰站街（东岗子）、西岗子、周家沟三个自然村落组成，村民们在日常交流中所称的"腰站"一般指的是腰站街。

1982 年第三次人口普查时腰站满族人口占 85%，根据笔者调查，1993 年总户数为 313 户，总人口 1251 人，其中男性 667 人、女性 584 人；非农人口为 36 人。2012 年的总人口为 1136 人，满族人口 1092 人，约占总人口的 96%。其中，肇姓为 289 人，占全村人口的 25.4%（不包括外姓配偶），其他姓氏有王（同姓不同宗）、孙、李、杨、六、韩、五、高、史、张、冯、赵、苏、宋、洪、何、石、丁、盖、周、孟、孔、那、于、沈、房、邢、翟等，这些外姓大部分通过与肇姓联姻而迁入村庄。家族形态基本上是核心家族，每户平均人口为 3.47 人。从 2015 年户口登记表来看，三世同堂的家庭有 44 户。

2014年，全村农用地总面积为18560亩，其中耕地面积2465亩，园地80亩，林地16015亩。耕地面积中，水田530亩，旱地1935亩[①]。土地承包制实施以后，每人分得耕地约1.8亩，主要经营农业，主要农作物为玉米、大豆和水稻，近几年部分村民开始种植水果等经济作物。到了插秧等农忙期，有个别农户雇用劳动力，但更多的是几户联合起来采取轮流互助的方式。这种方式比雇人要经济合算，因为吃饭可以各自解决。近亲之间则提供无偿劳动。东北地区是一年一季，秋收后到次年解冻是漫长的农闲期。近年来，农药的使用率越来越高，即使是农忙期，只要过了插秧播种季节，田地里的农活也便很少了。农闲期有许多村民外出打工，或从事建筑行业，或从事一些其他的副业。

腰站原有一所小学，学龄期儿童的入学率曾经达到100%。由于生源日益减少，2006年小学被迫关闭，学龄期儿童及中学生要到位于离腰站4公里的上夹河镇去上学，中学升学率达到95%以上。

过去，肇姓以外的姓氏在腰站落户必须通过与肇姓联姻才有可能，这些外姓多数为山东移民。在婚姻规则方面，腰站人仍坚守同姓不婚的原则。在表亲方面我们看到，父方平行表亲（parallel cousin）是被禁止的。而父方交叉表亲（cross-cousin）也因为"骨血倒流"而被禁止。关于这种婚姻规则，植野弘子认为汉族的生殖观中有孩子受骨于父、受血于母的观念，而父方交叉表亲会颠倒这个秩序，即"骨血倒流"[②]，因而被禁止。

一般情况下，儿子结婚后便与父母析家分产，另立门户，赡养老人的义务通常由幼子承担，财产也由幼子继承。近年来，腰站人建新居时一般都设计两个到三个门，以便日后儿子结婚时既可以另立门户，又可以在身边照顾老人，这种一个房檐下分灶而居的方式在辽东以及笔者近年调查的山西晋中一带均属普遍现象。

第二节 腰站肇氏的来源

腰站肇氏是爱新觉罗的旁系。据《爱新觉罗宗谱》记载，肇氏始迁

[①] 资料来源：《腰站村农村经济基本情况统计表》（2014年12月10日）
[②] 参见植野弘子《满族的婚姻与围绕女性之间的关系》（満族の婚姻と女性をめぐる関係），载《满族的家族与社会》（満族の家族と社会），第一书房1996年版，第68页。

祖阿塔是努尔哈赤祖父觉昌安的三兄索长阿的孙子，姓爱新觉罗，生于明崇祯六年（后金天聪七年，1633年），满洲镶蓝旗人。由副理事官历任，康熙七年（1668）升山西巡抚，次年降为四品，康熙二十五年（1686）九月授永陵副尉，康熙三十年（1691）六月授永陵总尉。康熙五十六年（1717）卒，年85岁。"肇"是爱新觉罗的汉字姓，辛亥革命以后，爱新觉罗氏成员多冠以汉字单姓，有的以满语意为氏，有的以名为氏，因此有金、肇、赵、汤、英、祝、荣、永、万、成、德、洪、凤、恒、毓、涛、依、罗等多种汉字姓。① 腰站的爱新觉罗氏均冠肇。② 根据《爱新觉罗宗谱》记载，九代祖阿塔有十三子，其中五子留格、六子察馨、九子尹登、十子察库丹、十一子哲尔垦、十三子赛弼图，分别为腰站六大分支。③

关于这六大分支的来历，有两种不同的说法。第一种说法来自村中口头传说：当年阿塔携十三子中的七个到永陵赴任，途中经过腰站地方，见此处风水颇好，便将上述六个儿子留下，自己带十二子巴图赴永陵上任。此种说法后来常见于一些媒体、画册及书籍中，逐渐地变成了一个"事实"。

第二种说法对此提出质疑，有学者通过史料考证认为，阿塔由京城赴永陵上任时只有五子留格、六子察馨随父同行，而其他五子均生于永陵，即康熙二十六年（1687）生九子尹登，康熙二十八年（1689）年生十子察库丹，康熙二十九年（1690）生十一子哲尔垦，康熙三十年（1691）生十二子巴图，康熙三十一年（1692）生十三子赛弼图。④ 孙相适对阿塔的子嗣考证得更加详细。他根据清代爱新觉罗氏《玉牒》和伪满时期编撰的《爱新觉罗宗谱》，查出阿塔在康熙二十五年时已经有了八个儿子，第一、二、七、八子幼卒，第三子福海（27岁）按照清朝"荫任"制度，在京城做八品官，63岁卒；第四子绶山（24岁）于康熙三十一年（1692）在刑部任笔帖式，两年后因病告退，63岁卒。阿塔回兴京时，只携带第五子留格（24岁）、第六子察馨（20岁）两个儿子，第九子尹登、第十子察库丹、第十一子哲尔垦、第十二子巴图、第十三子赛弼图五子均

---

① 傅波、张德玉、赵维和：《满族家谱研究》，辽宁古籍出版社1996年版，第88—89页。
② "文化大革命"期间有一部分人改冠赵，20世纪80年代以后恢复"肇"。
③ 实际上是腰站五支、胜利村一支，但习惯上人们称"腰站六大支"的始祖。
④ 王洁、赵世伟：《腰站村肇氏祖先研究》，《北方民族》2004年第4期，第85页；曹德全：《抚顺历史之谜》，大连出版社2004年版，第266—267页。

为到任永陵后所生。①

关于肇氏抵腰站时间，王、赵与曹的看法有些不同。曹德全认为，留格与察馨到腰站居住的时间不在康熙二十五年（1686），而应该在康熙二十七年（1688）。这一年是阿塔将其父龙锡的坟迁往腰站的时间，阿塔让留格、察馨定居腰站为的是让他们守护祖坟。其余四子是在其后陆续在这里定居的。②孙相适根据《得胜堡爱新觉罗简谱》认为，阿塔到任第三年（康熙二十七年）将父亲龙锡、兄长阿哈之灵从永陵家族墓地移到腰站西后山新占之坟，估计这时候，阿塔将留格、察馨已经安排在腰站了。③

王、赵文在此方面没有明确的叙述。王、赵文中有这样一段话："……只有五子留格、六子察馨随阿塔同返兴京。当途经新宾县上夹河腰站时，阿塔见这一带土地肥沃，山清水秀，地域广阔，便决定将家安于此地。阿塔赴永陵上任。"④这句话表述得有些模糊，读者既可以理解为阿塔将留格、察馨二人留在腰站独自赴任，也可以理解为赴任永陵后又遣二子重返腰站落户，或若干年后将所有儿子迁回腰站，因为后面还有"巴图迁居永陵"的表述。

如此来看，阿塔携二子赴任是毫无疑问的，但在他们来腰站定居的时间上尚有待做更详细的考证。

据几位肇氏老人讲，肇氏六大分支的居住分布如下：五子留格在村落的中心（俗称"街里"）、六子察馨在前街、九子尹登在邻村胜利村的山脚下、十子察库丹在村西后街、十一子哲尔垦在村东、十三子赛弼图在村北后台子分别落脚，至今这六大支系基本上保持着原有的居住格局。

肇氏在此地居住约320年，共计12代。觉罗是皇族的旁系，故在清代每出生一名男子即可从朝廷领到1条红带子和10两银子，结婚时可领10两银子；成年以后每年从朝廷领24两饷银。所以，肇氏也常自称为"红带子"。而皇族直系则称"黄带子"，15岁以上男子每人每年可领18两银子，20岁以上成年男子每年可领36两饷银。⑤

---

① 参见孙相适《走进满族姓氏》，四季出版社2014年版，第333页。
② 参见曹德全《抚顺历史之谜》，大连出版社2004年版，第267页。
③ 详见孙相适《走进满族姓氏》，四季出版社2014年版，第331—336页。
④ 王洁、赵世伟：《腰站村肇氏祖先研究》，《北方民族》2004年第4期，第85页。
⑤ 参见《民族问题五种丛书》辽宁省编辑委员会编《满族社会历史调查》，辽宁人民出版社1985年版，第16页。

红带子是一条长 3.9 米、宽 3 厘米的红色丝带，是皇族旁系的象征，同时也是领饷的凭据。人死后，红带子要作为随葬品葬入墓中，村中现存两条红带子分别保存在肇毓山和肇启军家中，据说现存两条红带子因当时忘记随葬而得以保留下来。如今，红带子已经成为皇族的象征。

上文提到，腰站满族除了肇氏外，还有许多其他姓氏。以往调查者进入该村后，往往把调查对象限定在肇氏，对村中其他姓氏的满族却极少重视，其中包括1984年以后改满族的汉人。这种情况导致了肇姓即皇族、皇族即满族这一图式的形成。根据这种图式所描述的满族形象显然是片面的、单声道的。既然除肇氏之外也有其他人自称满族，那我们就没有任何理由忽视他们的存在，相反，他们的存在对于研究满族的历史与认同有着举足轻重的作用。因此，本章第三、四、五节重点考察肇氏，第六节则通过记录村民的多种声音来考察外姓落户腰站并成为满族成员的历史背景与心理因素，第七节为本章小结。

第三节　官方书写的历史与历史认识

中国史学自古以来就有正史与稗史之分，而后者常常为执政者所鄙弃。中国进入社会主义体制以后，这种情况仍没有太大的改观，判断历史认识的正确与否，其标准依然掌握在国家及部分精英手中。

关于满族历史的研究已经有诸多研究成果问世，包括清史研究。但从本研究的事例来看，20 世纪 90 年代以后，在各种场合对历史意识的形成以及在满族历史的重构上起重要作用的是 1991 年出版的《满族通史》。

1992 年，腰站有 107 位不识字的人，其中一半以上为高龄者，对村庄历史与家族史能说出个所以然的寥寥无几。笔者于 1992 年、1993 年入村调查时的主要信息提供者是时年 74 岁的老人肇祥臻（现已离世）。自 20 世纪 70 年代后期始，国内外研究者频繁造访腰站。此后，对肇氏家族的历史与文化不甚了解的祥臻开始走亲访友，翻查历史文献，与外地同族人通信联系，渐渐地他成了村中的知识权威，来访者一般都会被介绍到他那里去。他带客人们走街串巷，介绍腰站的历史，介绍满族的风俗习惯，到村民家里摄影、访谈，忙得不亦乐乎。

祥臻是阿塔十一子哲尔垦的后代，13 岁入奉天维城学校（以下简称"维城学校"）学习土木专业，18 岁毕业。先后任教务主任、校长、县教育委员等职，深受村人的敬佩和爱戴。① 维城学校是由盛京宗学和觉罗学发展而来的新式学堂，全称为"官立维城二等小学堂"，于光绪三十一年（1905）九月十六日举行开学典礼，设高等初等小学各四个班，只招收皇族子弟。"九一八"事变后停办，康德元年（1934）爱新觉罗家族发起复校活动，恢复了维城学校。② 据祥臻回忆，维城学校恢复后，校长为溥仪，学制为初中三年、高中三年。其教育目标是培养"勤学努力、承担国家未来的人才"。维城学校每年制作一本"维城同学录"，封面白山天池上方有溥仪亲笔题字"天潢维城"四个大字，此外还有开学敕语、校训以及摘自《皇朝通志》的"爱新觉罗源流考"③、毕业照等内容（见图7-3、图7-4）。

对于在维城学校这个皇族教育环境中度过四年的祥臻来说，我们无法推断那些训语或敕语有多少内容尚留在他的记忆中，但维城同学录无疑在某种意义上起到了保存并唤醒记忆的作用。1992年笔者首次见到祥臻时，他曾自豪地拿出保存已久的维城同学录来。

村中当时有十几名维城学校学生，如今能记起他们名字的已为数不多。根据一些老人的回忆，笔者整理到以下九人名字，他们分别是：祥臻、洪泽、普（溥）阁、普诚、宗诚、宗森④、宗启、毓林、恒彦。至2003年，在世的只有恒彦一人，其他人或已作古，或迁居他乡。

维城学校的经历无疑对祥臻历史知识的形成产生较大影响。腰站的维城毕业生基本上学的都是土木科，回乡后大部分从事农业生产。除了宗启

---

① 祥臻父亲齐溥森也是维城学校的毕业生。据张德玉介绍，齐溥森与兄弟格普恩、讷木欢三人名字均为满名，直到他们的子侄辈长大后才改为汉字名。

② 张晓琼、何晓芳主编：《满族——辽宁省新宾县腰站村调查》，云南大学出版社2004年版，第262—263页。

③ "爱新觉罗源流考"在强调国姓为爱新觉罗后，接着是三天女下凡沐浴，衔朱果生子，名曰布库里雍顺，其顺流而下平定三姓之乱，定国号为满洲的故事。这里值得注意的是，在《满洲实录》和《清太祖武皇帝实录》中，故事内容虽大体相近，但并没有出现布库里雍顺的名字。而且题目也由"满洲源流"变成了"爱新觉罗源流"。更引人注目的是天女所生的男孩在系谱上直接连接到了肇祖原皇帝即孟特穆上。

④ 傅波、张德玉、赵维和《满族家谱研究》（辽宁古籍出版社1996年版）所收《爱新觉罗宗谱》上记载的是宗琛。参见该书第105页。但村民们发音却是"森"。故在此采用村民们的说法。宗诚、宗森、宗启是三兄弟。传说宗森没留下后代，宗诚后来移居哈尔滨，宗启与日本女人结婚后带着三个孩子东渡日本，后来就与族人失去了联系。

图7-3 肇祥臻保存的《奉天维城学校同学录》封面

图7-4 肇祥臻保存的《奉天维城学校毕业照》

外,后来只有祥臻参加教育工作,确保了村庄精英的地位与身份。祥臻的知识更多来自历史资料以及族谱等文字资料,与他有通信往来的同族人大多也是一些"有文化"的人,因此,他的历史认识除部分来自个人经验外,更多来自正史。祥臻的知识与其说是用于村庄内部的传承,倒不如说更多是用来向外部传达信息的。祥臻起到的是一个腰站信息资讯员的作用。祥臻去世后,村里缺了一位像祥臻这样"知道得多"的人,应答来访者的再不是某一个人，而是村干部以及多个上了年纪的人。关于此问题，我们将在下一节详细阐述。

那么，祥臻的知识都包括哪些？除了当今日常生活衣食住行等实践性知识外，祥臻的主要知识来源是一本由他自己整理的手抄笔记。1993 年调查时，笔者有幸看到祥臻的这部"法宝"，并将内容抄录下来。因为这关系到知识的传承以及历史意识的建构过程，下面我们不妨列出其中的主要部分（括号内为笔者注）。

(1) 爱新觉罗家族的"辈行字"：

觉、塔、努、皇、福、玄、胤、弘、颙、旻、奕、载、溥、毓、恒、启、焘、闿、增、祺、敬志开端，锡英源盛，正兆懋祥

(2) 永陵追封四帝：

肇祖原皇帝——孟特穆、兴祖直皇帝——福满、景祖翼皇帝——觉昌安、显祖宣皇帝——塔克世

(3) 清代世系表①
(4) 爱新觉罗祖先（原文）

---

① （1代）太祖高皇帝：爱新觉罗·努尔哈赤，国号天命，1616 年（即位），在位 11 年。丙辰年（生），（在位期间）1559—1626，（享年）68 岁。（生）16 子 8 女，建都奉天（应为赫图阿拉）。（2代）太宗文皇帝：皇太极，国号天聪十年，崇德八年，1627 年，在位 17 年。丁卯年，1592—1643，53 岁。11 子 12 女，建都奉天。（3代）世祖章皇帝：福临，国号顺治，1644 年，在位 18 年，甲午年，1638—1661，24 岁。入关，8 子 6 女，建都北京。（4代）圣祖仁皇帝：玄烨，国号康熙，1662 年，在位 61 年，1654—1722，68 岁，35 子 20 女。（5代）世宗宪皇帝：胤禛，国号雍正，1723 年，在位 13 年，1678—1733，58 岁，10 子 4 女。（6代）高宗（缺字）皇帝：弘历，国号乾隆，1736 年，在位 60 年，1707—1799，93 岁，17 子 10 女。（7代）仁宗睿皇帝：颙琰，国号嘉庆，1796 年，在位 25 年，1760—1820，61 岁，5 子 9 女。（8代）宣宗成皇帝：旻宁，国号道光，1821 年，在位 30 年，1782—1850，69 岁，9 子 10 女。（9代）文宗显皇帝：奕詝，国号咸丰，1851 年，在位 11 年，1831—1861，30 岁，2 子 1 女。（10代）穆宗毅皇帝：载淳，国号同治，1862 年，在位 13 年，1856—1874，19 岁，无子女。（11代）德宗景皇帝：载湉，国号光绪，在位 34 年，1871—1908，38 岁，无子女。（12代）宣统皇帝：溥仪，国号宣统，在位 3 年，1906—1968。共计 268 年。

佛库伦生穆库里雍顺。在长白山下的鄂谟辉一个叫三姓的地方居住。村民奉他为部落长。呼为贝勒，建造堡塞。创造鄂多里城，成立一个爱新觉罗部，作为满洲开基始祖。……到明朝中叶，出了一个孟特穆移位赫图阿拉地，孟特穆四世孙叫福满，福满有六个儿子，第四子觉昌安继承先业居住赫图阿拉城，统称宁古塔贝勒。觉昌安四子塔克世娶妻（喜塔拉氏）生努尔哈赤（清一代皇帝）。

在这段叙述中，神话要素已被淡化，佛库伦和穆库里雍顺（即布库里雍顺）作为实际存在的人物被纳入爱新觉罗谱系中。尽管爱新觉罗谱系中有很多人物，但此处主要提到的是孟特穆、福满、觉昌安、塔克世等人，故推测是祥臻在众多史料中根据笔记第二条内容"永陵追封皇帝"重新编写而成。

(5) 阿塔来腰站时间和原因

阿塔1620年12月11日寅时生。嫡母雅尔祐觉罗氏。康熙七年由副理官升任山西巡抚，康熙八年降为四品官，康熙二十五年九月绶永陵副尉，康熙三十年绶总尉，康熙五十六年丁酉五月二十日辰时卒，享年86岁。至今304年。

上述历史知识是从历史资料中选取、重编后通过祥臻这样一个媒介过滤后形成的。而当时祥臻在村中的声望以及不可替代的地位促成了村庄内部信息面对外界时所产生的单声化，从而使村庄内部的多种信息和知识沉于水面之下。因为人们崇拜文字，所以往往认为只要是白纸黑字就是正确的。

如此，祥臻从正史中得到的历史知识改变了其原初形态，不再是祥臻个人的认识，而是代表了村落的共同认识并传达到外部。在从"正史的历史认识"到"村庄的历史认识"的转换过程中，祥臻起到一个重要的媒介作用。当然，祥臻的知识并非都来自正史。在家族史和祖先祭祀等生活习惯方面，村民认为还是祥臻比别人懂得多。这些知识有的是祥臻从老人那里听说的，有的是他自己亲身经历的。因此，只要外面来了人，首先就会被带去见他，他在村庄中的身份与地位由此而更加稳固，威望也越来越高。村中发生纠纷时往往由他来出面协调，而一般情况下，人们也都会给他面子。这不禁让人想起旧时的满族族长——莫昆达。

祥臻曾在当地研究人员协助下试图根据新宾县图书馆所藏爱新觉罗族谱重编腰站肇氏族谱①，因资金不足而未能如愿。祥臻去世后，移居黑龙江的恒奇、毓勇等肇氏子孙组织续修宗谱，后因恒奇去世，此事暂时搁置。②

需要指出的是，肇氏家族成员的历史认识并非铁板一块。随着调查的不断深入，笔者发现有关肇氏祖先与努尔哈赤的传说和故事存在几个不同的版本。这些历史认识有的从正史看来是荒唐无稽的，但正是这样一个"没有任何历史根据的"传说为我们提供了历史传承的另外一幅画面，也从侧面证明了族群认同的复杂性。在下一节中我们将通过曾经失语的几种口头传承来探索与祥臻的历史认识相对应的另外一种历史认识。

第四节 作为口头传承的历史

祥臻于1997年去世后，村里不再有代表村庄主流话语的信息提供者，这导致了应对外部人时的信息多样化。祥臻的去世对来访者而言意味着失去了一个重要的信息来源，同时也导致了信息收集渠道的增加。"这件事祥臻知道得多，你去问他吧！"人们常挂在嘴边的这句话如今再也听不到了。这说明判断一个知识是否正确的标准已不存在，广义上的统一认识也已消失。

此后，每当来访者问起往事，人们总会带去找年长的老人，面对同一个问题，甲和乙的问答未必相同。在权威性知识缺位的情况下，知识会呈现其原初的多样性特征。在这种状态下形成的历史认识在权威性知识面

---

① 《爱新觉罗宗谱》原称《玉牒》，共八册，即星源吉庆、甲、乙、丙、丁、戊、己、庚册。甲、乙、丙、丁册为宗室册，戊、己、庚为觉罗册。清制以定显祖（努尔哈赤之父塔克世）以下子孙为宗室（黄带子），兴祖（努尔哈赤之曾祖福满）、景祖（努尔哈赤之祖父觉昌安）为觉罗（红带子）。腰站肇氏为觉昌安之三兄索长阿之后，乃觉罗，故记入己册。腰站肇氏常称"俺们是红带子"乃由此而来。

② 阿塔十三子赛弼图后代肇毓章（家住新宾镇）也整理了一本支系家谱，并抄一份给本支的肇恒凯（家住永陵），腰站村目前只有一部阿塔第十子察库丹和第六子察馨的支系手抄族谱。

前或者被认为不正确而被忽略，或者只是被当作茶余饭后的闲事来讲述。当面对外部人时，讲述者往往因缺乏自信而不愿意主动给外人讲述。

关于肇氏祖先的故事，有些与其他民间传说在内容上有所重复，同时也有当地人自己的解释。为了明确谈话语境，本章将以对话方式记录访谈内容。

问：您知道老肇家祖先的事吗？

肇恒范（以下简称Z）：老肇家祖先是长白山仙女。老肇家和老王家①关系好是有原因的。仙女在长白山生了孩子，仙女要回天上，在山上弄个树皮弯起来弄成个摇车，把孩子放在里面顺水流冲下来，老王家捡到孩子。开始孩子不叫爹妈。后来叫爹爹死，叫妈妈死，他命硬。西岗子老王家是真正的满族。

问：他们不是从山东过来的吗？

Z：对。小云南。② 吴、穆、包、黄、邵、祁、马、佟、赵这些姓都是小云南拨民过来的。他们拨来时老肇家祖先还没有呢。那是很久以前了。

问：那孩子叫什么名字？

---

① 腰站村中另一个大姓，多与肇氏联姻。

② "小云南"是移居东北的山东移民述说自己的来源时经常提到的一句话。笔者曾经在山东省潍坊市、蓬莱市、济南市做过相应的调查，发现这些地区的人都不知道小云南在哪里，甚至没人听说过这个词。"小云南"在学界经常成为争论的话题。夏树藩认为，"小云南"有三种说法。第一种说法是山东说，即小云南人是清顺治、康熙年间根据"招民开垦条例"移居到东北的山东人；第二种说法是山西、山东说，认为小云南人是清朝平定"三藩之乱"后从云南派往东北的吴三桂残部，在去往东北的途中经过山西、山东，因此"山东小云南"这个说法；第三种说法是贵州说，小云南人即贵州人，他们是清朝顺治年间平云贵地区以后，清室凯旋带回而拨到东北官庄为农的明朝俘虏和康熙年间平定"三藩之乱"以后被拨到东北边台驿站的吴三桂残部。参见夏树藩《试论历史上的小云南与小云南人》，《满族研究》1999 年第 1 期，第 52—54 页。袁辉援用各种史料，否定了上述三种说法，认为"小云南"应该是现在的云南省大理白族自治州祥云县（原云南县）。参见袁辉《也谈"小云南"》，《满族研究》1999 年第 2 期，第 72—73 页。持这种看法的还有历史学家定宜庄等人："小云南即今云南省祥云县。……顾祖禹《读史方舆纪要》卷一一七：云南县'土人称为小云南，以别于云南治城云'。文中的治城即清云南府首县昆明的通称。相传从元末到清初，统治者出于政治考虑，曾多次将原居于云南（包括小云南）的百姓迁至于山东登莱等府。"（参见定宜庄等《辽东移民中的旗人社会——历史文献、人口统计与田野调查》，上海社会科学院出版社 2004 年版，第 125 页。）

Z：不知道。可能离努尔哈赤两三辈吧。努尔哈赤从长白山搬到黑龙江，又到北大荒，从北大荒搬回来，最后跟着老王家放山（指上山采人参），以放山为生。那时小罕子年纪小，胆子大，机灵。弄了棒槌来，人家问这是什么，小罕子回答这可以卖钱。那时山上有很多棒槌。老王家说：你卖钱试试。东北最早的城市是营口，那时还没有奉天。小罕子八九岁去卖参。老板一看，没法给价，因为这参特别多，而且好。后来给了三爷箱（一种装衣服的箱子）。跟小罕子一起去的老王家老头儿跟小罕子说：你先走，我去趟厕所。说着就把小罕子扔在那儿。天黑了还没回来。小罕子没有钱，就哭。这时李总兵晚上出来散步，看见小罕子就问：你哭什么？小罕子说：我卖棒槌把钱弄丢了，钱被老头儿背跑了。李总兵把小罕子带回家让他烧菜。

这时明朝抓真龙天子。观象台观察出东北出真龙天子，就派文武大臣抓，限令一百天，如抓不到就砍头。文武大臣找不到，每一百天就砍一个，等砍了好几个，轮到李总兵负责抓了。眼看快到一百天，李总兵心想：完了。晚上他愁眉苦脸，让小罕子烧水洗脚。小罕子发现总兵大人左脚底有个痦子，就说：我有七个痦子。李总兵看了很高兴，心想这下可算找到真龙天子了。晚上总兵对小老婆万历夫人说了这个事。"有话不对两姓人说"是这么来的。万历夫人听说要杀害心爱的罕子，就半夜起来告诉小罕子赶紧跑：因为你脚踩着北斗星，总兵要杀你。说着牵来大青、二青（马的名字）送走了小罕子。第二天早上，总兵大人起来一看小罕子不在，大青马也不见了，回屋就把万历夫人砍了。这时小罕子已经跑到营口和奉天的距离（意指跑了很远），只见前面有旋风，小罕子知道娘娘被杀，心想将来我的子孙后代将封你为万历妈妈，就是万历皇上的妈妈。①

追兵在追，小罕子跑到四平市，大青马倒了。小罕子往前走，走到大甸子累得睡着了。追兵放火烧大甸子，他们看远处有一棵柳树，树上有乌鸦、喜鹊，以为小罕子烧死了，就走了。小罕子醒来看周围

---

① 八旗满洲萨满祭祀"背灯祭"所祭祀的万历妈妈由此而来。"万历妈妈"是满语发音的汉字标记，有的也写"歪里妈妈"。小熊诚认为，"万历妈妈"乃由满语 walimama（疱疮神之意）转化而成，代表子孙繁荣的意思。参见小熊诚《满族的家族组织与祖先祭祀》（满族的家族組織と祖先祭祀），载爱新觉罗·显琦、江守五夫编《满族的家族与社会》（満族の家族と社会），第一书房1996年版，第118页。可见，此处李总兵之妾说和明万历太后说是相互交错的。

有几条狗把他周围草垫子压湿了。咱们不准吃狗肉,打喜鹊佬,就是那时定的。追兵折回去,报告总兵大人说小罕子已经烧死了。李总兵向北京汇报,关里人说还没有死,还要追。小罕子跑到一个大榆树下,榆树上长着豆青子,小罕子爬到树上藏起来,躲过了追兵。

后来小罕子回到长白山,人家把钱还给了他。他组织周围村落的人上山一点点征服。他继续上山,山上有山神庙,庙里有佛像,跪下磕头。别人磕头,山神佛像不还礼,努尔哈赤磕头,山神还礼。大家认为这孩子不一般,别人上山挖不到参,小罕子就能挖很多。

问:始祖阿塔是怎么过来的?

Z:他是从江西辞官回来的。他各方面脑筋不够用,不知哪个朝代时让他回老家的。

关于肇氏祖先的故事,部分内容与第一章讲述的"汗王出世"重合,但对于王氏的解释更具地方色彩。李总兵那一段出现在很多民间故事集中,内容大同小异[1],但李总兵登场的前后部分是笔者在腰站首次听到的。

根据满洲起源神话和上述祥臻笔记来看,Z所讲仙女之子应为布库里雍顺,而Z并不知此名。笔者在腰站问过许多人,年纪大的一般都知道祖先为长白山仙女所生,但无人提及布库里雍顺。可见,祥臻的知识在村中并未起到承前启后的作用。

此外,仙女之子与努尔哈赤之间的谱系关系衔接不上,约中断二三代。这与祥臻的历史认识形成鲜明对照。在祥臻的知识中,布库里雍顺与努尔哈赤之间虽没有明确的谱系关系,但具有逻辑上的连续性。在Z看来,始祖阿塔是因为脑筋不够用才被朝廷流放到此地的。持这种看法的不止Z一人,肇氏以及村中的外姓人中许多人都持相同看法。在正史中几乎看不到的阿塔的个性,在民间传承中却描写得如此生动。

从努尔哈赤的故事中还可发现诸多历史文化信息。万历妈妈是许多满族家庭供奉的一位女神。禁食狗肉、禁用狗毛制品以及对乌鸦和喜鹊的崇

---

[1] 参见孙英、启坤编著《汗王传说》,辽宁民族出版社2003年版,第8—15页;沈秀清、张德玉主编《满族民间故事选》,辽宁省新宾满族自治县文物管理所2000年版,第36—40页;曹文奇主编《启运的传说》,辽宁民族出版社2003年版,第12—17页。

拜等习俗在实践层面上虽然会大打折扣，但在知识层面上，仍为大多数人所共有。

尤为重要的是，尽管腰站王氏乃从山东迁移至此，但在故事中，王氏却在拾得肇氏祖先仙女之子时登场。在努尔哈赤的那段故事中也有王氏出场，这从侧面证实了Z所言"老肇家和老王家关系好"的事实。王氏人口的数量仅次于肇氏，是腰站第二大户。①

据文献记载，山东大量移民东北是在顺治八年（1651）以后。② 因此，不能否定有一种可能，即在阿塔之前，腰站就已经有了王氏。上述故事中王氏拾到仙女之子的情节以及村中流传"老肇家到永陵拜老祖宗都要先拜王杲后拜祖宗"的说法在此可以得到合理解释。虽然王杲并非腰站王氏，但在村民看来，他们都姓王，王氏和肇氏在民间故事中有着不解的渊源关系。这一点对历史学家们的研究无疑提供了一个新的视角。③

如第一章所述，在口头传承中，努尔哈赤作为爱新觉罗（肇氏）祖先频繁登场，而在日常生活中，肇氏的历史认识对象则是关系更近、谱系更为明确的开基祖阿塔，因为人们拥有一个可以亲身经历的记忆空间。下一节我们来看看在实践场域中肇氏家族的历史是如何被人们所记忆并重构的。

第五节 祖先祭祀与墓地——仪式空间中的历史

一 祖先祭祀的变迁

腰站各姓氏没有也不曾有过宗族中常见的祠堂。肇氏的祖先祭祀主要通过一年三次的墓祭来进行。老人们回忆，过去肇氏家族的祭祀是以莫昆达（族长）为中心进行的，1944年以后就没有了莫昆达，此后以全族为单位的祖先祭祀便再也没有举行过。

关于1944年以前祭祀仪式的详细内容，记得较全的人已为数不多，有些听长辈们说过，也有些老人小时候经历过。下面我们通过几位老人的回忆，勾勒出祖先祭祀的大致形态来。

---

① 王氏在腰站落户的时间虽已经无从考证，Z说王氏来东北时肇氏祖先即阿塔还没有来腰站。
② 李林：《满族宗谱研究》，辽沈书社1992年版，第56页。
③ 王氏在1984年以后改满族时几乎没有什么心理上的抵触情绪，这也许跟长期以来与肇氏之间保持着"良好关系"有一定的联系。这一点将在后文详细叙述。

口述 1

时间：2003 年 8 月 15 日；口述人：肇恒范（61 岁）；地点：肇恒范家

问：听说过去你们曾经有过大规模的祭祀活动，你听说过吗？

答：听老人讲，那时候每年清明、（农历）七月十五日、十月一日都要杀祭祀猪。上供时把猪抬到山上，不用刀，用木棍削个签，用火烤，变硬后插进猪脖子把猪憋死。上供时用大黄米蒸年糕，也叫圆饼。然后一辈一辈地磕头。现在 80 多岁的人都遇到过。年年白吃，大家都愿意去。上供时古楼等外村的狗都来。一般来说，野狗到一块都咬架，但它们不咬，在旁边等着，喜鹊佬也在树上不动弹，等着人给它们食物。

问：老肇家有祭祀用的土地吗？

答：有上坟地。

问："上坟地"有固定人管理还是轮流替换？

答：有一个当家人。不轮流搞。地里的收成钱由当家的管，到时候负责上坟。

问：是哪一家？

答：不知道。

问：最后一次上坟是什么时候？

答：不知道。当时上坟山太高，所以当家的决定挪坟，往下挪。后来又挪回去了。往下挪时，山上长的黄杨子（灌木的一种，根茎很结实）都把棺材盘死了，人们用刀把黄杨子砍掉，只见从尸体前面飞出七只鸽子，往东飞走了。老肇家人一看，七只鸽子在德胜堡（上夹河乡东部的一个村子）待着呢。老肇家说：这不行！这不能归上夹河。于是决定搬家，就是恒杰他们。所以德胜堡当时归腰站管。西岗子后街是腰站，前街以前归胜利。

就这样虽然有一支人搬到了德胜堡，但地气已经飞走了。当时阿塔坟里有莲花在开，尸体也没烂。后来把坟往回挪，但已经废了。地气破时正赶上慈禧太后完蛋。

问：那是什么时候？

答：不清楚。大概八九十年了。

从这段对话中我们又一次确认到1993年祥臻所说的肇氏家族每年都举行大规模祭祀仪式的事实。但是关于腰站曾经有过叫作"上坟地"的祭田，而且这种祭田由专人管理则首次听说。那么，祭田的管理人到底是谁？会不会就是所谓的莫昆达？笔者询问了比恒范年长十岁的维城学校毕业生肇恒砚。

口述2

时间：2003年8月16日；口述人：肇恒砚（76岁）；地点：肇恒砚家

问：你听说过早年祭祀的事吗？

答：过去上坟由占九①负责，占九的儿子叫恩波，孙子叫毓纲。占九负责操办后山祖坟的祭祀。当初阿塔领了六个儿子到腰站，还有一个在永陵。我们是十三子赛弼图之后。过去有小坟班、老坟班。老坟班祭祀始祖阿塔的坟，小坟班负责各个分支的祭祀。老坟班在年腊月二十五祭祀，小坟班是在腊月二十六。占九主持的是老坟班，就是管阿塔的坟。

问：是固定的吗？

答：对。祭品、谱书都存放在他们家里。

问：小坟班由谁来负责？

答：我只知道我们这一支的，他叫永新。有些地让他租出去，卖了所租粮食后，买猪、粮食等祭品。

清明、七月十五、过年腊月二十五是老坟班（祭祀），第二天是小坟班，第三天上各家的坟，一般只管三代。各人可以去，也可以不去。你要是都去了，就可以三天白吃白喝。

据《爱新觉罗宗谱》记载，永新大名为镕琇，是阿塔第十三子赛弼图的后代，毓字辈。关于掌管祭祀的人，恒砚未说出具体名称，后来听另

---

① 据肇毓镛讲，"占九"应写作"载九"，只是村民们已经习惯叫"占九"。

外一位老人说叫"坟达"。史禄国认为,"达"有"长、头目、首领"之意。① 因此我们可以理解为"坟达"就是"墓祭之长"。

关于阿塔坟的迁移,还有一个故事:

> 有一天,阴阳先生来说:这个地方不好,必须得挪坟。肇氏人刚要挪的时候,就看见一股地气升到五龙(村名)方向去了。肇氏人赶紧骑马去追,但没有追上。打那以后,清朝就开始走下坡路了。

该故事与前述肇恒范讲的在细节上稍有不同,但两者较大的共同点是,阿塔的坟象征着清王朝,地气的消失意味着清王朝的灭亡。

截止到 2006 年,腰站 60 岁以上老人中能详细说出祭祖仪式的只有两人。其他的人只记得部分内容。在笔者调查的范围内,关于祖坟祭祀之事,村中老人们虽知其一二,但有关小坟班和老坟班以及由专人掌管之事,却只有恒砚以及家住永陵的恒凯知晓。

我们可将上述内容总结如下:

(1)腰站曾经有过较为严密的宗族组织。祖先祭祀是整合宗族各势力的主要仪式活动。祖先祭祀主要采用的是上坟即墓祭的方式。

(2)祭祀组织分老坟班和小坟班。老坟班负责始祖阿塔坟的祭祀,小坟班则负责各自分支祖先的祭祀。此外,还有以家庭为单位的祭祀活动,主要祭祀对象为三、四代以内的近祖。

(3)各坟班均有叫作"坟达"的专人进行管理,不实行轮换制。每个坟班均有各自的祭田,叫"上坟地"。上坟地由坟达掌管控制。

(4)老坟班的坟达还负责保管族谱。

(5)老坟班和小坟班的祭祀活动原则上实行自由参加的原则。

根据上述访谈内容以及 1993 年祥臻所提供的信息来看,老坟班的坟达占九有可能就是当时的肇氏族长莫昆达。后来笔者于 2006 年见到早年迁出腰站的肇氏族人肇恒凯,证实了笔者的推断是正确的。

过去人们要花上三四天的时间,杀几头猪,用新打下的粮食祭祖,这

---

① [俄]史禄国:《满族的社会组织——满族氏族组织研究》,商务印书馆 1997 年版,第 64 页。

种全族规模的祭祀于1944年以后基本消失。如今人们已经没有足够的财力与精力去恢复过去的传统了。正如祥臻曾经说过的那样,"没时间去搞那些麻烦的事了"。取而代之的是各家各户每年在清明、中元、腊月二十三到墓地去扫墓、上坟①。

清明上坟主要是给坟墓填土、插佛托②。中元节家家都去上坟,这一天,村中到处可见手持镰刀去墓地割草的人。富裕人家拿一些水果等供品,一般人家割完草后烧些纸钱,与祖先念叨几句便返回了。因墓地太远,不便去的人便在村头、十字路口或河边烧纸以祭祖先。

1993年,笔者曾经在祥臻的指引下看过一次阿塔的坟墓。阿塔坟位于村后莲花山的半山坡上,记得当时正值草木繁茂的夏季,祥臻手持镰刀边砍灌木边开路,在杂草丛生的灌木林中终于找到了阿塔的坟。透过灌木的缝隙隐约可见一个圆形土墩,墓前方有一块墓石,上无任何文字记载。祥臻说,这么多年很少有人知道这个地方,更别说有人来上坟了。

2003年,笔者再次去阿塔坟时,发现墓地周围一片空旷,山坡上有一片片割下的杂草。听说从2001年左右起,村长和会计每逢清明、七月十五便拿着镰刀上山给祖坟割草。显然近几年外来人员的不断造访给他们带来一定的影响,因为每次人们总会谈到肇氏始迁祖阿塔,慢慢地,阿塔的坟墓在人们眼中越来越重要,至少他们不想被人指责是不肖子孙。

阿塔坟上的杂草有人割了,但是腰站人的祖先崇拜观念依然表现在三代以内近祖的祭祀上。祖先祭祀除了墓祭外,还有家祭。一般来说,佛满洲供奉的是一种叫作祖宗板的神龛,是一块八寸宽、一尺长的四方形木板,置于西屋西墙的支架上,该支架称作"斜余子"。③

---

① 2015年3月笔者重访腰站,听说2014年清明节,由肇姓中辈分最高的肇溥刚组织了一次全族祭祖仪式,为阿塔之父龙锡立了墓碑。

② 在坟上插佛托与否,是区分满洲旗人和汉军旗人及民人的重要标志。有的村民认为,佛托是摇钱树,每年在坟上插一个佛托,为的是让祖先有钱花。当地的一位学者反驳这种意见,认为佛托是满文"佛托姆(fotomu)"的简称,"佛托姆"乃柳树之意,代表生育女神,插在坟墓上是为了纪念佛托妈妈。佛托妈妈是长白山上的神,该神乳房丰满,乳汁丰富,满族人把她信奉为始祖母神,插在坟上,代表这个家族人丁兴旺,并受女神保佑(永陵文物管理所李荣友谈)。

③ 关于祖宗板的来历,祥臻认为,过去满族当兵打仗死了很多人。那时候不可能每个死者都供,于是就拿一块板当棺材供起来,久而久之就成了今天的神板或神龛。

图 7-5 腰站肇氏祖宗板（腰站街肇忠华家）

板上摆放长方形木制香碗（又称"香碟"）和祖宗匣子。不同姓氏的祖宗板及香碗数量均有差异。肇氏家族有两块祖宗板，分别摆放四五个香碗，共九个，是目前笔者所见到的最多的一例（见图7-6）。据祥臻介绍，面壁左侧祖宗板上的四个香碗分别供奉佛、菩萨、关公、万历妈妈（又称佛陀妈妈、歪里妈妈），面壁右侧五个香碗分别供奉肇祖原皇帝、兴祖直皇帝、景祖翼皇帝、显祖宣皇帝、努尔哈赤。[1]

史禄国在著述中说道："据老满洲的说法，他们只信'佛多罗'（fedoro——古法，祖宗所传之法），根本不拜佛不崇儒，而新满洲和蒙古满洲在信仰萨满教的同时既拜佛又崇儒。"[2] 显然这一点至少对爱新觉罗家族来说是缺乏说服力的，因为我们看到肇氏（爱新觉罗）家族不仅拜佛，而且还将佛放在了第一位。

---

[1] 肇、兴、景、显是努尔哈赤即位后给先代孟特穆（又称猛哥帖木儿）、福满、觉昌安、塔克世所封的谥号，如今均葬在新宾永陵。

[2] ［俄］史禄国：《满族的社会组织——满族氏族组织研究》，商务印书馆1997年版，第21页。

在汉人社会，牌位是祖先的象征，而对于佛满洲来说，祖宗板、香碗、子孙口袋、祖宗匣子均可称为祖先的象征。① 有的人家还供奉马、鸭子、天鹅、鹰、虎、人等木制神偶。腰站胡连玉家的祖宗板上除了七个香碗和一个祖宗匣子外，还有两匹小木马，胡连玉称其为"哈什马"也叫"大青""二青"。他说不清楚它们是怎么来的，也不知道它们代表什么意思，只知道是先祖传下来的遗物，需要后代们精心呵护。"文化大革命"期间这些"老祖宗"大部分被毁，现在幸存下来的不会轻易给外人看。

关于供在祖宗板上的祖先以及各种神灵有多种说法。香碗数量通常在一个到九个之间，但也有人见过十一个。② 八旗满洲族谱上的序言部分常见长白山几道沟的说法，在民间传承中，许多人也都认为其老家在长白山某几道沟。故有些人认为，香碗的数量代表长白山几道沟。比如，供奉七个香碗的来自长白山七道沟，供奉九个的来自长白山九道沟，等等。此种说法不仅存在于辽宁地区，笔者在黑龙江三家子村以及山东青州都听过同样的解释。这种说法虽来自于民间，但也得到许多学者的认同。

另一种观点认为，香碗的数量是根据所供奉祖先或神灵的多少来定的。肇氏祖宗板上有九个香碗，上面供奉的是包括祖先在内的九位神灵。新宾五付甲村的杨氏家族供两块板、三个香碗，分别为特组（祖先神）、鹅（保家神）、佛托妈妈。看来此观点有其一定的道理。如今许多家庭已不知晓祖宗板上所供奉神灵之名，他们只知道这是祖祖辈辈传下来的。

第三种观点认为，地位越高，香碗数量越多。这一点好像从肇氏的例子中也可得到某种解释，但孙相适所见到的供奉十一个香碗的家族，其地位总不会高于爱新觉罗家族。故此种说法有待商榷。总之，在民间，祖宗板是判断"纯满族"的一个主要标准。因为许多汉军旗人的后裔虽然也

---

① 祖宗板除了供奉象征祖先或神灵牌位的香碗外，还供奉"老祖先"或"老祖宗"。"老祖先"或"老祖宗"的所指范围较广。它可以是一种称作"谱单"的谱系图，也可以是正式的谱书或一张祖先画像，有时还可以是一幅关公图。祖先画像常常画着穿长袍骑马的人。有一人的，也有两人的，还有的是夫妻画像。过去"老祖先"都保存在祖宗匣中。现在有祖宗匣子的人家已为数不多。许多家庭都将"老祖宗"卷起后置于祖宗板上。

② 孙相适：《走进满族姓氏》，四季出版社2014年版，第15页。

是满族，但他们在祭祀形态上完全不同于八旗满洲。这一点将在后面详细论述。

笔者在腰站看到的肇氏祖宗板上没有谱单和祖先像，只有香碗。在供奉内容上，近年来又出现了多种说法，在肇、兴、景、显、努五个先祖上不存在任何歧义，但是对其余四个神灵却有不同说法。如，西岗子肇溥化认为四个神灵分别为关公、地藏、观音、如来佛；还有的认为应该是关公、地藏、观音、释迦牟尼。这两种说法中都没有万历妈妈。人类学家在田野工作中经常会碰到类似情况，它有时会导致研究者对同一现象做出不同的解释。权威性话语的消失为调查者提供了一个更加广阔的信息空间，同时也会面临一个如何记述多元性知识的问题。

祖宗板原则上由长子供奉。这种祖先祭祀是以各房为单位的。除夕年夜饭之前，家长将香碗"请下来"，烧达子香①（图7-6），有"老祖先"的人家便将它挂在墙上，蒸一落馒头，论辈分由大到小依次磕头行礼（出嫁女子除外），正月初六清早撤供，将香碗和"老祖先"放回原处。正月十四至十六重复同样的仪式。家里有丧事，祖宗板要用黄布包起来（肇氏以外的姓氏蒙红布），以免邪气冲犯了祖宗。

有些满族家中还供奉子孙娘娘（又称"子孙索"、"索利条子"、"子孙绳"），平时挂在祖宗板的斜余子上。胜利村的肇忠华家也有子孙娘娘。过去孩子出生要在绳子上做标记。若生男孩，便系上树枝做的小弓箭，也有的人家系个铜钱或一个布条，若生女孩便系嘎拉哈②。女子长大结婚时要将嘎拉哈取下，男孩子则要永久地保留下去。民俗学家乌丙安认为，子孙索原本是氏族萨满祭祖用的神物，是原始的谱系记录方法。③

因频繁的政治运动而基本上销声匿迹的祖先祭祀，从20世纪80年代以后开始出现恢复趋势。在此过程中，神职人员"大仙"④ 起到一定的作

---

① 野生杜鹃花的一种，俗称"金达莱"。每年阴历七月初七采回家里，在仓房里阴干后，磨成粉末。

② 动物的膝盖骨。较常见的有猪骨、羊骨。满族在游戏中经常使用它。

③ 乌丙安：《满族发祥摇篮之地》（満族発祥の揺籃の地），载爱新觉罗·显琦、江守五夫编《满族的家族与社会》（満族の家族と社会），第一书房1996年版，第28页。

④ 腰站村最后一位"大仙"是肇毓贤，1993年调查时，笔者还曾见到她，数年后毓贤病故，村中至今无人领神。

图 7-6 腰站肇氏的达子香碗

用。在给顾客进行疾病治疗和占卜时,"大仙"往往将事故、不幸以及灾难的原因归因于祖先祭祀的怠慢上,受到这种灾因论式的劝言后,村民们开始在房厅内设祭坛供奉祖先或其他神明。在腰站,1993 年供奉祖宗板的只有四五户,2001 年增至 11 户,2003 年因迁居或信奉基督教烧掉祖宗板等原因减少至 10 户,2015 年 3 月调查时,肇姓有 9 户供奉祖宗板,分别是肇恒砚、肇启胜、肇毓伟、肇启林、肇启家、肇毓昌、肇恒范、肇恒生、肇恒春。肇姓以外供奉祖宗板的有胡连玉、杨兆国、吴景祥。

　　通常认为宗族有三个主要指标,即祠堂、族田和族谱。[①] 腰站肇氏过去只有族田和族谱,而缺祠堂。对肇氏而言,1944 年以前提高宗族凝聚力的祭祀空间主要是墓地,宗族凝聚力的产生是通过以族为单位的墓祭来

---

① 麻国庆:《家与中国社会结构》,文物出版社 1999 年版,第 81 页。

实现的。分家后家族的祭祀空间除了墓地外，还有供奉祖宗板的室内空间。①

过去在八旗满洲的祖先祭祀中，莫昆达与萨满往往是同一个人，但是肇氏的情况有些不同。老人们回忆说，过去肇氏只有莫昆达，肇氏无论男女均不能当萨满，因为保家仙六将军（黄仙）不允许。故领神（降神）之事均由外姓人承担。

据说始祖阿塔来腰站时，皇帝派六将军一路保护，故六将军是受过皇封的。有关六将军的来历有种种传说，无论哪一种均强调六将军来自长白山。一种说法是，六将军原住长白山长阪坡水帘洞，后随龙（努尔哈赤）来到腰站，成为肇氏的保家仙。另一种说法是，努尔哈赤幼时上山挖人参，遇到一个黄鼠狼朝他作揖讨封，努尔哈赤便封它为六将军，后来成为肇氏的保家仙。② 六将军又称黄天保，在黄仙七兄弟中排行第六。③

六将军庙位于腰站莲花山脚下，过去曾位于砖墙坟④之后，方八尺。"文化大革命"时期被村民拆毁，20世纪90年代以后又重新盖起一座红砖小庙（图7-7），其位置也从原来的半山腰向下、向东做了些移动。庙中没有牌位，只有燃尽的香灰和几块馒头。六将军原为肇氏的家神，随着外姓人的不断增加，已从家神发展到村神，乃至地域神。除了在庙中供奉外，还有几户肇姓在家中设坛供奉六将军。

2013年，村民捐资重建六将军庙，地点位于砖墙坟后（原址），大小也恢复为"文化大革命"前的方八尺。（见图7-8）

---

① 满洲人以西为贵，祖宗板通常设在西墙上。但也有人认为满族应该以东为贵，把祖宗板供在东墙上。传统满族居室分东西两屋，中间是厨房（当地称"外屋地"），东西屋有呈U字形的万字炕，人睡在两头的大炕上，中间的小炕不能睡、不能坐，平时放两个衣柜箱子，柜子上方就是供祖宗板的地方。如今这种传统的居住样式已经发生变化，新房子几乎见不到万字炕。

② 当地人把黄鼠狼讨封叫作"借口传音"。民间传说人们白天常会看到黄鼠狼面向太阳作揖，或向人讨封。此时人说"你能成仙"之类的话，它便会摇头摆尾高高兴兴地离去，若谩骂之，则会气急败坏，仓皇而逃。在民众的观念中，黄鼠狼成仙与否，全凭人的一句话，故"讨封"成为黄鼠狼成仙与否的关键。关于东北地区民间信仰详见刘正爱《东北地区地仙信仰的人类学研究》，《广西民族学院学报》（哲学社会科学版）2007年第2期。

③ 大将军黄天德在上夹河，七将军在胜利村。大将军庙规模比六将军庙稍大一些，里面用红笔将六个神位直接写于墙上，分别是黄大将军、胡三太爷、胡大太爷、猛士、蟒青、雪花姑姑。

④ 肇氏称阿塔第十三子赛弼图的墓地为"砖墙坟"，与阿塔的祖坟相隔一段距离。

图 7-7 2000年腰站六将军庙

图 7-8 2013年重建的六将军庙

据说居住在黑龙江的肇姓也供奉六将军，如果这是事实，说明六将军信仰不仅限于腰站村，而是扩展到整个爱新觉罗家族，这一点无疑是一个重要的发现，今后尚有待进一步研究。①

二 墓地空间与祖先祭祀

肇氏始祖阿塔之坟位于村北莲花山山脚下一个阳坡的正中央。墓地两侧山谷有两条小溪流入五龙河，当地人分别称之为东缸沟和西缸沟。墓地正前方自东向西有五龙河宛如环抱村庄的一条大龙蜿蜒而去，是上好的风水宝地。除了阿塔外，此处还葬有阿塔之父龙锡以及阿塔之兄阿哈。阿塔和阿哈下方各有一座坟，关于这两座坟的主人，腰站肇氏之间说法不一，有的说是察馨、留格，有的说是尹登、察馨（参见图7-9、图7-10）。

尹登、察馨说乃由察馨之后肇毓砚所提供，察馨、留格说乃由肇恒羽所提供。②

祖坟图

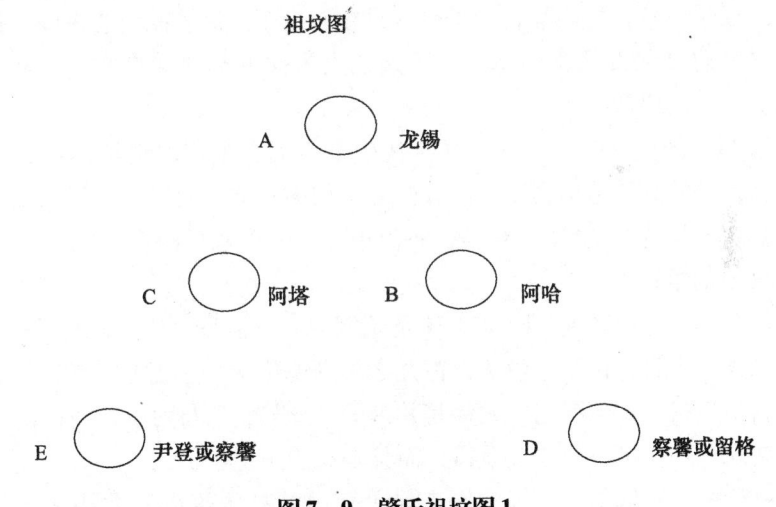

A ○ 龙锡

C ○ 阿塔   B ○ 阿哈

E ○ 尹登或察馨   D ○ 察馨或留格

图7-9 肇氏祖坟图1

尹登为阿塔九子，是大坟班管事占九一支的始祖。留格为阿塔五子。

---

① 以往萨满教研究文献中很少提及此方面内容，关于动物信仰与祖先的关系问题，将在后文详细论述。

② 笔者问过一些老人，他们都说不清那两个坟到底是谁的。十几年前跟随祥臻去看祖坟时，因灌木丛生，当时只看到一座阿塔坟，祥臻也未提及其他祖坟之事。

从坟头的分布来看，若按昭穆制解释，位于阿哈下方的察馨或留格应该过继到阿哈，但这只是理论上的推测，并无确切证据。[①]《八旗通志》以及《钦定八旗通志》中不见阿哈传记，更不见迁移东北的记录。显然，龙锡与阿哈的坟是阿塔赴任永陵后，由别处迁至此地的。腰站肇氏中也流传着阿塔将其父、兄之坟从北京迁至东北后立祀的说法。

关于龙锡坟的来历，曹德全在《抚顺历史之谜》中写道："《得胜堡爱新觉罗简谱》载：'先祖福字辈阿塔……康熙二十七年（1688）自永陵移葬其父龙锡于腰站西后山为祖坟。'据此可知，阿塔之父在清入关前阵亡，应该葬于永陵附近的爱新觉罗祖坟地，在康熙二十五年（1686）阿塔上任后决定将其父龙锡之坟从爱新觉罗祖坟地移出，另立本支之祖坟地。"[②]

上文提到，肇氏祖坟因地势过高，给祭祖活动带来诸多不便，族人曾经一度将其迁至山下，后因考虑到风水条件，又将祖坟迁回原处。关于迁坟散地气的传说在村子里广为流传。

据说，阿塔十一子哲尔垦的墓位于东后山，十三子赛弼图之墓位于砖墙坟，五子留格在柳河沟，十子察尔丹在西岗子。假若此说法正确，那么祖坟图中的 D 无疑便是察馨。至于这几人为何没有埋在祖坟地，至今没有一个确切的说法。[③]

20 世纪 80 年代，尤其是 90 年代中期以后，电视、报纸等各类媒体和研究者开始频繁造访腰站，或许是受他们的影响，肇氏对远祖的关心程度明显高于笔者初到腰站调查的 1993 年。这件事也反映在下文关于"欺坟盖祖"的争论上。

从图 7-10 中看到，F、G、H 是毓纲的三位祖先之坟。若 E 尹登是 F 占九的直系祖先，按当地说法，占九之坟别说位于尹登之上，就算与之并列也属于欺祖，更何况它与龙锡是并列的。此外，G 与阿塔并列，H 又与尹登并列，这便不仅是欺坟盖祖，而且是大逆不道了。

更让族人不解的是，毓纲同支兄弟毓山的墓居然在 A 龙锡之上。此

[①] 腰站村肇氏抄录的《爱新觉罗宗谱》中只记录了阿塔支系子孙，关于阿哈，只限于"阿哈生五子"的记录。据《爱新觉罗宗谱》记载，阿哈五子分别为扎克丹、巴哈布、萨哈布、特苏勒、华沙布。其中第四子特苏勒、第五子华沙布均于两岁时夭折。

[②] 曹德全：《抚顺历史之谜》，大连出版社 2004 年版，第 267 页。孙相适也持相同观点。详见孙相适《走进满族姓氏》，四季出版社 2014 年版，第 333 页。

[③] 这些事情村里人早已不记得了。而阿哈下方的坟到底是怎么回事，如今便成了一个不解之谜。

事在族人之间议论纷纷，但无人出面制止或纠正。人们只是不无遗憾地说，若祥臻在世，绝不会允许此类事情发生。或许毓纲在世时听到族人的谴责，他本人死后其坟没有埋到祖坟处，而是另择地埋葬。毓山的坟也终因家中灾祸不断，而于两年后迁移他处。

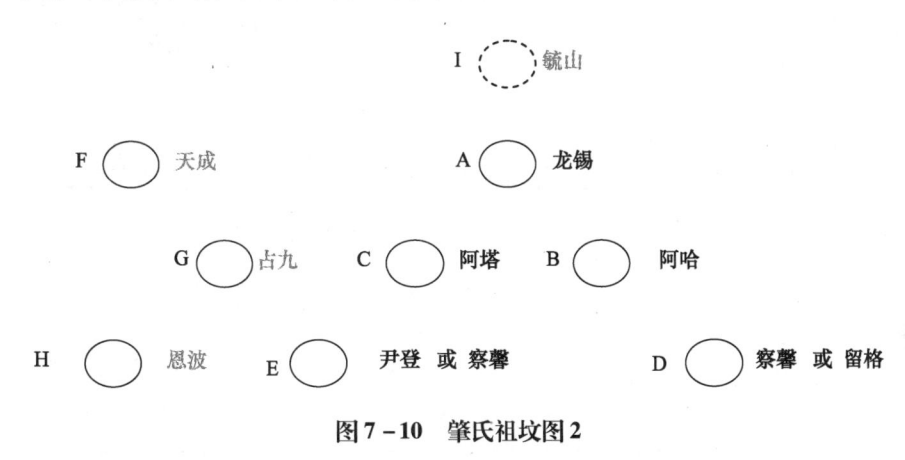

```
                    I ( 毓山 )

    F ( 天成 )              A ( 龙锡 )

       G ( 占九 )    C ( 阿塔 )   B ( 阿哈 )

    H ( 恩波 )  E ( 尹登 或 察馨 )   D ( 察馨 或 留格 )
```

图 7-10　肇氏祖坟图 2

欺坟盖祖之例反映了肇氏家族中一些人对祖先观念的淡薄。1944 年以后大规模宗族祭祀的消失以及后来几场政治运动的冲击，使得腰站肇氏的宗族观念和宗族意识逐渐淡化。此后祖先祭祀对象只限于家户或三代以内。

第六节　逝去的辉煌

每当人们谈起 1949 年前肇氏家族的繁荣景象，都要提起东安乐堂和西安乐堂。[①] 1993 年调查时，笔者曾根据祥臻的记述画了一张西安乐堂简图（图 7-11），其大致结构与王文清讲述的基本上一致。

"西安乐堂有努尔哈赤赐给的上马石、下马石和拴马石，东安乐堂就没有这些。过去皇帝去永陵祭祖经过腰站时每次在此下榻，这些石头就是皇帝上下马时用的。"西安乐堂当年的繁荣程度，从以上几点便可窥见一

---

① 王文清（时年 84 岁）回忆说："西安乐堂有很多雕刻，正房五间，门口有月台，西厢房六间，中间有隔，东厢房也有六间。大门旁边一边两间，大门那边四间。院子很大，东西各一个月亮门，大门有两层，大门口也有月台（石阶），院子四周有炮楼，是防'胡子（土匪）'用的。"

斑。除两进式院落、油坊、炮楼外，还有当铺以及私家货币，这种私家货币是用木板刻好模子后用毛纸印刷而成的，据说当时在上夹河一带流通过一阵子。西安乐堂后来被"胡子"烧毁。

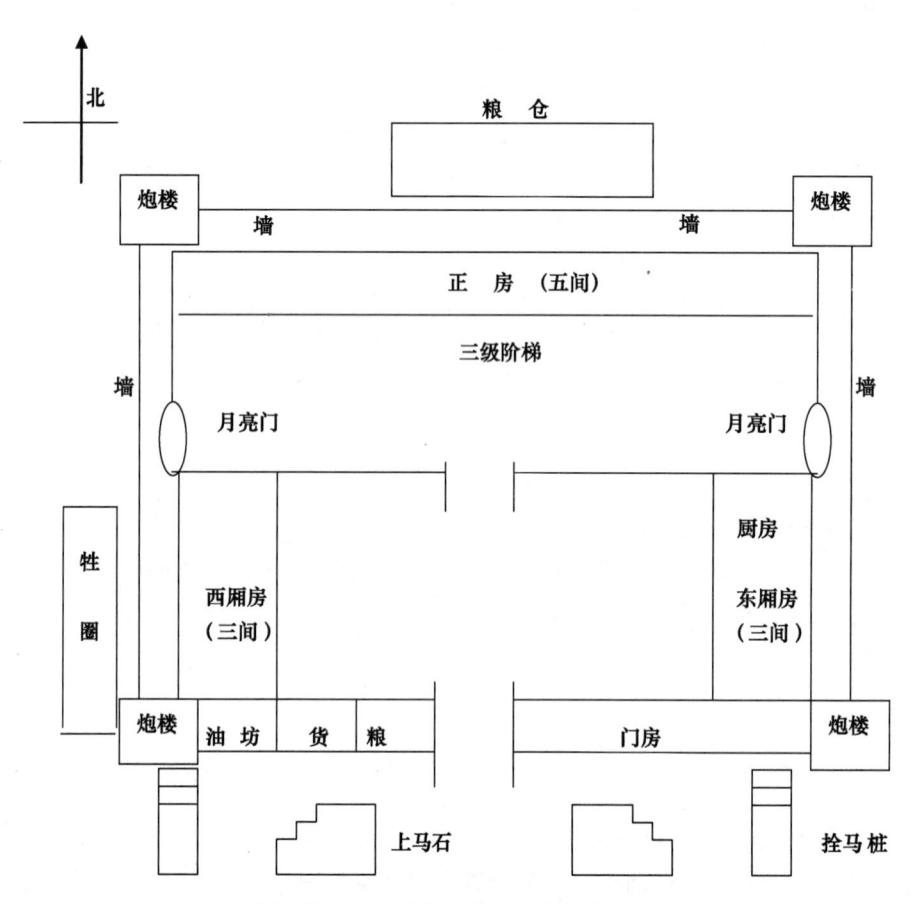

图 7-11　腰站肇氏西安乐堂（笔者根据几位老人叙述所画）

王文清回忆道：

> 日本人为了归屯，把周围山沟里的人都归到腰站后，开始挖（修）围子，拉铁丝网，修炮台。还没等修完，胡子就打进来，烧了西安乐堂。这之前，西安乐堂的人都逃到市里去了。那里住的都是归屯进来的杂姓。
>
> 康德三年（1936）我13岁。有一天傍晚5点左右，天下着雨，

我们3个小孩放猪回家，发现西安乐堂火光冲天。我爹就是在那年被胡子打死的。日本人进东北后各地都抗日，胡子是穷人，有的人抢来枪，由小到大发展。胡子就抢钱，抢钱之后就几个人分。他们经常到富人家里绑票，要不到钱就把人杀了。

归屯前外面的人进不了腰站，归屯后周围山沟里的人就都来了。从那时起，东安乐堂的主人就不在了，村里人一年拿180公斤粮食就可以租一间房。

那时候，腰站有13个带枪的人守在炮台上，不让胡子进来骚扰老百姓。胡子放火烧了西安乐堂以后，村子里就太平了，宗森他们就又都回来了。①

20世纪30年代，日本军侵略东北，将当时散居在丘陵、山区地带的居民强行归并到附近各大村屯，以便加强管理、维护治安。归屯时日本人为了防止"胡子（土匪）"掠夺村民财产，把周围山区的散居住户都归到了腰站、胜利等几个大村，进行统一管理。赤松智城、秋叶隆在《满蒙的民族与宗教》（満蒙の民族と宗教）一书中也提及归屯之事，但作者称归屯为"集团工作"。书中描写到牡丹江上游地区满洲族时说道："……散村生活虽然便于农耕，但于防卫土匪袭击不力，故在警察的指导下将这些散村集中起来，形成现在的集团部落。……自警团训练有效，匪袭之患皆无，民族协和进展顺利，不禁让人吃惊。"②

东安乐堂的结构则比西安乐堂简单些，只有一进院，并且少了上马石、下马石和拴马石。③ 在村人的眼中，肇氏家中礼仪烦琐且严格。由于他们靠朝廷饷银维持生计，所以从外姓人看来，他们又是一群好吃懒做的人。

---

① 据说，西安乐堂乃肇宗森的祖父肇福山于清末民初所建。福山乃阿塔第十一子哲尔垦之后，载字辈人。西安乐堂20世纪40年代被土匪烧毁，如今只剩下上马石和下马石。宗森是上面提到的宗启之兄。宗启于康德五年（1938）毕业于维城学校土木科，后来在哈尔滨医科大学学医，娶了日本女子后带着三个孩子去了日本。

② 参见赤松智城、秋叶隆《满蒙的民族与宗教》（満蒙の民族と宗教），民俗苑1941年版，第187—188页。但在日本人眼中，"胡子"既包括山匪也包括红军在内的共产党军队。

③ 当问起东安乐堂的主人是谁的时候，老人们回答最多的是肇先督，又名肇福坤，还有人说是耀山、立山，而立山是肇福坤的叔叔。土地改革后东安乐堂分给了村民，后因年久失修，只好拆掉。现在只剩下一部分外墙、门柱和石阶、砖头等。

那阵儿老肇家都领劳保，领银子，月月领，都不干活。老汗王给了一些地，有的自己种，有的租给别人种。会过日子的省下来，不会过日子的就败下来了。土改以后地分了，自己开始种地了。但没种几年就合作化了，地也归队里了。

过去老肇家很讲究、懂礼貌、有规矩，媳妇每天都给婆婆点烟，长辈出门回来都得到大门口去接。过年小辈的要给长辈的磕头，男人磕头，女人抿鬓角。因为他们规矩太大，外姓人都不敢嫁到老肇家。

东安乐堂的姑娘们都抽大烟，连家里柜子的把手都是金子的。老肇家的姑娘很多一辈子都没结婚的。有钱人家少，但又不能嫁给穷人，最后就嫁不出去了。村西有一个西甬道，以前那里都是没嫁出去的老姑娘的坟。

老肇家规矩大，民人闺女不愿意嫁给老肇家。因为怕受拘束。早上起来要给老人装烟、倒水，有时晚上还要点烟。老人出门如三天不回，儿媳妇要出去迎接，把老人让进屋，还要问好，做饭。在家时，三天一小礼，七天一大礼。小礼问好，大礼打千（磕头），抿鬓角，起来后问爸爸（妈妈）好。

东西安乐堂当时还是肇氏家族饷银的集散地，居住在奉天以东的觉罗都要到东西安乐堂领取饷银。每至冬季，安乐堂的人便赶着马车到奉天领饷。各户都到东西安乐堂领取各自的份额。阿塔住永陵的儿子巴图也要到村里领饷。据老人们回忆，东西安乐堂做事不公平，有本事的人给银子，没本事的只给布和粮食，有时东西安乐堂还会独吞银子。

肇氏家族严谨的礼仪规矩在老年人当中一直保持到"文化大革命"前夕。现在已经很少有人遵循过去的规矩了。据说20世纪80年代末，一位村干部认为不应将肇氏家族规矩扔掉，过年时便向长辈磕头，结果招来孩子们的哄笑，打那以后他便不再磕头。这一事实从侧面说明村庄政治精英已开始重新认识自己的历史与传统。

那么，这样一个特殊的社会地位在历次政治运动中给肇氏带来了何种影响呢？

我们来看看下面的对话：

ZPH：国民党、共产党时期老肇家受排斥。

问：为什么？

ZPH：俺们当了十几个皇帝，他们说："汉族受你们多大的压迫？！"你想能不受歧视吗？

问：怎么歧视？

ZPH：没有打什么的，只是嘴上说几句，他们说：现在我们都一样了，你们没什么了。

"文革"时，不论满汉，供老祖宗都被当成迷信。满族的风俗习惯一律取消，要跟汉族一样。"文革"时，都写"赵"，不敢写"肇"。他们讲：你们还没忘祖先？以前你们骑在人民头上，现在还不忘？

问：谁说的？

ZPH：省、县里的工作组。当时搞破四旧、立新风。"文革"后开始恢复，具体是落实民族政策以后。

问：最近来调查的人多吗？

ZPH：很多。以前没有，人家不理我们。这个过程说明一个问题。最近永陵也修了。给谁看？（因为）那是满族的老基地！日本人很关心满族，溥杰的夫人就是日本人，有一次中央领导接见外宾，他们总问满族的情况，政府就开始重视满族了。

自从村中权威人物祥臻去世后，外面来人调查，村干部便推荐肇溥维、肇恒砚、ZPH 等 70 岁以上的老人出面应对。从上面的对话中可以看出 ZPH 是一位头脑非常清晰的人物，对肇氏家族的兴衰历史有他独到的见解。而从他的言谈中我们读不出怨恨，有的倒是一种超脱的人生态度和些许的自豪感。

关于肇恒砚，上文已经提及。他曾经上过维城学校，"满洲国"消失后中途退学。据村民们讲，他是目前村子里知道得最多、最有知识的人，除了对往事知之甚多外，平时还会掐算，故找他算命占卜、看风水的人很多。

肇溥维则是一位看上去淳朴、憨厚的老实人。[①] 他似乎不太擅长与外人打交道，跟他谈话，可以感觉到他因为满足不了对方的提问而表现出的

---

① 笔者 2011 年重访腰站村时，听说溥维老人已经去世。在此谨表哀悼。

焦躁感。有一次，溥维到笔者房东家中串门，与笔者攀谈起来。

> 溥维：外面来采访的人把我们捧成纯粹的满族人，问老肇家家史、祖先，我一点也不知道，心里觉得不是个滋味。回家后心里想，自己能做点什么贡献呢？我跟老伴商量，让云南大学的张晓琼带相机到我们家照"抿鬓角"①。
>
> 前几天他们找岁数大的，就找我和恒库谈了一下午。
>
> 问：问些什么？
>
> 溥维：问祖先，问念过书没有。我念过六年书。
>
> 问：那你知道你们祖先怎么来的吗？
>
> 溥维：老肇家从小云南过来，过来时捧着骨灰，要住店，不让进，就放在树杈上。第二天起来长在树杈上，就在那个地方埋了。那就是永陵。
>
> 问：听谁讲是小云南？
>
> 溥维：听老人讲的。后山那坟（指祖坟）有五座，老肇家六大支人，有一支人不在那儿，不知道在哪儿。可能是因为没有后人。
>
> 过去有三个仙女下凡，在天池洗澡。三仙女上岸吃了朱果，老肇家是仙女之后。所以把妈妈叫成"阿（去声）姐"。那两个没吃朱果，就上天了。他们讲笑话说："你们老肇家是仙女生的。"老肇家不吃狗肉，因为狗救过努尔哈赤。现在是背着（偷着）吃。以前换锁②时戴套袖都不行，因为套袖都是狗皮的。
>
> 问：你吃过狗肉吗？
>
> 溥维：也吃过，吃时避开祖先，到外屋（厨房）吃，吃完后漱口。外姓也知道老肇家不吃狗肉。

溥维虽然上过六年小学，但显然没有看过清史方面的书籍，更没有像祥臻那样刻意去查找历史文献。他对肇氏祖先的历史认识完全是来自于口

---

① 满洲旗人妇女拜礼的一种。跪地后向后稍退，坐稳后举右手，抚鬓三次，或六次，或九次，而后缓缓起身。未成年少女不行此礼。几天后，溥维将笔者叫到他家，与夫人一起穿上五六十年代缝制的大袍，让夫人黄桂香为笔者表演"抿鬓角"礼。

② 满族祭祀习俗。为患病人举行之祭祀。详细参见孙文良主编《满族大辞典》，辽宁大学出版社1990年版，第587—588页。

头传承,"小云南"和"仙女"是东北民间传承中关于族源解释中最常见的两个关键词。前者是汉军八旗后裔们经常挂齿的,后者与"长白山"一道是八旗满洲用来解释族源的。下文还将看到,腰站最大的外姓王氏以及其他许多姓氏均称来自"小云南"。饶有兴趣的是,溥维把这两者都加进了肇姓祖先的故事中。在这里,我们不能简单地认为溥维讲得太荒唐而忽略不计,其实,该事例让我们再一次认识到口头传承过程中的诸多复杂因素,人类学家或民俗学家在田野调查中对地方知识体系需要有一个自觉的认识。

在人们的记忆中,东西安乐堂是肇氏家族往昔繁荣的象征。阿塔带来的六子成为腰站六大支的始祖。按老人们的话说,六个儿子分别从努尔哈赤那里领到一些地,除去20岁以上成年男子每年从朝廷领到的饷银外,各支经济实力的强弱取决于各自的土地经营方式与生活能力以及其他因素。故村中肇氏各支各户的经济实力并不均等。有土地的肇氏成员有的自己耕种,有的利用出租佃农的方式经营土地。东西安乐堂是其中最有经济实力的家户。

对于腰站的外姓人来说,东西安乐堂代表着肇氏家族的繁荣,而对肇氏成员们来说,东西安乐堂也是他们引以为豪的。在以赫图阿拉为主体的旅游开发项目不断进展的情况下,抚顺市旅游局曾于2003年策划开发腰站满族民俗村项目,其中包括以莲花山为主的自然景观和东西安乐堂的文化景观。然而,象征肇氏昔日荣华的东西安乐堂始终没有机会代表满族文化的建筑重现其往日的辉煌。

1999年腰站被定为抚顺市旅游局和新宾县旅游局"满族民俗村"的定点村。按计划,游客们在农家可以品尝酸子汤、豆面卷、苏子叶饽饽等"满族传统饮食",可以观赏到县文化馆设计的"满族传统舞蹈"等。曾经作为无意识的生活方式的文化,正在逐步走上客体化、商品化的道路。但因客流量不足,2002年以后民俗村旅游活动悄然停止,旅游开发的真正起步尚需较长一段时间。

第七节 皇族还是满族

辛亥革命宣告清朝统治的终结,同时也使北京及其他各地驻防八旗的旗人陷入未曾有的困境。"辛亥革命"对很多旗人来说是"悲惨"、"苦难"、"绝望"、"屈辱"的代名词,这一场中国近代历史上翻天覆地的革命,在旗人的历史记忆中占据了重要的部分。腰站没有像许多驻防八旗那样的高高的城墙,也没有像杭州、广州、福州、西安等驻防地那样的旗民之间的紧张关系,尽管清朝的灭亡间接地使他们陷入一定的困境,但对于世代务农的腰站人而言,辛亥革命似乎在他们的记忆中并未留下太深的印象。

与许多满族不同,尽管肇氏是皇族,但辛亥革命以后,他们并未因此而受到歧视。东北地区是满族的发源地,很多早期生活在辽东的汉人均以各种形式被纳入八旗制度中,即使没有加入八旗,长期的共同生活也使他们形成了"你中有我,我中有你"的关系。下文将谈到,清朝末年从山东、山西、河北等地移民到东北的汉人不同程度地融入了当地旗人的生活中。而在腰站,这些汉人是以联姻的方式进入腰站并与肇氏发生关联的。

肇氏未像南方城市的驻防八旗那样与周围汉人社会形成明确的空间距离,在心理上也没有明确的他者意识。或许他们根本没必要强调自我与他者的区别,也没必要刻意强调自己是满族,因为爱新觉罗的满族身份是不容置疑的。他们的生活习惯就是"满族的生活习惯",即使其中夹杂许多汉文化成分。[1] 他们没有面临将自己进行差异化的迫切需求,他们生活中的日常实践是"无意识的生活方式"[2],而不是刻意为展示给他人的。这一点是笔者所调查的辽宁省其他村落的共有特征。因为东北是满族的发祥地,人口比率及历史文化和社会环境与其他地区明显不同。[3]

邻村胜利村居住着尹登的后代。其中肇忠华家是20世纪90年代以后

---

[1] 1993年笔者调查时,一些老年人在亲属称谓上有时还使用满语词汇,如阿妈(父亲)、讷讷(妈妈)、阿(去声)姐、哈什(仓房)等,但是作为生活语言,满语已经基本上消失。在东北地区,只要一提起满族,人们就会想到禁食狗肉、禁用狗皮制品等生活习惯,在笔者所调查的范围内,除了少部分人以外,大多数人已不再严格遵守此禁忌。

[2] 参见 Jack D. Eller, *From Culture to Ethnicity to Conflict*, Michigan: The University of Michigan Press, 1999, p.30。

[3] 到新宾调查的清史专家或满族研究者通常均会被介绍到腰站。对此,县志办的一位负责人说:"腰站已经习惯外面来的人了。其他地方不懂得怎么接待,弄得我们也很难堪,人家也做不好调查。另外,腰站又是满族聚集的地方。"2003年云南大学"中国民族村寨调查"也选定腰站为调查点,其中的一个理由是"这个村落有着满族和清代皇族的鲜明特点"。详细参见张晓琼、何晓芳主编《满族——辽宁新宾县腰站村调查》,云南大学出版社2004年版,第3页。1992年笔者初次到新宾采点时,也是经县志办介绍到腰站去的。

最受媒体和国内外研究者瞩目的对象。① 据说,忠华家的建筑为三百年前所建,是辽宁省内至今保存状态最完好的"满族传统建筑"。多年来,建筑学、民俗学、人类学等各领域的专家学者们纷纷前来测量房屋、拍照、做电视采访。

笔者第一次到忠华家是 1993 年。该房是硬山式砖瓦结构,五间房,中间开门。该房屋原来归忠华所有,土地改革时期将建筑物分成两部分,东屋归忠华,西屋分给他人。虽经历数百年的风风雨雨,但房屋建筑仍保存完好,门面雕刻也极精致。据说室内的祖宗板、香碗以及炕柜、地柜等家具和生活用品均为清代祖传的珍贵文物。

2002 年 8 月笔者重访肇忠华家时,西侧分出去的旧房已经拆掉,盖上了红砖瓦房。东侧忠华家仍模样依旧,只是门口的对联由过去的汉文变成了满文。春节期间,县文化馆为了拍摄录像资料,派人在忠华家举办了一次大规模的祭祖仪式表演,历时三天三夜。门口的满文对联是其时由县文化馆李荣发书写的。

忠华说,近几年省市县经常有人来拍电视、拍照片,来的人实在太多了,以后拍照片采访就要收费了。县有关部门还曾计划出 3.5 万元购买摆有家具和祖宗板的东侧那一间屋以及所有古家具,忠华拒绝了此项要求。他说:"卖了房子,我们住哪儿?"笔者不由得想起 1993 年初见忠华时那憨厚又和蔼的笑容。居住在"满族传统居室"中的忠华,现在或许开始怀念以往平静祥和的日子了。2014 年,笔者听说忠华已经作古,临终时答应将老屋卖给县文化馆。

对于皇族的身份,肇氏开始从"无意识"变为"有意识",实际上,他们开始意识到自己的满族身份是在 20 世纪 80 年代以后,此前,借当地人的话说他们一直都是种庄稼的"皇帝家的人"。30 年来,外部对他们的不断刺激,在某种程度上强化了他们的满族(皇族)意识。在大都市工作的腰站年轻人有的开始改冠爱新觉罗姓;为祈祷孩子考上大学,有的父母开始到几十里外的永陵去拜爱新觉罗祖先之墓。然而从他们身上,笔者从未感觉到丝毫的骄奢与傲慢,他们还是一群实实在在的庄稼人。

---

① 孙相适则认为肇忠华不是阿塔第九子尹登后代,而是阿塔第十子察库丹的后代。参见孙相适《走进满族姓氏》,四季出版社 2014 年版,第 336 页。

具有皇族这个特殊性的肇氏开始变为更具有普遍性的满族。不知从何时起，他们的生活即为满族的生活。而上文我们提到，腰站除肇氏外，还有其他自报满族的人。他们有的是八旗满洲后裔，有的是八旗汉军后裔，还有的是民人，即为加入八旗组织的汉人。这些汉人长期以来在户口上一直都是汉族，1984年成立上夹河满族乡时才把民族成分改为满族，其中有较为复杂的历史背景。以往调查者进入腰站后，只注意肇氏的历史及生活习俗，而很大程度上忽视了其他姓氏的存在。而既然是研究当代的满族，我们没有任何理由将他们排除在研究对象之外，相反，考察当代满族的形成与认同，必须要将这些群体纳入研究视野。下一节将通过他们的口述，来描述另一群满族的历史与文化。

第八节 被遗忘的人们——另一个历史

努尔哈赤在赫图阿拉建立后金政权，后金天命七年（1622）迁都辽阳，20多年后皇太极长驱直入占领北京，建立了清朝政权。为了巩固新政权并加强在全国的统治力量，清朝对八旗兵丁进行了大规模调动，家眷也随之一起迁徙，世人称此举为"从龙入关"。清朝平定"三藩之乱"后，为抵御沙皇俄国入侵，将清初从龙入关的一部分八旗兵丁派回"龙兴之地"[①]。为此，东北地区，尤其是赫图阿拉城与清永陵所在的新宾地区，满族（旗人）人口占据大多数。据记载，1906年统计，兴京总人口为232881人，其中满族（旗人）有144794人，占总人口的62.2%。[②] 在上述满族人口中，汉军旗人占据相当大的比重。[③] 这些汉军旗人除世代居住在辽东的汉人外，大部分是顺治年间从山东、山西移民到东北的汉人。

为了不让辽东长期置于空旷，清朝政府在清初相当长的一段时间敞开门户接纳汉人移民，并将其大量编入八旗。其中以山东移民居多。据定宜

[①] 李林：《满族宗谱研究》，辽沈书社1992年版，第56页；许云凤、曹文奇：《满族人口的发展特征》，载曹文奇主编《新宾清前史研究论丛》，辽宁民族出版社2003年版，第228页。

[②] 《新宾满族自治县概况》编写组：《新宾满族自治县概况》，辽宁大学出版社1986年版，第29页。

[③] 据定宜庄、郭松义、李中清、康文林的估测，在清朝末期，旗人在奉天全部人口中所占的比例约为60%，旗人中的汉族又占旗人总数的75%左右。参见定宜庄等《辽东移民中的旗人社会——历史文献、人口统计与田野调查》，上海社会科学院出版社2004年版，第6页。

庄等人的研究，第一批山东移民到达辽东是在顺治三年（1646），以后便持续不断。他们被组织在八旗制度之内，从而成为与"民人"相对的"旗人"。顺治十年（1653）清廷并置辽阳府，正式确立起八旗制和府州县相辅而行的双轨制统治，但府州县管理安置的主要是陆续迁来的流民，大量早期到东北定居的汉人入了八旗以后，不受府州县管辖。①

腰站的外姓人是陆续迁入本村的。据一位老人回忆，他家最早来腰站大约是在19世纪后半叶。记载家族史的族谱（谱书）大部分在20世纪40年代闹胡子时以及50年代以后的政治运动中烧毁了，幸存下来的老祖宗（老祖先）也只是一张谱系图（也称谱单），看不到迁徙年代等详细情况的记载。②

在这些外姓当中，除了自称"纯满族"的胡氏、那氏、吴氏以及1960年以后迁入的李、刘、孙、张、冯、王氏③外，其余大部分均为20世纪30年代以前由外村迁来的山东移民。其中，有的是早年加入八旗的汉军旗人后裔，有的是民人（汉人），1984年成立上夹河满族乡时他们均改报满族。

目前，腰站"满族"的构成可分为以下几种类型：

（1）肇氏家族——皇族；
（2）胡氏、那氏等"纯满族"；
（3）清代或民国时期迁入的汉军旗人后裔；
（4）清代或民国时期迁入的"民人"后裔，即原汉族；④
（5）20世纪60年代以后迁入的原汉族。

除第一项皇族肇氏外，上述几种类别区分是目前东北地区满族的具代表性的成员结构。

以往满族研究在涉及历史、族谱等内容时，常会提及汉军旗人，而一旦涉及"满族习俗"、"满族民间故事"、"满族传统宗教"等内容，其对象基本上都限定在上述（1）、（2）项，而很少提及汉军旗人。这种偏颇实际

---

① 定宜庄等：《辽东移民中的旗人社会——历史文献、人口统计与田野调查》，上海社会科学院出版社2004年版，第6页。
② 笔者只看到一本保存完好的谱书，它的主人是20世纪60年代以后从山东移民过来的王计生（详情下述）。
③ 腰站王氏有同姓不同宗的情况，他们迁入时间均不相等，其中清代落户腰站的王氏（如西岗子王文武家）是腰站第二大姓氏，此处的王氏是指另外一个。
④ 他们现在也称自己为"民人"。因此，他们有两重身份，一个是1984年改报的"满族"，一个是相对于肇氏或"旗人"的"民人"。前者是对外身份，后者是日常生活中的对内身份。

上使（3）、（4）、（5）的人们失去了他们自己的声音，他们成了"满族"背后无声的影子。殊不知当代满族人口的剧增，正是这些人的存在起到了决定性作用，而无论他们族源如何，既然行政上承认他们是满族，就应将他们纳入研究视野，因为忽视了他们，便无法理解当今的满族。

因此，本节将依靠他们微弱的记忆，再现活态历史，通过他们自身的言语让他们浮出水面，重见光明。同时我们也将把（2）项的"纯满族"纳入研究视野，从他们的叙述中我们还可观察到他者眼中的肇氏图像。本节记录部分村民的口述史，这些口述主要是围绕着家族史展开的，其中有许多内容可作为第二节的补充。此外，笔者还利用家族构成图呈现了1984年前后修改民族成分的情况。①

口述1
胡连玉，1923年生，满族（满洲八旗）

问：你能讲一讲过去的那些老事儿吗？

胡：过去李总兵抓老汗王，（汗王）凑了哥儿八个逃到白山去挖参，维持生活，挖了很多参以后，驾着枪保护，去沈阳卖参，卖了参，钱多后招兵买马，去打杨家大兵（指明朝军队），（就是）"白山起义"。从抚顺到沈阳，汗王起义了。以前听老人传说的。后来共产党来了，拍片宣传（指20世纪80年代上演的电视连续剧《努尔哈赤》）。

问：来腰站前你们在哪儿？

胡：我们是康德三年来腰站的。以前家在抚顺，后来太爷带我爷爷到上夹河五龙沟落户，那时候日本人归屯，在八大矿开矿，身上有一点儿毛病也挂不上号（看不了病），就来到腰站种地。日本人第一次来的时候，抚顺的坟地都让日本人占了。日本人打胡子，归屯。种不了地，起先回了抚顺，又回来了。胡子没了，他们说可以圈地盖房，不要钱，我爷爷就从抚顺带我回来，一看，只有房子租不上地也不行啊，就带我到西岗子住下来，租肇兴祥家的地。

问：你太爷在哪儿出生的？

胡：不知道。

---

① 口述1、2根据笔者的录音记录整理，其他口述根据笔者以往的调查笔记整理而成。

问：他是干什么的？

胡：也是种地的。抚顺的南伙园是（我们家的）老户，平顶山过西岗就是南伙园。南伙园火车道一过西崖子就是我们的老坟地。全让杆子（枕木）给压了。老坟都没有了。能有20多亩平地都给杆子压了。他们给发的票就像现在一毛钱那么大的票，白查查的叫奉票，后来没等花就瞎了（废了）。

问：谁发行的？

胡：小日本呗。

问：怎么来的腰站？

胡：来腰站时已经有很多外姓，要有熟人。当时有亲戚在西岗子，我们就要饭要到西岗子。后来土改后搬到腰站街。在西岗子跟老肇家姑奶奶结的婚，两个人都穷。

问：你们先人从哪儿来的？

胡：从小云南过来的。我们先人跟老汗王同起同坐，从长白山占到北京坐下的。我们先人一辈就拉倒了，完事了（意为只有一辈人做官）。

问：你刚才说"小云南"是怎么回事？

胡：小云南就是我们从山东小云南拨民拨到抚顺南伙园的。以前叫前进堡，是我太爷打小拨过来的。我们先人逃难逃到长白山，他们哥八个，挖参维持生活，可着车①往沈阳拉，回来后招兵买马，起义，从老白山一步步推到抚顺，从抚顺推到沈阳，在沈阳坐下打朝鲜，朝鲜打定了在北京坐下。哥儿八个叫"八大家"，八大家以外的都是民人。

问：小云南在哪儿？

胡：在关里呗！老人说的咱们记不住了。就说我们是小云南拨民拨过来到南伙园落户。老坟地的油松又大又粗。我们这支的老坟上边跑电车呢！那时候没张罗起坟。我们家有谱书，人死了才上谱书，女的娘家姓刘，就写刘氏，填在男人罢拉（旁边）。

问：是满文的还是汉文的？

胡：汉文的。

问：有几辈？

胡：那可得数了。我没念过书，困难时候连饭都吃不上。闹胡子

---

① 方言，意为装满了车。

的时候不让你吃，没有地种。老太爷那时在这边修道，一修好几个月，家里的地全扔了，没有人种，那年一点吃的都没有，这就张罗归屯，我们就出了五龙沟。在那没法混。这边一个围子，那边一个围子，胜利一个围子，都是围子，转圈挖的战壕、刺障啊！

问：从南伙园为什么要到五龙沟？

胡：那时过不了啦。坟都占了，平地也给压了，就到了五龙沟。五龙沟有大爷，我们一家子就投奔他到了五龙沟，搭个房，找了个锅立了灶。那时候挣不着钱呐。我给人家踩格子一天挣八个子。看花生、看香瓜，维持生活。那时小日本打胡子，你不走就（说你）不是好人，就砍了。老孙家那大家有一支，就爷俩，一年打粮卖点钱也够花，（他们）就舍不得走，让守备（日本人）用刺刀挑死了。还有国兵大陆军他们一起，那都是骑着马撵（胡子）啊！撵来撵去撵到大山里去了，后来打七八天把胡子打败了。

问：胡子都是从哪里来的？

胡：都是各个儿（自己）兴起来的呗。我行我就找几个人，找几支枪，回来以后就当胡子，你有钱，值多少钱就把你绑上，你拿钱投，赶着有抽大烟的，打马头的，这些人去说，两头说，钱交了，人就放了。有的有仇的，勒去活活的凿死。

问：你们是什么旗？

胡：正黄旗，挂黄挂签（指祖宗板上贴的挂签），胜利老富家、老黄家是白旗，他们挂白挂签。过去俺们先人在沈阳将军衙门当差，一辈一个，哥俩选一个去当差。

问：怎么祭祖？

胡：外面有一块板供索罗妈，里面有两块板子，一共三块板子。外面一个香碟，屋里六个香碟，供什么不清楚，只知道一个香碟供一位，供六位先人，还有两个哈什妈，一个"影"。

问："影"是什么时候画的？

胡：自从有先人就有它。"文革"时候藏起来了。伪满以后就没请过。以前"使唤猪"（祭祀）的时候请（祖先神）。

问："影上画的是谁？"

胡：红脸的是关公，还有一个可能是先人，具体不太清楚，那两匹马一个是"大青"，一个是"二青"。归屯时把板子（祖宗板）都烧了，日本人杀人放火，无恶不作。现在的板子是日本投降后到腰站重新请的。

问：那时你多大？

胡：我8岁（1931年）。

问：请祖先时有叉妈（萨满）吗？

胡：没有。

问：需要几天？

胡：要三口猪，外面一口，屋里一口，索罗杆一口。那都不能动刀，用一个棍做一个签子挑，要挑死。把猪骨头剔下来，肉弄成八块，摆在桌子上，大家跪几个小时，最后一次是伪满的时候，在西岗子请的。

问：外面那块板子供的是谁？①

胡：也是祖先，万历妈妈，汗王的女人。李总兵要杀汗王，他把消息透露给了汗王，汗王跑了。她被李总兵砍了。汗王说咱不能忘了人家呀。就把她供起来了（图7-12）。

问：这故事是从哪里听来的？

胡：从老人那里听来的。

问：以前就叫满族吗？

胡："旗人"不受听。

问：户口上一直写满族吗？

胡：户口上写满族。俺们是纯满族。共产党来了解情况，一直写满族。"文革"破四旧、立四新，一律打倒，老肇家不敢写"肇"，都写"赵"，因为都是皇帝家里的，共产党来了不兴（流行）他们了，工作组来了。后来邓小平以后纠正过来，又改写"肇"。

以下简单整理并分析上述内容。

胡氏原住抚顺南伙园，1931年"九一八"事变后，家中的田地与祖坟均被日本人修铁路占去，于是逃荒来到新宾县上夹河五龙沟，后来因为闹胡子（土匪），日本人为了维持地方治安，实行强制性归屯，胡氏便投亲到腰站村西岗子，胡连玉与肇氏联姻，土地改革后，搬到腰站

---

① 新宾满族自治县外和睦村关姓在同样的位置供的是"土地爷"。万历妈妈则供在西屋的东南墙角。

图 7-12　胡连玉家的索罗妈妈（万历妈妈）

街居住至今。

　　胡氏旗属正黄旗。从供祖宗板的情况来看，胡连玉的祖先是满洲八旗人。胡家目前保存的"影"和"哈什马"，收录在影集《清永陵》（沈秀清等编，2000）中，"影"上画着两人，分别骑着马，旁边各有一兵举旗护后，冲向敌方阵营。画面颜色鲜艳，立体感较强。胡连玉说前面骑着马身穿黄袍的是祖先，后面身着绿袍红脸黑须的将军是关公。因为关公曾经助过祖先一臂之力。

　　关于祖先的来历，胡连玉提到看似毫不相关的"小云南"、"长白山"两个关键词。下文我们将看到，许多山东移民都说来自"小云南"，如果胡氏祖先是满洲八旗人，那么，他们来自"小云南"的可能性几乎是没有的。那么，为什么包括一些肇氏老人在内都自称是"小云南"人呢？笔者分析有可能是因为受山东移民话语的影响。其实，"小云南"、"长白山"对他们来说与其说是一个准确的地理概念,倒不如说是一种与祖先连在一起的抽象观念。

胡连玉反复提到"闹胡子"和"归屯",这在下面的个案中也将重复出现。在老人们的记忆中,这两个事件给他们生活带来的影响是巨大的。它不仅改变了家族命运与个人生活,同时也改变了原有的村庄社会结构。正是由于归屯,腰站的村庄构成由以肇氏为主的相对封闭的单一结构变成了多姓氏杂居的多元结构。此外,胡连玉的叙述从侧面证实了上节 ZPH 所说的肇氏改"肇"为"赵"的事实。

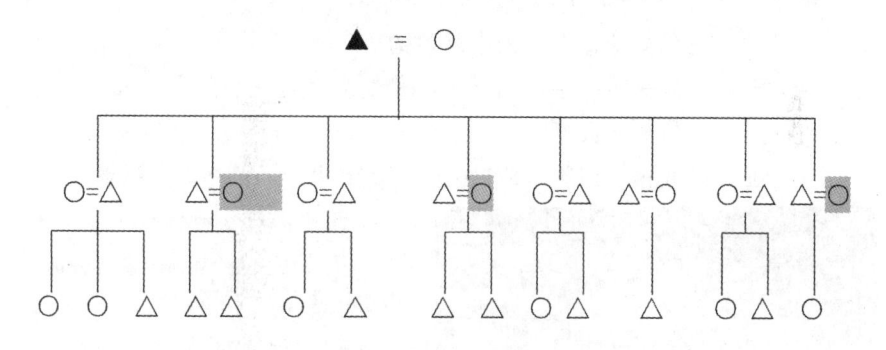

胡连玉家民族成分变化情况①

注:该章亲属结构表单纯表示修改民族成分情况。▲为口述人。离开腰站迁居他处者,此处均未标出。加网部分,为1984年前后将民族成分改为满族者;未加网的为原满族;画波线的为汉族,第三代以下没有加网的均为满族。以上适用于下列所有个案。

口述 2

王文武,1932 年生,满族(民人),家住西岗子

问:你们老王家是怎么来到西岗子的?

王:当时上夹河有两个兄弟,挺硬的(有权势)。那时候到西岗子,西岗子归胜利管,后来归腰站管。那时候西岗子路北住老肇家,路南住俺们老王家。慢慢儿跟老肇家近乎了,就跟老肇家成亲了。现在老王家有五十多户,都混着住,分不清楚了。

---

① 胡连玉有四男四女八个孩子。女儿都嫁到了附近村庄,儿子结婚后都分家立了业。

问：你记得是什么时候开始跟老肇家成的亲？

王：从我爹开始（王文武父亲为1909年生）的。其实，俺们以前不姓王，姓栗，老家在山东省青州府朱城县栗家庄。过去老人说，有个先人跟皇帝家的格格私奔到东北，怕皇帝抓他，就改姓王了。以前俺们管爸叫"阿妈"。

问：供老祖宗吗？

王：以前有（祖宗）龛，"文革"时候烧了。现在就剩下"老祖宗"了，那时候藏在白菜地里。过年的时候也不拿出来，就放在兜子里藏着（图7-13）。

问：还记得是什么时候来腰站的吗？

王：具体是哪一年不记得了。祖坟到我这儿已经十一辈了。

问：你们是什么旗？

王：镶蓝旗。到腰站的时候俺们是"民人"，户口上也填汉族。

图7-13 王文武家谱书

问：那什么时候改的满族？

王：成立满族乡的时候（1984年），工作组问：爸、妈叫什么？俺们就说管爸叫"阿妈"，妈就叫"妈"，他们当场就说：你们肯定是旗人。就叫我们改满族了。那以前满族受歧视，老肇家有能耐的都跑了，剩下的都是没能耐的。辛亥革命那时候把大尾巴"肇"都改成走小月"赵"了。成立满族乡又都改回来了。还有人开始用爱新觉罗了。清代老肇家不干活，剥削人。腰站，外姓人进不了。那阵儿腰站都是老肇家人，所以没有歧视。

老李家、老刘家、老孙家、老张家、老冯家他们没跟老肇家成亲，也没入旗，就没改。

问：听说村西那个小庙是你家的？

王：是俺们盖的。供保家仙和三神（土地、山神、城隍）。俺们老王家保家仙是从山东过来的，有三位，黄天德、黄天霸、黄淘气（黄仙）。"文革"时拆了，后来又盖的。

问：什么时候？

王：十几年前。

腰站有三个同姓不同宗的王氏，其中王文武的家族人口最多。从传说来看，王氏从山东到东北是由于"私奔"，后改姓为王。移居东北以及迁入腰站西岗子的时间不详。西岗子处于腰站村的边缘地带。过去分前后两街，前街居住着王氏，是胜利村的管辖范围，后街居住着肇氏，由腰站村管辖，1949年重新划分行政村时，因腰站村人口和户数较少，便将前街部分也划归腰站村，划归部分大约有二三十户。这是外姓又一次大规模编入腰站的一个例子。

王氏与肇氏联姻是从王文武父亲开始的。王文武父亲出生于1909年。因此可以推测，王肇联姻应该是在20世纪20年代末至30年代初。王文武提到祖坟到他这儿是十一辈，若按一代25年来计算，我们可推算，王氏移居西岗子的时间应该在雍正八年前后。

王氏自称旗属镶蓝旗，但又说刚到腰站时为"民人"。这里便出现一个问题。王氏若果真是镶蓝旗，说明到东北后王氏加入了八旗组织，从理论上讲，旗人与民人是两个相对应的范畴，一个人不可能既是旗人又是民人。因此，王文武的说法是自相矛盾的。而且，他们户口上一直填汉族，1984年上夹河满族乡成立后才改为满族。后来，笔者了解到，王文武有两次婚史，再婚妻子是肇氏遗孀刘德芳，刘德芳带着一男三女嫁到王家。肇氏乃满洲镶蓝旗，故"镶蓝旗"的说法或许是受肇氏影响，因为与肇氏联姻，因此便称自己为镶蓝旗。这也反映在亲属称谓上（称父亲为"阿妈"）。但这仅仅是一种推测而已。而恰恰是因为"阿妈"这个称谓，1984年成立满族乡时，被"上面的人"（乡干部）认定为是"旗人"，并改为满族，"镶蓝旗"的说法也有可能是在此之后形成的。

王文武是笔者在腰站调查中第一个提到辛亥革命歧视问题的人，但正如他所说，腰站肇氏并未受到太大冲击，因为辛亥革命前后，腰站是一个以肇氏为主的相对封闭的村庄。

王文武的妻子和再婚后新添的两个孩子及其后代都改成了满族。

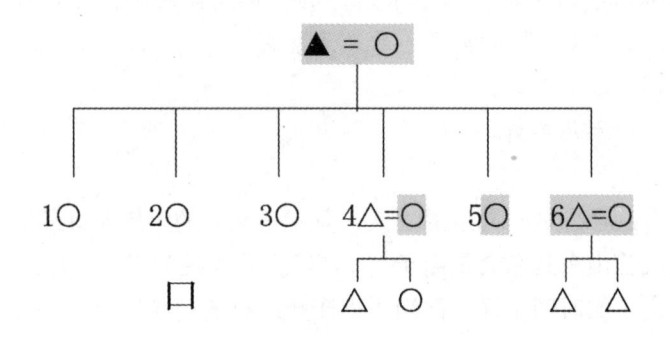

王文武家民族成分变化情况

　　表中1—4分别为肇溥琴、肇溥惠、肇溥娣、肇溥刚，户口上一直都填满族，是王文武妻刘德芳与前夫所生之子女，5、6乃与王再婚后所生之子女，分别为王永凤、王明勋。1984年由汉族改为满族的有王文武、刘德芳、肇溥刚之妻王氏、王永凤、王明勋之妻周氏。1、2、3均已嫁出，5王永凤已故。

口述3
高明亮，1927年生，满族（汉军旗人）

　　问：你们老高家从哪儿来的？
　　答：俺们老高家是一大户，听老人讲，是从粘不州过来的，在铁岭那边儿。在那儿每年都领钱。
　　问：从粘不州直接到这儿来的？
　　答：从粘不州过来时到古楼（腰站附近的村落——笔者注），从古楼到这儿的。
　　问：到腰站是什么时候？
　　答：我两岁的时候跟我爹从粘不州过来的。
　　问：再往前不知道了？
　　答：不知道了。
　　问：你们是什么旗？
　　答：不知道。就知道是旗人，什么旗不知道。
　　问：你们有家谱吗？

答：有。俺们是小的。旗人的都小，民人的大。俺们的都是不大点儿，过去放在家谱龛里，像小房儿似的，都烧了。

问：什么时候烧的？

答：就小日本时候烧的。那时候归屯，都烧了。乍来到古楼，又到占贝，我是占贝生的人。我那阵儿不大点儿呢，我爹50来岁就过来腰站。俺们和张承玉、张承方一家子来的。那阵儿腰站一般人进不来，外姓少，都是老肇家。来腰站三年没地种，就租老肇家的地种。后来土改，俺们搬到东安堂住，上下屋，有大门，可好啦！那时候西安堂已经让胡子烧了。

问：东安堂主人以前是谁？

答：肇先督（音）。他是做买卖的人，开药铺，在沈阳小东门。有个姓康的母女俩管理东安堂。

问：后来都什么人在东安堂住？

答：那多啦！净是关里人，在这边种地，吃租嘛。

问：当时为什么要搬到腰站来？

答：就是小日本烧房子，进来的，就这么过来的。赶这东西吧，就是老祖先那锡的，七件①，香碗啊什么的，都烧了，都让人偷去了！

问：谁偷的？

答：那谁知道谁偷的！都急忙过来了，都扔了。

问：偷那个干什么？

答：卖钱呗！锡的。后来没有了，俺们弄个木头的。

问：木头的也没了？

答：那不咱们国家不让供嘛！都烧了。老肇家那家谱也全烧了。俺们老祖先都写满了，本来得升了（烧了），我没舍得升，前两年又请了一个新的。

问：换新的从哪一辈儿开始写？

答：从老太爷（父亲）那辈儿开始。

问：那如果升了，以前的祖先不就不知道了吗？

答：那就不知道了。俺们的还没升，你看过。

---

① 汉军旗人祭祀祖先时所用的七件锡制祭器：两个香筒、两个烛台、两个花瓶、一个香碗。

问：听说过小云南吗？

答：对，俺们是从小云南过来的，从小云南到粘不州，过去听老人讲过。

问：老家谱写了多少辈儿了？得十几辈了吧？

答：嗯，写满了。

问：你们户口上一直填的满族？

答：对，俺们是满族。

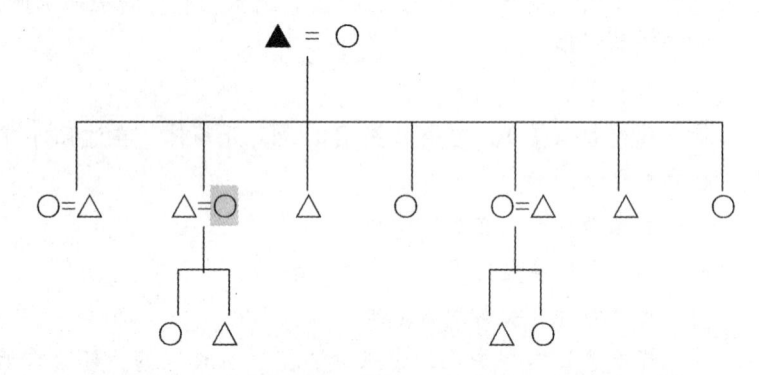

高明亮家民族成分变化情况

家谱是衡量民人和旗人的重要标志。从高明亮家的家谱来判断，高氏祖先应该是汉军旗人，而且是早年加入八旗组织的。但是关于旗属问题，到高明亮这一代已经失传。高氏来腰站是因日本人实行强行归屯所致。而高明亮说的粘不州到底为何地，至今不明。

口述4

吴景祥，1947年生，满族（汉军旗人）

俺们是镶白旗，老家在山东小云南，听我爸说是"在旗的"①。俺们以前叫"吴舒哈拉"，以前听老人讲过"吴舒阿牛录"，不知道什么意思。祖先以前在永陵当差。我爷爷30多岁时从邵家来到腰站。

---

① "在旗的"一般指满洲八旗成员。详细参见定宜庄等《辽东移民中的旗人社会——历史文献、人口统计与田野调查》，上海社会科学院出版社2004年版，第220—223页。

我爷爷1896年生的。来腰站那年大概是20年代左右。土改前有点地，还开了一个小店。土改后都没了。

俺们一直是满族，不是后改的。孩子他妈以前是汉族，姓梁，后来改满族了。我儿子吴刚、女儿吴娜一直是满族。小云南拨民这个说法是听别人讲的，没听我爸直接说过。小云南在哪儿也不清楚。

家里供祖宗板（图7-14），两个板子，四个香碗，具体代表什么不知道。年三十晚上请下来，摆两落馒头（十个），供上，初五、初六撤供。正月十五再供，十六撤。

谱书"文革"时烧了。先人只记得爷爷叫吴奎明、父亲叫吴惠泉。

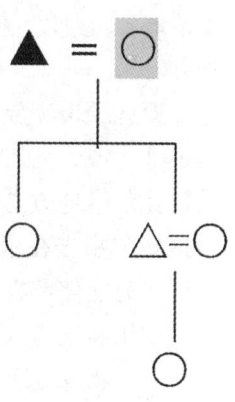

吴景祥家民族成分变化情况

图7-14 吴景祥家祖宗板

吴景祥对祖先的记忆已非常模糊，因为他失去了谱书这个文字记录。靠老人口传下来的祖先记忆中只有"镶白旗"、"吴舒哈拉"、"小云南"等零散片段。从供祖宗板的情况来看，吴氏应为八旗满洲，"吴舒哈拉"

中"哈拉"满语意为姓,"吴舒哈拉"应为乌苏氏,"吴舒"为东北方言的讹化音。《八旗满洲氏族通谱》卷三十七中有关于乌苏氏的记载:"乌苏,本系地名,因以为姓。其氏族散处于瓦尔喀、讷殷、海兰、长白山及各地方。"①

原抚顺市满族研究所张德玉认为,乌苏氏的汉字姓有吴、穆、包、黄、邵、温、乌、木等多种,新宾地区的乌苏氏基本上是属于瓦尔喀地方的。瓦尔喀地方乌苏氏曾有七代人在永陵当差。② 这与上述吴景祥口述中所提到"祖先在永陵当官"的事实基本吻合。但因没有族谱等文字资料印证,只能停留在推测阶段,有待日后进一步澄清。

如果吴氏为八旗满洲,"小云南"显然又是一个附会之例。吴景祥并没有从父祖辈那里直接听说,而是听村中老人说的。说明在这一地区,"小云南"在众多人心目中已经成为一个传说中的故乡。正如许多人认为"长白山"是故乡一样。

口述 5
史兆福,1924 年生,满族(民人)

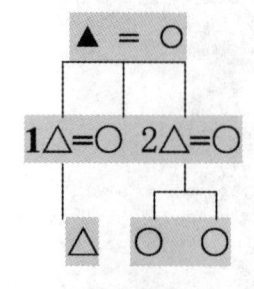

史兆福家民族成分变化情况

俺们老家在山东小云南,祖太爷(曾曾祖父)的时候一个扁担挑过来的。闹胡子以后,从庄家(属上夹河乡)投奔吴景祥到腰站来的。那时候我20多岁。到腰站以后,起先租肇树村家的地种,租一铺炕一年要交一担豆子,还给点菜园子。土改以后,分了一亩半地。

以前供老祖宗,"文革"后改供一男一女两位祖先,两边有对子。

过去腰站是老肇家的天下,外姓受排挤,现在都一样了。

俺们以前是民人,后改的满族(1984 年)。

---

① 弘昼等编:《八旗满洲氏族通谱》,辽海出版社2002年版,第451页。
② 根据2006年10月11日与张德玉的一次谈话。

口述 6
韩玉山，1941 年生，满族（民人）

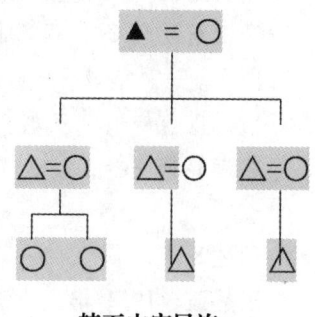

俺们老家在山东小云南。俺们是民人。从山东来的时候有六个兄弟，路上走丢了一个，到东北就五个人。我爷爷和我爹都是在五道河生的。我爷爷要活着得 110 多岁了。我在腰站生的。我姥姥是老肇家姑娘。俺家来腰站是投奔姥爷来的。

当年我爸被胡子绑了票，在地窖里关了一百天，房子也被胡子烧了。后来我爹回来了，腰站二姥爷（外祖父之弟）劝俺们来腰站，那时候已经闹完胡子了。

韩玉山家民族成分变化情况

口述 7
王金山，1923 年生，满族（民人）

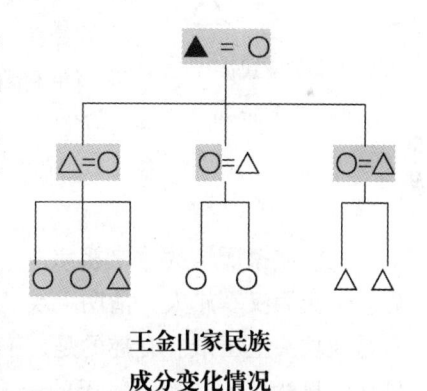

我爹十几岁的时候，跟我爷和我奶从山东一路要饭要到腰站。那时候进不了村里，就在胜利山根底下肇忠华那儿住下了。老肇家那时候是大财主。我爷我奶每天要饭，我爹就给老肇家放猪，几年以后我爹做饭，做大师傅（厨师），20 多岁的时候捡了个媳妇儿。木奇（新宾县木奇镇）东边儿老吴家以为我爹是老肇家人呢，就把姑娘许给了我爹。后听说是个做活的，但也不能反悔。我妈姓吴，是满族。

我是在胜利（村）生的。打记事儿起就看见爷爷要饭，回来后大家分着吃。我 9 岁时我妈就死了，11 岁的时候我爸又死了。土改以后分了一点地。

过去，腰站都是老肇家，没有外姓。那时候老肇家没有干活的，到时候去领钱，一年 24 两银子，够吃够穿够花，婚丧嫁娶都给钱。

王金山家民族成分变化情况

刚解放的时候老肇家到外面找工作找不着,姓肇不行。解放前地位很高,解放后不行了。因为(他们是)皇族,清朝把土地出卖给外国了。

以前俺们填汉族,成立满族乡时改的满族,工作组让我们改。汉族满族都一样,就改了。

口述 8
王静波,1951 年生,满族(汉军旗人)

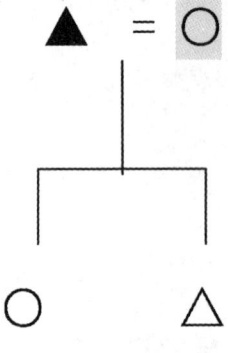

王静波家民族成分变化情况

俺们老家在山东小云南,俺们是正白旗。祖先在清朝内务府当差,户口上一直都填满族。以前根本没人提满族,最近几年才开始问这问那。

我妈姓肇,叫肇秀兰,我爸叫王文玉。

以前有祖宗龛,"文化大革命"烧没了,现在就供老祖宗(图 7-15)。家谱填满后要把它升了。请新的时候还从始祖写,写不下就请更大的。以前清明不插佛托,老肇家插,现在清明俺们也插佛托了,从五六年前开始的。以前就压点儿压纸,因为是满族,所以开始插佛托。"文革"前村里人都供灶王爷,"文革"后不供了。

王静波家所供的"老祖宗"(家谱)是小尺寸的,上面记载有六代祖先。王氏为汉军旗人。清明上坟通常只有满洲八旗在坟上插佛托,而汉军旗是在坟头上压纸。有趣的是,王静波开始认为,既然是满族,就应该插佛托,显然,他是受了肇氏的影响,近年来的"满族热"也在某种程度上强化了这种观念。这种"满化"的现象非此一例,新宾榆树乡蔡家村蔡氏家族是汉军旗人后代,他们在清明也插佛托,问其缘由,答曰"随俗"①。

---

① 孙相适:《走进满族姓氏》,四季出版社 2014 年版,第 21 页。

图 7-15　王静波家"老祖宗"

口述 9
赵连祥，1926 年生，满族（民人）

俺们是山东小云南拨民拨过来的。我爷在古楼生的。我爹在腰站生的。祖坟在古楼二道河子。我爷、我奶、我爹的坟在腰站。以前供老祖先，叫"zhuzi"，是一张大纸，上面有两个神像，不知道是什么神，两边有对子，也有画儿。"文化大革命"烧了，没了。

刚来腰站的时候租老肇家的地种，土改以后分了地。我姑（80多岁）给老肇家了。

以前一直填汉族，1984 年改满族了，全家五口人都改了。成立满族乡，有点甜头儿，就改了。

赵连祥家民族成分变化情况

口述 10
张唤明，1914 年生，满族（汉军旗人）

问：您老家在哪儿？

张：俺们是从山东随龙过来的。是旗人。老张家是大户，铁背山、萨尔浒都是老张家的，比老肇家大。老肇家也是从小云南拨民过来的。后来汗王爷（努尔哈赤）做天主了。

问：你们是什么旗？

张：不知道。

问：什么时候来腰站的？

张：我爷那辈儿从营盘北新屯搬到腰站。那时候腰站没有外姓，俺们老张家来得最早。俺们跟老肇家是老姑舅亲。我奶、我嫂子、大娘（伯母），还有我们家的（妻）都姓肇。

问：您母亲呢？

张：我妈姓富。俺们是旗人，民人不能跟老肇家搭亲。旗民不交产嘛。老黄家、老吴家、老杨家都是在旗的。①

老肇家土改以前大部分都有地，自己不种，租给别人种。领银子那阵儿也有地。种地的人少，都待着（闲着）。俺们老张家给老肇家当差，做帮工，到年底腊月二十三满工给钱。土改把地主的地都分给贫下中农了。腰站最大的地主恶霸是肇永福。那时候，永福老伴儿也挨斗了。永福一上火，眼睛瞎了，死了。那时候斗出的小元宝能买六个大骡子。

问：你们以前也一直是满族吗？

张：一直是满族，解放前不写民族成分，"文化大革命"也不写什么族，现在突然出来个满族。

问：见过日本人吗？

张：日本人对老肇家也不另看，一律同等对待。

问：听说过辛亥革命吗？

---

① 定宜庄等人认为，"在旗的"指八旗兵丁，"随旗的"则指带地投充的汉人。参照定宜庄等人《辽东移民中的旗人社会——历史文献、人口统计与田野调查》，上海社会科学院出版社 1999 年版，第 134 页。

张：辛亥革命没成功，老肇家没受什么影响。以前不太平，总闹胡子。过去俺们开了个小铺，为了躲胡子，到处跑。现在连小偷都少了。

问：有家谱吗？

张："文革"时候烧了。老祖先带龛的，像个小庙。供五位神头。关公、瘟神、火神、龙王、抽常五道。跟民人的一样，是一张大画，上面写人名。

问：清明插佛托吗？

张：不插佛托，也不压纸。清明以前烧纸，现在不让烧了。

问：供灶王爷吗？

张：以前供天地爷，现在不供了。

从上述内容来看，张氏最迟在19世纪中期就已经迁居腰站，是腰站第一个外来户。如果张唤明的记忆是正确的，那么，在张氏到来之前，腰站只有肇氏一个家族。从阿塔来东北的时间（1686年）以及肇氏定居腰站的时间（一说1688年）来计算的话，这种单姓居住状态持续了一个半世纪以上。

"随龙而来"是辽东旗人尤其是八旗满洲人在讲述迁移史时的常用话语。"龙"即努尔哈赤。张唤明说张氏乃山东人，又称随龙而来，该说法显然是自相矛盾的。张氏是旗人，但他又说不清是什么旗，从张唤明的年龄来看，这实属罕见。在没有文字记载的情况下，口传记忆到了张唤明这一代出现了中断。

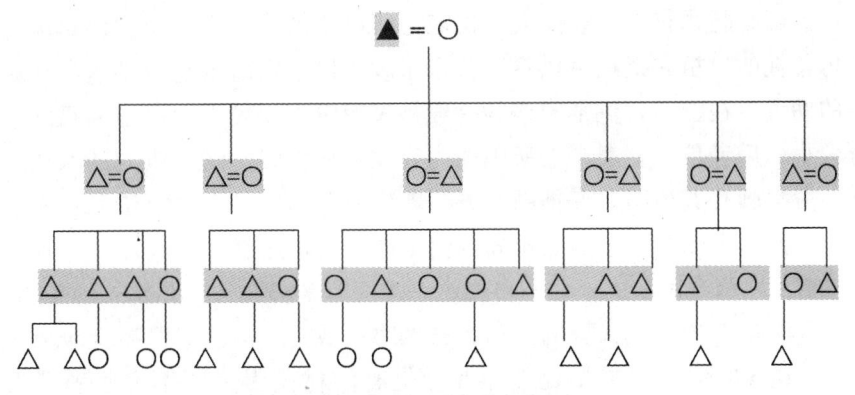

张唤明家民族成分变化情况

从祭祖形式来看，张家供的是汉军旗人供奉的五神式"老祖宗"，因此，可以推测，张氏是早期加入八旗的汉军旗人，19 世纪后半期因某种契机移居腰站，成为首批落户腰站的外姓人。

口述 11
盖可厚，1923 年生，满族（汉人）

老家在山东省临沂市汤图区。1953 年山东闹水灾，俺们是逃难到东北来的。开始只有两家，后来又有两家投奔亲戚过来。刚来腰站的时候家里供三代宗亲，但是我身体一直不好，媳妇要供家谱，我儿子就到山东祖坟墓碑上抄来四位祖先的名字，回来后，新请了家谱，叫"轴子（音 zhuzi）"，大张纸上写着祖先名，两边有对子。俺们家就供了四位祖先：太爷盖举、爷爷盖学孔、父亲盖京普和我叔叔。

我儿子盖永春的媳妇儿是肇祥臻大女儿肇静茹。

三十晚上供祖先，初二八九点钟撤供。平时卷起来，不让出门的女儿看。没出门在家的女儿可以看，不磕头。儿媳、儿子、孙子得磕头，孙女不磕头。

以前俺们是汉族，成立满族乡的时候，因为大儿子、小儿子丈人都是满族，两个儿子非要改，架不过大队，只好改了。但内心不想改，这不是背叛民族嘛。

盖可厚既非旗人也非民人，盖家之所以改满族，祥臻长女的影响是不可忽视的。祖先祭祀由供奉三代宗亲改为供奉家谱也是由于这个儿媳妇的劝说。在腰站，供奉家谱的一般是汉军旗人或民人。家谱的尺寸前者较小，后者较大。家谱上所画的内容也不尽相同。汉军旗人的家谱上方一般都画有五神图，五神图下方写着先祖名讳。民人的家谱一般只有一男一女两个图像，下面是祖先的谱系图，两边还有对联（图 7 - 16）。

盖可厚修改民族成分并非自愿，一方面有来自儿子、儿媳妇的压力，另一方面有来自"大队"的压力，虽然木已成舟，但他对此事至今耿耿于怀。这样的例子在腰站比较罕见。也有的村民因为"不愿意背叛民族"，而坚持不改民族成分。我们来看看下面的例子。

图 7-16　民人所供"老祖宗"（大谱单）

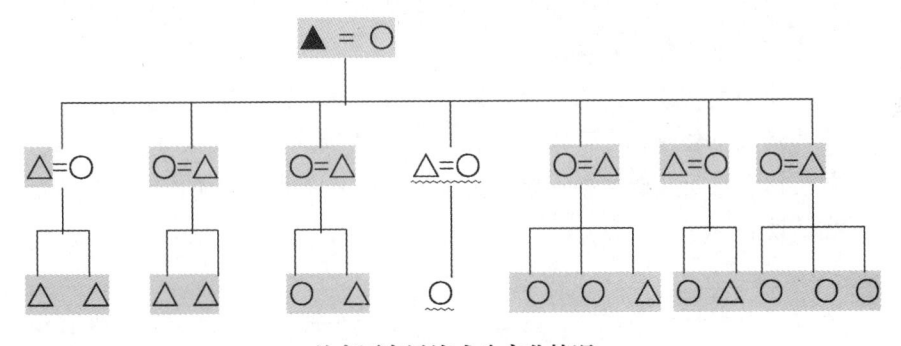

盖克厚家民族成分变化情况

口述 12
王继生，1954 年生，汉族

俺们老家在山东。我太爷领四个兄弟来的。开始老大到缸沟种地，老二在新民当兵，老三也在新民，老四在腰站。我爹14岁那年（1923年）到的腰站，我爹是1909年生的，叫王毓祥。当时进腰站挺难，刚开始进不来，在北沟住，后来我爹跟老肇家的外甥女结婚，才下了山。没过几年，那女人就死了。40年代我爹就去了沈阳，在那儿又结婚，生了我。1954年我还没满周岁，我爹就带我回腰站。我妈是新民人，姓邢，汉族。

"文革"前供家谱（老祖先），后来"文革"时候烧掉了。家谱很大，有一面墙那么大。上面有男童放鞭炮，下面有莲花，两边有门楼。现在想请新家谱，没买到。家谱一般要长子供，分支大了，次子往下就可以供三代宗亲了。

过去，三十晚上半夜12点以前摆上供桌，把家谱请下来（平时卷起来）。点上蜡烛，点上香以后，出去到院子空地烧纸、磕头。得把门窗都打开，意思是过年了，让祖先们回来。把饺子端到供台上，磕三个头，念叨几句。供品有两落馒头、五碗菜。白菜、葱、豆腐是生的，肉要蒸熟，粉条用油炸一下。过去有黄铜香碗、两个香筒、两个蜡台，一共五个祭器，1958年大炼钢铁的时候被人收走了。

现在光放鞭炮，不磕头了。每年清明、七月十五、过年、十月初一烧四次纸，每次都在坟头压纸。

俺们是汉族，从来没改过满族。我不想背叛民族。成立满族乡那阵儿满族不够数，上面来人，让汉族也改满族充数，那俺们也没改。能生两个孩子又能咋样？就是生个元宝我也不想改。俺们三个兄弟谁也没改。

王继生家中有一本族谱。这是笔者在腰站看到的内容最完整、保存最完好的族谱。该族谱编于乾隆三十五年，最后一次续谱是在民国二十年。该族谱记载："王氏本岳姓，居河南彰德府汤阴县，因宋末避秦桧之害，始迁于青州府安丘县解护庄改为王氏。"又曰："……南宋岳武穆鄂王之裔，因避奸桧隐姓王氏……"由此看出，王氏乃南宋名将岳飞之后，为避秦桧之害易姓为王，从河南汤阴迁至安丘，始迁祖为良臣。族谱记载到27代为止，继生父毓祥是27代。谱曰："毓祥，金山养子，配兴京县洪玉德次女生一女。"继生所说的肇氏外甥女应该就是这个洪玉德次女。

继生父毓祥来东北是在1923年左右，结婚成家后迁居腰站。假设毓祥20岁以后成亲，那么他来腰站的时间应该是1929年以后。继生有三兄弟，目前都居住在腰站。

如上所述，1984年成立上夹河满族乡之际，许多汉族都改成了满族，但王继生却始终没有动摇。他对汉族强烈的认同从何而来？他"不想背叛民族"的感情依据是什么？笔者认为，是族谱的存在增强了王氏对祖先的记忆。他们有身为"民族英雄"岳飞之后的荣誉感，岳飞勇猛善战的对手无疑又让他们联想起与满族有千丝万缕联系的后金，这些因素与他们强烈的汉族认同不无关系。

从以上口述可简单总结为如下内容：

除了"纯满族"胡连玉、吴景祥及"岳飞之后"王继生以外，20世纪30年代（归屯）以前迁居腰站的人都称来自"山东小云南"。

在祖先祭祀方面，"纯满族"供祖宗板，清代加入八旗的汉军旗人供奉小家谱，也称家谱或老祖先、老祖宗。民人供奉大家谱，也称老祖先或老祖宗。

汉军旗人的家谱一般画有五神图（偶有二神），分别为关公、瘟神、火神、龙王、抽常五道，对此，有的家庭已经说不出其具体内容来。民人的家谱比汉军旗人的大两到三倍，中间挂轴上方画着男女神像，两边有一副对子。至于神像的名称则无人知晓。

截至2006年，腰站街供祖宗板的有9户，其中7户为肇氏。供家谱的有11户，有的人家不愿意拿出来给人看，所以未能统计其大小。

村里人称匪盗、土匪为"胡子"，据当地一位研究者说，"胡子"是满语，原意为"强盗"、"贼"。笔者在黑龙江富裕县三家子村也听老人们讲过当地过去闹"胡子"的事。对年纪大的人来说，"闹胡子"、"归屯"与土地改革、"文化大革命"一样，是村庄历史上的一件大事，它在人们的记忆当中是与寺庙、族谱、"老祖宗"等记忆空间遭到严重破坏联系在一起的。

1984年成立上夹河满族乡时，腰站的汉族将民族成分改为满族的最大原因是出自利益的考虑。借乡民的话说是"可以生二胎"、"上大学加10分"。而也有人即便改了满族，但内心深处不无悔意。更有甚者将修改民族成分视为"背叛民族"的行为而加以拒绝。当然这种例子在笔者所调查的范围内实属罕见。更多的人在改变民族成分时没有任何抵触心理。他们移居东北以后，以各种方式进入腰站，长期以来在与肇氏家族的共同生活中，通过联姻，形成了你中有我、我中有你的局面，具备了一定的心理基础。因此，对他们来说，汉族也好，满族也好，只不过是名分不同而已，在日常生活中并没有受什么影响，何况改成满族还可以"捞到一些好处"。因此，他们对政府修改满族成分的号召采取积极响应的态度。

以上我们通过腰站外姓的叙述，勾勒出一个以往被研究者们忽略的另一幅满族图像。满族从其形成之初起便走过了一个多元化的过程。今天我们所看到的汉族改满族的现象与清代汉人、蒙古人等加入八旗没有本质上的区别。不同的只是名称而已，过去的"旗人"变成了今天的"满族"。如果说"旗人"是由清王朝所创造的一个军事、政治范畴的话，那么"满族"在此意义上也是由现代国家在"民族"这样一个名目之下所创造的一个分类范畴。但是，当这个具有多元性特征的分类范畴被国家指定为民族的时候，一个具有以女真族为根源的一元性文化特征的实体同时就被勾勒出来。而国家话语或历史学家的话语常常被其话语对象满族反过来所利用，以便作为其自身存在的依据。这里有一个双向的运动，即外部话语转换为内部话语，内部话语又反过来强化外部话语。或者说，他称变为自称，自称又变为他称的依据。既然是双向运动，那么，也可以从相反的方向作解释。在当代中国，"民族"实体化的基本机制或许就在于此。

第九节　小结

从知识社会学角度来看，腰站曾经存在过以祥臻为代表的村庄精英的历史认识以及以民间传说或口头传承为代表的普通民众的历史认识。前者与国家话语达到了高度的一致，属于权威性知识；而后者则往往被前者视为"不正确"而遭到忽视。但是，在权威性知识缺位的今天，这两者的界限在逐渐消失。尤为显著的是对肇氏祖先历史认识的多样化，以往被权威性知识遮蔽了的多元知识渐渐浮出水面。目前，关于肇氏祖先，人们首先想到的是仙女和努尔哈赤。在肇氏乃仙女之子的问题上达成了共识。①

关于腰站始迁祖阿塔从江西赴任到永陵的原因，老人们常讲，在几个

---

① 人们似乎不太在意仙女与努尔哈赤之间的谱系，只有肇恒范提到两者之间只差两三代。

兄弟当中阿塔最不争气，所以父母就将他赶出家门，无奈来到东北。据研究，阿塔当年被贬职是因鳌拜事件被株连所致，因此"以品行不正，降四级，随旗行走"①。可见，肇氏人对祖先有他们自己的一套解释。人们对阿塔的记忆是通过传说和墓地这样一个祭祀空间来得以维持的。1945年以前每年以族为单位举行大规模的墓祭仪式，后来由于政治、经济等各方面的原因，人们再也没有举办过大规模的祭祖仪式。

以往关于满族家族组织的研究，只是从传统的氏族组织的角度研究所谓的"纯满族"②，而较少提及汉军旗人及与其相关的八旗制度。定宜庄等人的研究则着眼于八旗制度，有效地区分了八旗制度中的"族"与汉人社会中常见的"宗族"这两个不同概念。③该研究认为，八旗制度的组织系统基本可以表示为旗—参领—佐领—（族）—丁，盛京内三佐领没有参领这层机构，其余略同，但户口册中体现出来的则是旗—佐领—（族）—户。族虽不是八旗组织内正式的编制单位，但乾隆四十八年以后，族却占据着非常突出的位置。八旗组织内的族与满族早期的社会族之间既存在渊源关系，又有本质的不同，它已经成为人为的、完全由官方组织和控制的一层机构了。例如，八旗内的族是由朝廷制定的准行政性组织，族长的选出很大程度上受朝廷的控制，有时一族中有多数族长。族长的职责是协助佐领管理旗人的婚姻、立嗣、丧葬、祭祀等一切活动，并负责调解裁断族人纠纷。从表面上看，这与汉人宗法制家族中的族长在职责上并无差别，但八旗内的族长是完全按照官方对旗人规定的具体条文行事的。④

定宜庄等人还指出，八旗制度中的族与汉人宗法社会的宗族也存在着质的不同。宗族关系的基础是男性血缘纽带，同宗意味着同姓，女性成员、女婿与养子等外姓受到漠视与排斥。而八旗作为一个行政组织，养子与赘婿因为可以充壮丁，所以要入册并纳入族中，因此，同族不同姓的现象时有发生。此外，宗族有宗、房、支等自己的一套系统和宗法，而八旗的族之下都是同样的"另户"，相互间的关系并列、平等，且相对简单，

---

① 王洁、赵世伟：《腰站村肇氏祖先研究》，《北方民族》2004年第4期，第84页。
② 最典型的是史禄国的《满族的社会组织》，此处"满族"译为"满洲"似乎更为恰当。
③ 定宜庄等：《辽东移民中的旗人社会——历史文献、人口统计与田野调查》，上海社会科学院出版社2004年版。
④ 参见定宜庄等《辽东移民中的旗人社会——历史文献、人口统计与田野调查》，上海社会科学院出版社2004年版，第175—181页。

一族之内还可以同时存在几个族长。因此，定宜庄等人主张八旗制度中的"族"译成英文应该是 Household，而不应该是 Lineage。①

定宜庄等人认为，旗人之间形成与汉人社会相同意义上的宗族组织是在八旗制度解体以后，在此之前，辽东的旗人社会不存在真正意义上的宗族。其理由是，大多数旗人在清朝被编入了八旗组织，过着闲时出耕、战时出征的生活，很难形成具有一定规模的宗族。尤其是汉军旗人多半是从山东、陕西、河北来的贫穷移民，踏上移民征途的很多都是单身，几个兄弟一起来，到了东北后往往编入不同的旗，而在当时，八旗制度是他们最大的保护伞和庇护所，八旗制度与宗族，两者没有并存过。②

从腰站情况来看，1945年之前肇氏还拥有祭田以及围绕着始迁祖（开基祖）阿塔所组成的祭祀单位（大坟班），因此可以说肇氏已经形成了一定规模的宗族组织。至于它的形成时期是否是在八旗制度解体以后，尚有待商榷。关于肇氏在腰站初步形成宗族规模的时间，若按王洁、赵世伟二人对腰站六大支形成时间的分析来推算的话，应该是在阿塔十三子赛弼图（1692年生）成家立业之后，即1715年左右。

民间实践中的儒学与宗族制度具有时间、空间上的差异以及形式和功能上的不同。祠堂虽然是提高宗族凝聚力的重要因素，但不是必需的条件。东西安堂的例子说明，从经济条件上来看，肇氏在当时完全有条件建造祠堂，但是肇氏是皇族，不管是来自神话谱系还是来自血缘关系，祭祀爱新觉罗氏共同祖先的仪式是由朝廷来完成的。因此，对腰站肇氏而言，墓地便成为凝聚宗族力量的最大空间。

1945年以前的祖先祭祀主要采取墓祭形式。它靠三个分级单位来进行（图7-17）。一是以开基祖阿塔为核心的祭祀单位，二是以"支"为中心的祭祀单位，三是以各家（这里指分家后的家庭）为中心的祭祀单位。若使用地方性概念，则一为"大坟班"，二为"小坟班"，三为"家"。大坟班只有一个，小坟班则有六个。加上各家的祭祀，由大到小，祭祀祖先仪式最多时要持续三天。

宗族的祭田当地称"上坟地"，上坟地所得收入用于墓祭所需各项费用

---

① 定宜庄等：《辽东移民中的旗人社会——历史文献、人口统计与田野调查》，上海社会科学院出版社2004年版，第176—183页。

② 详见定宜庄等《辽东移民中的旗人社会——历史文献、人口统计与田野调查》，上海社会科学院出版社2004年版，第186—1194页。

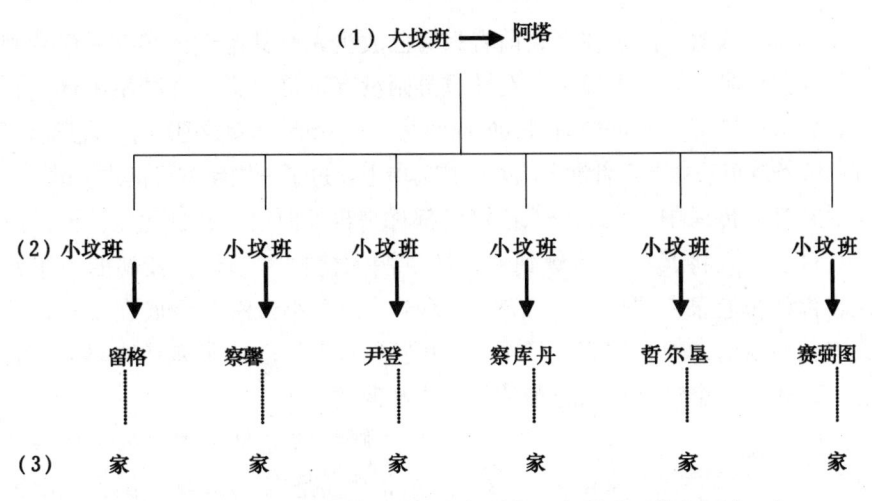

```
(1) 大坟班 ──→ 阿塔
                │
   ┌──────┬──────┬──────┬──────┬──────┐
(2)小坟班  小坟班  小坟班  小坟班  小坟班  小坟班
   │      │      │      │      │      │
   ▼      ▼      ▼      ▼      ▼      ▼
  留格    察馨    尹登   察库丹   哲尔垦   赛弼图
   │      │      │      │      │      │
(3)家     家     家     家     家     家
```

图 7-17　1945 年之前腰站肇氏祭祀单位（粗线表示祭祀对象）

的支出。经营上坟地并负责墓祭总事务的人称"坟达"（墓祭之长）。上坟地分大坟班和小坟班，人们记忆中的最后一位大坟班的坟达是尹登之后的占九，在六个小坟班中，阿塔十三子赛弼图支系的坟达是永新，其他支系的坟达未能得到确认。从 2014 年起，腰站肇氏开始了以全族为单位的祭祖活动，但是墓祭单位仍主要为主干家庭，而以祖宗板为主的家祭则是以扩大家庭为单位进行的。其形式非常简单，每逢过年到供祖宗板的长房家磕个头即可。

八旗满洲的家祭除了祖宗板上以香碗为象征的神位以外，有的还供"家谱"①，或供画有祖先或关公画像的"影"。

民人的祖先祭祀也分墓祭与家祭两种形式。墓祭一年有四次：清明、中元、春节、十月初一。家祭主要是供奉谱单，即将所有已故祖先名讳写在一个挂轴上，称"老祖宗"或"老祖先"，相当于牌位。据麻国庆研究，在山东东部一些地方，平时联系不多的各房在大年三十聚集在一起，把族谱挂在院里，各个分支的男性都来这里拜谱。② 笔者在山西晋中地区也见到类似现象。在腰站，十月初一的墓祭也叫"送寒衣"，村民们说"纯满族"没有这个习惯，只有民人和汉军旗人才有。"纯满族"清明要插"佛托"。（见图 7-18）

---

① 八旗满洲的家谱是一张谱系图，有满文的，也有汉文的，一般写在白纸或白布上，平时卷起来放在祖宗板上，过年时拿下来，供起来。笔者在辽宁省海城市曾经看到过上述家谱。

② 麻国庆：《家与中国社会结构》，文物出版社 1999 年版，第 91 页。

谱单与族谱的区别在于，前者只写已故祖先及其配偶的名字，后者则将所有父系成员均记入谱中，女性成员则没有资格上谱。据腰站王计生介绍，族谱（谱书）和谱单有时会同时编写，谱单专门为祭祀所用，人死后用红色纸条或布条写上亡者姓名临时贴在谱单上，过了三周年方可正式上谱。

在迁居传说中，大部分八旗满洲都称来自长白山，并神化该传说，而正如许多汉人将其源流追溯到"山西洪洞大槐树"一样，腰站的山东移民也都认为老家在"山东小云南"。关于"山东小云南"到底在哪里，学界有很多争论，但在现实生活中，"山东小云南"已经脱离其地理学上的意义，成为一个颇具神话色彩的、追溯起源的地名。

腰站曾经是个单姓村。阿塔到东北赴任是在1686年，比大量山东移民进入东北的顺治八年（1651）要晚30多年。由此判断，腰站单姓村的状态维持时间不太长，不过从"口述10"张唤明一家来腰站的时间（19世纪中期）来看，腰站肇氏独居的历史长达近一个半世纪以上。

腰站的汉族人口和满族人口变化如表7-1所示。1969年以前由于汉族人口的增加，村总人口数也有所增加，1979年以后，尤其是1984年，在总人口数基本持平的情况下，汉族人口减少至50人，而满族人口却剧增至1223人。在成立新宾满族自治县之前，为了获得半数以上的满族人口，县有关部门宣传、

图7-18 刚扎好的"佛托"①

---

① "佛托"的制作过程由剪五彩条、扎花托、扎花、备木棍、粘绑等步骤组成。制作时，先准备红、黄、蓝、白、绿五种颜色的彩纸各六张，然后剪出形似一串大钱的五彩条；扎花托时，取三张纸搓成条并绑在一起编成辫，然后将编好的辫子一圈一圈盘成一个结实的圆盘；接着是扎花，佛托上一般用荷花，也可以用牡丹或者芍药，花的颜色要与家族所在旗的旗色相同；最后截取1.5米长的柳条，并将花与花托固定在一起，绑在柳条上，再将五彩条反绑在花托下面，翻过来后，做好一个外形类似于拂尘的佛托。清明节当天将其插到祖先的坟头上。

动员人们修改民族成分，1984年经辽宁省人民政府批准，成立了永陵满族镇、上夹河满族乡。此时腰站有84%的汉族人口改报了满族，满族人口比1979年增加了1.5倍，满族人口比率由1979年的66%增加到96%。其中有很多属于如下情况：女方原为满族，与男方结婚后改为汉族，1984年又随同丈夫及其儿女改为满族。

表7-1　　　　　　　　　腰站择年人口变化①

年度	总户数	总人口	满族人口	汉族人口	满族占总人口比率（%）
1949	157	817	642	175	78.58
1959	170	785	485	300	61.78
1967	220	1055	555	500	52.60
1969	296	1281	651	630	50.81
1979	279	1240	819	421	66.04
1982	294	1235	1047	188	84.77
1984	313	1273	1223	50	96.85
2000	321	1062	987	75	92.93
2012	387	1136	1092	44	96.13

资料来源：腰站村《农村基本统计资料台账》、新宾满族自治县公安局《2012年人口及其变动状况年报表》、腰站村2012年《户口登记表》、腰站村2000年《第五次全国人口普查手工汇总表》。

腰站外姓的迁移途径可总结如下：
（1）从山东到东北，先在其他地方落脚，随后投靠亲戚来到腰站。
（2）从山东直接投奔亲戚来腰站落户。
（3）日本人"归屯"时，从周围村庄移居腰站。这种情况不需要有亲戚熟人介绍。

从年代来看，大体可分为清代、民国时期、1949年以后这三个阶段。1949年以前移居腰站的除了王继才三兄弟以外，都在1984年改成了满族。其余没有修改民族成分的都是20世纪50年代以后定居腰站的。

---

① 1949年至1979年以及1984年的数据来源为腰站村《农村基本统计资料台账》。1982年和2000年数据来源分别为《第三次全国人口普查手工汇总表》及《第五次全国人口普查手工汇总表》，2012年数据来源为腰站村《户口登记表》。

以上是对东北地区爱新觉罗（肇氏）家族聚集村落的考察，该个案虽有其独特性，但其中对于汉军旗人以及"民人"的描述，在整个东北地区具有一定的普遍性，尤其是"民人"改报满族的民族志资料，在考察20世纪80年代以后满族人口增加的原因上提供了一条重要线索。关于与腰站村在历史、社会环境上有较大差异的福建满族的情况我们将在第十章论述。下一章将从民间信仰的角度，探讨家族史与满族的认同问题。

第 八 章

民间信仰、族谱与历史记忆

民间信仰与家族的关系在东北地区所表现出来的特点是，地仙（动物神）或其他信仰对象作为一个家族的保家仙，往往是有关该家族的起源或迁移史的记忆载体。就满族而言，地仙信仰（动物信仰）是八旗满洲和八旗汉军认同中的一个重要因素。[①] 因此，本章将通过八旗汉军徐氏和八旗满洲富氏的两个家族个案，考察民间信仰与家族史以及祖先祭祀与认同的关系。

第一节 族谱与传说——徐氏家族的两种历史

徐氏是辽宁省新宾满族自治县老城村北关[②]的一个大姓。北关位于赫图阿拉城西北部，离县政府所在地新宾镇大约有二十多公里。全村有186户，651人，其中，徐氏占62户，共123人（包括嫁给同村人的徐氏女性成员），北关总人口的95%是满族，其中包括一些后改的。比如，黄氏自称山东小云南人，以前为汉族，新宾满族自治县成立之前的1984年，北关黄氏9户36人均改为满族。其他如刘、李、王等较大姓氏也均由汉

[①] 山西、河北、山东、北京等华北地区也广泛分布着动物信仰。但是这些地区的动物信仰与东北地区似乎在语境上有一定的区别。《太平广记》、《聊斋志异》等文献中描写的狐仙形象与东北地区作为保家仙的胡仙形象也并不完全一致。我们在此可以做两种推测，第一，华北地区的汉人在清代移居东北并加入八旗的过程中，将中原地区的狐仙等动物信仰带到东北，在当地与萨满教逐渐融合，随后产生了诸如与长白山、努尔哈赤等相关联的东北特有的动物信仰。第二，东北地区到处都设有胡仙堂、胡仙庙，后金都城赫图阿拉以及沈阳故宫中称为"堂子"的祭祀空间也曾供奉胡仙牌位（永陵文物管理所刘树信提供），因此，也可以认为满洲人的萨满教体系中原本就包括胡仙等动物信仰的因素。但这只是目前的推测而已，今后尚有待深入研究。

[②] 北关是老城村的一个自然村，以下"村"均指北关自然村。

族改为满族。村民们主要经营农业，随着赫图阿拉城的开发，有少部分人开始在城内从事园丁等工作。

一 作为文字记载的家族史

徐氏祖先在清代为汉军旗人，其家族史由文字记载的族谱以及作为口头传承的传说组成。徐氏家谱①记载：

> 徐氏家族祖居江苏省扬州府。明朝时徐顶国在北京官居吏部天官、兵部尚书等职。李自成进北京被关进狱中。不久清兵进北京，还在狱中。顺治八年孝庄皇后大赦天下，徐顶国被流放到满族兴起之地——赫图阿拉城，怕他造反，软禁起来。不久病故。
>
> 其子徐克成，博学多才，文武双全。清朝赐给官位，领镶红旗，许皇族姑娘为妻，从此汉满通婚延续后代。因徐顶国在狱中多年，又是改朝换代的战乱时期，徐氏家谱早已丢失。徐克成只有重新建立家谱，称徐顶国为东北徐家的第一世祖。

从上述内容来看，徐氏的东北开基祖为徐顶国，顺治八年从北京流放到东北。自第二代徐克成始加入镶红旗。徐克成之妻为项氏，家谱记载徐克成"许皇族姑娘为妻"。如果项氏为清代皇族，则二世祖徐克成至少于17世纪后半叶就已经与"纯满洲人"通婚。就目前史料记载来看，新宾地区的皇族只有冠汉姓为"肇"的爱新觉罗，而没有发现关于冠"项"的爱新觉罗的记载。克成有三子，德明、德龙、德英。北关徐氏乃德明的后代。德龙之后在新宾旺清门镇夹河北水库，德英之后移居达子营东沟。

关于徐氏辈分字的来历，家谱记载曰："1908年徐顺家中来了两个风水先生，徐顺热情地招待他们，让他们吃好住好。两位风水先生非常高兴，看了徐家住地，也看了徐家的家谱，看了之后说：你们徐家住地很好。家谱中没有辈分字，长期三个字下辈再转为两个字。几代下来会乱的。我们赠给你们徐家一百个字，你们徐家按着这一百个字起名字，会更加兴旺发达。两位风水先生随口说出一百个字来。徐顺与当时徐家老辈人共同研究，决定在1908年的佛祖日，在徐家祠堂当众宣读，通过。这一

---

① 现存徐氏家谱（1990年手抄本）由居住云南的徐教三根据1948年之前的家谱整理而成。

百个字就是徐家的辈分字了:

>道德通宣静,真常守太清。一阳来复本,和教永元名。
>志礼忠诚信,崇高词法兴。世景荣维茂,希微衍自宁。
>未修正仁义,超升云会登。大妙黄中贵,圣体全用功。
>虚空乾坤秀,金木性相逢。山海尤虎蛟,莲开献宝升。
>行蒲丹书诏,月盈祥光生。万古续仙号,三界都是亲。
>让过16个字为祖上,从教字开始往下排着起名。

从家谱上看,根据上述辈分字取名的,教字辈最多,其余往下很少按辈分字取名。

传说徐克成加入镶红旗后,朝廷授予他为第36位庄头,并赐"黄马褂"一件。清代,皇帝和王公贵族圈占大量土地,实行庄园制度。这些庄园称为"皇庄"、"官庄",与普通八旗官兵的"旗地"相区分。庄园拥有一定数量的土地和壮丁,每庄各设庄头一人。庄田的占有者确定对每一庄田地租的总数目,大部分是实物地租。[1] 据永陵文物管理所刘树信讲,康熙初年兴京府(现在的新宾满族自治县永陵地区)有16个官庄,其中大部分供应永陵1年4次的大祭和24次小祭所需的粮食,每个官庄所种品种与数量均有规定,需要什么供应什么,不需纳税。据赵令志研究,充任庄头者,多是家道殷实的旗下壮丁,也有从各佐领中拣选的办事得力之人。清廷对庄头任置问题管理严格,庄头实行终身制和世袭制。庄头亡故后,一般由原庄头子弟继任,在庄头变更交替过程中,一律先行申请,经主管官员察看,并经总管内务府批准后,方可继任。[2]

徐氏所任庄头的庄田有可能是刘树信所说的供永陵祭祀用的皇庄。徐氏一位老人回忆说,当时徐氏经营几百亩土地,一部分由徐氏支配,其余大部分要作为皇粮交给朝廷。每年收租者来到村中,徐氏家族要杀猪宰羊设宴招待。庄头为一代一人。徐氏家谱记载:"徐氏历代庄主为二世徐克成、四世徐有、五世徐国臣、七世徐亮、八世徐万育、九世徐奎。到了徐亮后期,由于其能力较差,庄主地位让沈家夺去,其侄徐万治不服,与沈

---

[1] 参见莫东寅《满族史论丛》,生活·读书·新知三联书店1979年版,第111页。
[2] 赵令志:《清前期八旗土地制度研究》,民族出版社2001年版,第290页。

家打了12年官司，徐万治家产、土地都卖光了，只剩下三间草房。最后把庄主地位夺回来，把权力交给徐亮。徐亮已年老无力管理徐家的事务，把庄主权力传给儿子徐万育。"①

由此可见，庄头地位虽说是世袭制，但根据本人的能力，也有可能被他人剥夺。而且，二世徐克成的庄头地位跳过了三世而直接传给了四世徐有，因此，一代一个庄头的说法并非绝对。

北关徐氏分三支，第一支是大院徐万育、徐万昌之后，第二支是东店徐万龄之后，第三支是西院徐万治之后。现北关徐氏均为徐有后代。②

二 作为传说的家族史

关于徐氏家族的来历，族中流传着一则生动有趣的故事，该传说在家谱中未见记载，主要靠族人的记忆代代相传。

> 努尔哈赤以前，有一对老夫妇领着一个儿子赶着马车上了路，走到木奇的马尔墩，突然觉得马车沉甸甸的。二人回头一看，只见一尊佛像坐在马车上。老两口心里默默地祷告：佛祖啊，哪个地方好，就在哪儿停下吧。马车到了北关便停止不前了，老两口心想，这肯定是个好地方，于是下了马车，搭了茅棚，就在那儿住下了。打那以后，粮食、木材、牛，老徐家要什么，佛祖就给什么。为了向佛祖报恩，老徐家盖了一座佛堂，供奉佛祖。
>
> 不知是哪一年，有一天，徐家的媳妇回娘家偷地照（地契），错把神案③偷来了。神案上面供着上百个仙儿。徐家几次想把神案送归原主，但是那些仙儿们不答应，无奈只好将他们与佛祖一道供起。这便是今天家庙里供奉的五位胡仙的来历。

传说顺治八年，徐顶国被流放到东北，在一片荒山野地跑马占山，开垦土地，并在此地定居。有关开基祖的传说虽然与家谱记载并不完全相符，但是"流放"、"马车"等表述在某种程度上反映了当时赴东北时的

---

① 徐教三整理：《徐氏家谱》，1990年手抄本。
② 《徐氏家谱：说明》。
③ 萨满（或"跳大神"）将所供奉神明写在一张纸上，置于祭坛，或藏于箱底，俗称"神案"或"红罗宝案"。

艰难处境。徐氏关于祖先的记忆是通过家谱、传说、仪式等多声道的形式传承下来的，而具体选择哪一种形式，则依具体情境而定。

关于徐氏的祖居地具体在扬州府的哪个位置，也有一个传说。一位"教"字辈的老人说："在扬州府，太阳升到中天时，太阳照得到井里的那个地方就是我们老祖先的家。"对徐氏祖先发配到东北的原因，传说中的解释与家谱上的记载有些出入。"我们祖先给皇帝看管三样宝，后来将其中一件弄丢了，皇帝就把祖先发配到东北来了。听说那三样宝物藏在院子的那口井里。"

扬州有很多井，太阳升到中天时可以照到任何一口井，在这里，具体是哪一口井并不重要，重要的是在徐氏的记忆中，祖先与"井"有着密切的联系。"顺治八年"、"佛祖"、"井"是徐氏追溯祖先的关键词。

传说中的"佛祖"是北关徐氏的保家神。徐氏家庙坐东朝西（见图8-1），庙中左右分别设两个祭坛，右侧（南侧）供奉五尊佛像，左侧（北侧）供奉五个胡仙①牌位和一个眼光娘娘牌位。农历十月四日是佛祖诞辰日，过去徐氏家族曾经一年一聚，举行盛大的佛祖诞辰庆典。

图8-1 老城徐氏家庙

---

① 分别为胡大太爷、胡二太爷、胡三太爷、胡四太爷、胡五太爷。

20世纪50年代①的一场大火将家庙毁于一旦，1995年，随着赫图阿拉城内寺庙的修复，族内有人提议重修家庙，于是各户分摊资金，修建了一座红砖瓦房式家庙。2005年，县旅游局拨付8000元作为占用徐家祖坟地的赔偿费，徐氏家族加上自己筹集的资金，又将家庙重新翻修成青砖青瓦式建筑。

佛祖诞辰庆典是族人共同参与的一个活动。过去族中有大事均选择此时机向族人宣布。1908年，风水先生赠给徐氏百字辈分字时也是在这个场合向族人宣布的。庆典的恢复始于2000年。2002年的庆典还邀请了支部书记等村干部参加，以间接的方式得到了地方政府的认可。

三 仪式中的历史——佛祖诞辰庆典

柳田国男在《日本的节日》中论述道：在仪式这样一个看似非历史的文化载体中，往往以无意识的方式储藏着历史。② 在此意义上，仪式也是承载历史的媒介。

对于徐氏来说，佛祖诞辰庆典是强化祖先记忆以及宗族凝聚力的重要仪式。该仪式与一系列的传说一同构成了承载徐氏家族史的重要媒介。

2002年11月8日（农历十月四日）笔者参加了徐氏佛祖祭祀恢复后的第三次庆典活动。这一天，除了北关外，邻村的徐氏也被邀请前来参加此次活动。上午8时许，鞭炮齐鸣，在乐队伴奏声中，佛祖诞辰庆典宣布开始，全村徐氏男女老少聚集在家庙周围，主持人宣读记载先祖徐顶国、徐克成事迹的家谱序言和祭文，向族人重申辈分字的来历，讲述佛祖保祖先的故事以及家庙建造过程。祭文由时任小学教师的徐峰起草，全文如下：

> 徐氏家族源远流长，悠悠岁月三百余年之沧桑，顺治八年于江苏扬州千里迢迢落户于此地，时为农历十月初四。此时此刻今日为大喜大庆之良辰吉日，天降甘露，送来吉祥，祖先传授有两尊佛相伴而来，故此徐氏家族大兴土木，兴建佛堂一座，代代相传，香火不断，

---

① 关于具体年代，人们好像记不清了。还有的说是20世纪60年代或"文化大革命"时期。
② 柳田国男：《日本的节日》（日本の祭り），《定本柳田国男全集》第十卷，筑摩书房1962年版，第153—314页。

大有气象万千之景。时至今日,国运昌盛,万民欢喜。佛祖先人生日正逢盛世,故而念我先人,念我佛祖,承蒙大恩大德,光泽我徐氏家族,千秋万代,泽以长流。今日焚香告天,诸位佛祖,列祖列宗,徐氏家族今日之后一定要励精图治,奋发图强,团结奋进,与家族之再创辉煌,建功立业,名流千古。阿弥陀佛。祝佛祖、先人生日吉祥,佛光普照,永驻乾坤。

辽宁省新宾县永陵镇北关徐氏家族全体人口告之

农历二零零二年十月初四

祭文宣读完毕,徐氏长辈、年轻后生、来宾依次讲话,随后族人按辈分顺序先后进家庙磕头祭拜。

佛祖诞辰庆典中不可或缺的是祖传家宝铜磬。传说过去有一个姓关的叉妈偷了铜磬,跑到几十里外的阳台岭,将其藏在泔水缸里。数日后,该铜磬在泔水缸里自己响了起来,那声音传得极远,附近村庄的人都听到那铜磬发出的清脆响亮的回声。徐家人顺着此声很快找回了家宝。铜磬历来均由庄头保管。族谱中也有记载说,"徐万育将庄主权力交给儿子徐奎,佛堂中的青铜磬则交给徐堂保管。"据说"文化大革命"时期,徐氏举族保护,铜磬才幸免于难。目前由庄头徐堂之后保管。除佛祖庆典日外,任何人都看不到铜磬。

胡仙在徐氏家庙中虽排在次位,但人们对胡仙的虔诚绝不亚于对佛祖的信仰。佛祖诞辰日也是祭祀胡仙五兄弟及眼光娘娘之日。佛祖的供品是以素菜为主的斋食,胡仙的供品则是酒肉俱全的荤菜。祭拜顺序虽以佛祖为先,但这并不意味着佛祖比胡仙更加灵验。据一位徐氏老人讲,十月四日实际上是萨满抬神的日子。过去徐氏家族也有萨满,每逢抬神之日,萨满身挂腰铃,头戴萨满神帽,跳神三日。可以说,徐氏家庙是佛教文化与当地萨满教融合的一个象征。

"十月四日"既是佛祖诞辰之日,又是萨满抬神之日。而除了长辈以外,在人们的记忆中,这一天似乎从来就是"佛祖诞辰日",很少有人将此日期与萨满联系起来。正如"祭文"中所叙述的那样,"十月四日"又被解释为祖先定居北关之日。

记忆不是对过去真实发生事件的一种回放,而是由各种碎片组合而成的建构物。这些碎片有时会钻进来,有时又会滑出去,有时还会转换各自的位置，形成不同的记忆结构。人类学家在民族志情境中经常会遇到当地人对某一文化现象的不同解释。每一种解释都可能有其特定的义涵，而捕捉其义涵，并在具体脉络中进行"解释的解释"，或许才是人类学家解释文化的一种态度。

无论如何，"十月四日"，在徐氏家族记忆中具有多重含义，它起到连接祖先的重要作用。换言之，佛祖诞辰日蕴含了两重甚至三重的记忆，即家族迁移史中的祖先记忆、在艰难旅程中引导祖先到达此地的佛祖记忆，以及迁移东北后虽为被动接受却可左右家族吉凶祸福的胡仙记忆。因此，在强化家族凝聚力方面，佛祖诞辰日所起到的作用远远大于以家户为单位的祖先祭祀。

徐氏的祖先祭祀是以供奉"老祖宗"（谱单）的形式进行的。"老祖宗"是一张谱系图（谱单），只记已故男性祖先及其配偶姓氏（见图8-2）。徐氏"老祖宗"宽53厘米，长68厘米，上方是一座住宅式建筑，中间自上而下，从始祖徐顶国起排列男女祖先名讳，下方是一座亭阁。与前述腰站村汉军旗家谱不同的是，上方没有五神图。[①]

有的家庭采用更为简化的形式，在一张红纸上用黑字或金字书写"三代宗亲"、"历代宗亲"的字样，正月供于厅堂，撤供时将其焚烧，次年再请。

徐氏每年正月祭祀"老祖宗"。平时把"老祖宗"卷起来挂在东屋东墙上，三十晚上将其

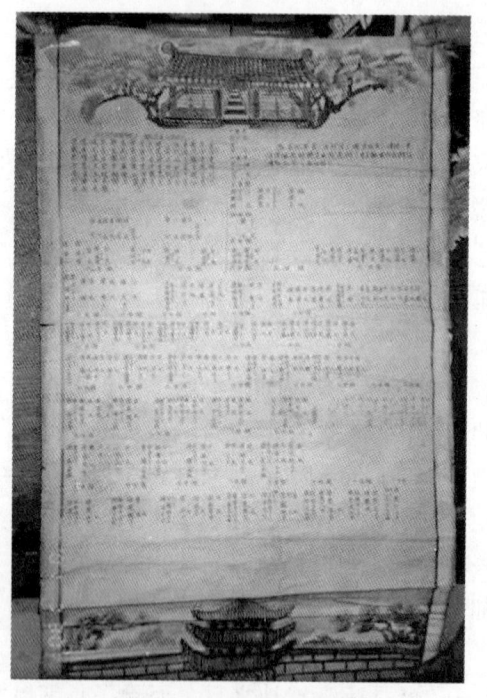

图8-2 老城徐氏"老祖宗"

---

① 徐氏的"老祖宗"曾经供奉在一个木制祖宗龛中，土地改革时焚毁，目前供奉的"老祖宗"是徐胜文长子徐峰于20世纪80年代以后重新制作的。

请下,摆放水果等简单的供品,点燃香火,从长辈开始依序磕头拜祖。正月初六撤供。这种祭祀是以每个家户或房支为单位进行的。

四 "纯满族"与"随旗的"

在徐氏看来,他们是"随旗的",不是纯满族。徐氏长者徐胜文认为,镶旗属于随旗,徐氏是镶红旗,所以是"随旗的",正旗才是真正的纯满族。另一方面,徐氏又认为,他们虽非纯满族,但与民人有别。北关与腰站村一样,1984年以后,与旗人没有任何干系的民人大部分也都改成了满族。

在日常生活中,"满族"通常作为行政概念来使用。例如,当笔者问村民是什么族时,他们马上回答说是"满族"。而随着话题的深入,笔者发现在村民的头脑中满族实际上分为三个不同范畴:一是"纯满族(满洲八旗)",二是"随旗的(汉军八旗)",三是"民人(汉人)"。区分三个范畴的标准有多种,有时是姓氏,有时是某些文化因素,有时又是神话。通常人们认为,属于"纯满族"的主要姓氏是佟、关、马、索、齐、富、那、郎。

此外,人们会以祖先祭祀形态来区分不同的"满族"。如,北关的郎氏供三个祖宗板,上各置一个香碗,祭祀白山神和动物神(郎氏供豹神,名曰"豹天刚"),所用的香是达子香。人们还说过去"纯满族"的祖先祭祀由波依叉妈主持,叉妈会跳神。

"随旗的"供"老祖宗",点草香(线香),除了祖先外,很多人家还供奉胡仙、黄仙、长仙、蟒仙等地仙。

"民人"也供"老祖宗"(当地又称"zhuzi"①),点草香。但是"老祖宗"的尺寸和形状与"随旗的"不同。"民人"的"老祖宗"比"随旗的"大得多,上方画有男女祖先,人称"高士公"、"高士婆",两旁附有一副对联。

"纯满族"和"随旗的"正月祭祀祖先,"民人"则是农历七月十五祭祖,过去还唱一些"孟姜女哭长城"、"盼张郎"等香歌。

上述对不同人群的分类与我们在腰站村看到的例子有诸多相同之处。

---

① 关于"zhuzi"的意思和汉字书写村里无人知晓。据新宾县志办公室赵维和解释,"zhuzi"汉字写"族子"或"竹子",是满语"juse"的讹音,意为"我们这一支"。

"纯满族"与"随旗的"都是旗人，与旗人相对应的概念是民人。在北关，人们会用起源神话来区分旗人与民人的不同，下面我们来看看具体内容。

先来看看民人的起源神话：

> 很久以前，山上住着一对兄妹。这世界只有他们两个人。因为他们是兄妹，所以结不了婚。有一次，哥哥对妹妹说："妹妹，你看咱们这样吧，南山有一块磨，北山有一块磨，咱们二人同时将这两个磨往山下扔，两个磨合在一起，咱们就结婚。"后来两块磨果然合在一起了。但是兄妹二人还是不好意思结婚，于是哥哥又想了一个办法。"北山有一根线，南山有一根针，咱们从山上同时往下扔，如果线穿进了针孔，咱们就结婚吧。"结果线穿上了，二人没办法只好结婚了。兄妹俩结成夫妻后，一起用黏土做了很多泥人，这些泥人就是今天的民人。

在东北方言中，"泥"念作"mi"，"泥人"遂念"miren"，与民人"minren"发音相近。人们似乎不太在意普通话汉字中的这些差异，而只看重声音。可见，在口头传承中，声音往往重于文字。

兄妹婚神话分布于全世界，在中国，除了人们所熟悉的西南少数民族地区的兄妹婚神话外，汉族地区也有相当多的分布，在不同地区、不同民族和不同讲述人那里，情节往往又有差异。[①] 此处的兄妹神话最令人关注的是，当地村民将"泥人"解释为"民人"，进而与不同群体的分类相结合，构成该地区的独特风格。

下面我们再来看看旗人的起源神话：

> 有一天，天上有几个姑娘下凡，她们吃了老鹰叼来的果，怀了孕，生了四男四女。后来这四男四女结了婚，他们的后代就是八旗的旗人。

[①] 参见杨利慧《民间叙事的表演》，载吕微等编《民间叙事的多样性》，学苑出版社2006年版，第233—271页。

该神话与第一章的满洲起源神话明显不同。在正史所载的满洲起源神话与东北地区广泛流传的民间故事中，仙女所生之子是布库里雍顺一人，而在上述旗人起源神话中，天女所生之子为八人，兄妹之间互相通婚后生下旗人。该神话具备了满洲起源神话中的"天女"以及民人起源神话中"兄妹婚"这两种因素，极具象征性地反映了旗人（尤其是汉军旗人）的认同特点。此外，还有一个故事版本，其中未提兄妹婚，只是说四男四女八人即为八旗。

从某种意义上，神话与口头传承也是一种历史。如果说一个王朝或国家回溯性地编撰"历史"是为了证明其目前的正统性的话，民间神话与口头传承也是人们为了解释自身存在的合理性而创造的另一种回溯性历史。

徐氏家族个案为我们提供了与腰站村山东移民不同的一个侧面。腰站的山东移民是在不同时期，以分散的方式，更多是为了逃离贫困而来到东北的。而徐氏祖先徐顶国曾经为明朝官僚，清初被流放到东北，二世祖徐克成加入了八旗组织。于腰站村大多数山东移民而言，有关迁移年代的记忆基本上是模糊不清的，而徐氏家族对祖先的迁移及其过程有一个明确的时间概念，徐氏的祖先记忆是通过文字记载、口头传承与仪式传承下来的。家谱、家庙以及一年一度的佛祖诞辰仪式是徐氏历史记忆的重要载体，徐氏家族史正是通过这些记忆载体得以代代传承的。

供奉佛祖的家庙具有与汉人社会的"宗祠"[①]相似的功能，不同的是，宗祠的祭祀对象是祖先，而徐氏家庙供奉的是佛祖与胡仙。实际上，徐氏有时也称家庙为"祠堂"。

对徐氏家族来说，祖先更多是象征性的存在，而实际维持宗族纽带的是引导祖先到达此地的佛祖以及左右日常生活吉凶祸福的胡仙五兄弟。移民过程中的苦难经历化作一个传说传承至今，并通过信仰的方式，通过仪式实践传递给下一代。这种记忆又酿造出徐氏家族对佛祖或胡仙的特殊情感，从而产生了比祖先更强大的凝聚力。

传说与仪式所承载的历史，与其说是按传统史学的时间序列所展开的

[①] 参见末成道男《"家祠"与"宗祠"——两个层面的祖先祭祀空间》（"家祠"と"宗祠"—二つのレベルの祖先祭祀空間），末成道男编《文化人类学 5：特集＝汉族研究最前线》（文化人類学 5：特集＝漢族研究の最前線），アカデミア出版会 1988 年版，第 35—49 页。

不可逆转的事件，倒不如说是基于一种始源与当下、传统与近代之间迂回往返的对话。此处不存在过去为过去、现在为现在的两种区分式结构，而是存在一种古中有今、今中有古的时间结构①。

第二节　祖先与地仙信仰——富村个案

富村距新宾县城约70公里，东邻腰站，西接鼓楼，行政所属上夹河乡。全村480户，1950人，其中，富氏约有200户，800多人。1984年以前满族人口只占全村总人口的约30％，1984年以后上升至90％，其余10％均为汉族。富村与腰站村一样，满族人口变化的最大原因是上夹河满族乡成立之际许多汉族改成了满族。

一　族谱中的家族史

富氏族谱为手抄本，共分两部分。第一部分《富察氏族谱》（戊寅年恩迪书）为富氏谱系，无序言及其他内容。第二部分为1996年编写的《关于满族富察氏家族溯源》（以下简称《溯源》），编者署名恩特赫，曾任职于辽宁省工程技术大学。据《溯源》记载，富氏祖居长白山蜚悠城（现在的吉林省珲春地区），旗属镶红旗。满姓为富察氏，满族八大姓之一，始祖富喀为蜚悠城女真人，来归年代不详。② 据说，富喀迁自永陵镇下元村。黑龙江也有富氏，20世纪60年代从富村迁出。此外，四川以及沈阳虎台子也有两支人。

与徐氏家谱相比，富氏族谱多出溯源部分，内容更加丰富。第二部分除序言外，还包括"前言"、"满族先世"、"满洲八旗制度的建立"、"满族的姓氏名号的确定"、"富察氏通谱探源"等内容。前言中提到，有些内容来源于辽宁大学出版社于1986年出版的《新宾满族自治县概况》一书以及《辞海》中的部分条文，第四部分"富察氏通谱探源"来源于《八旗满洲氏族通谱》（以下简称《通谱》）之二十五、二十六、二十七卷。由此可见，富氏的历史记忆是根据官方建构的历史而重新建构起

---

①　山下晋司：《仪式所记忆的历史》（儀礼に記憶される歴史），山下晋司等编《社会人类学的可能性Ⅰ：历史中的社会》，（社会人類学の可能性Ⅰ　歴史の中の社会），弘文堂1988年版，第28—29页。

②　（清）弘昼等编：《八旗满洲氏族通谱》（影印本），辽海出版社2002年版，第334页。

来的。

《富察氏族谱》则可能是根据八旗满洲常见的谱单①由恩迪整理成书的。在谱单的阶段并没有关于始祖富喀的任何信息。编写《溯源》的恩特赫现居住辽宁省阜新市，富村的富氏都知道他是个"有文化的人"。《溯源》是《富察氏族谱》的补充，在长达14页的文中，有关富察氏的内容仅占3页，而此3页均引自《通谱》内容。最后编者在注中写道："据传（无考据），满清之满八旗之八姓为佟、关、马、索、齐、富、那、郎。在汉人文章的影响下，自八世祖三音布以下所排辈分是：林、同、啊、荣、春、庆、连、钰、广、世、永、兴、长、启、明、德、忠、换、金、宝、学、志、勤、俭、家。"

可见，佟、关、马、索、齐、富、那、郎为满洲八大姓的说法在此地也很流行。据《通谱》记载，富喀的曾孙古桑阿曾任永陵陵寝总管。有关富喀何时、如何从韮悠城来到新宾等详细情况不见记载。而下面将要提到的、与民间信仰相关的传说或许从另一个层面为我们提供了一些信息。

二 祖先与保家仙

富氏的祖先记忆除了《通谱》上记载的少许内容外，基本上是模糊不清，甚至是缺失的。但是与北关徐氏一样，富氏家族信仰为我们提供了有关祖先的生动有趣的传说。

富氏家族的保家仙是一个叫作三道仙的胡仙。据说三道仙原住石棚，修建祠堂后，便移至祠堂。所谓石棚是指由三块巨石②堆砌而成的石棚墓（又称"支石墓"），在考古学上被认为是新石器时代的古坟。此类古坟多见于朝鲜半岛、辽东半岛以及山东半岛等地。有学者认为，石棚墓是宗教祭祀的场所，是宗教性纪念物和太阳崇拜物，与萨满教的太阳崇拜有关。③ 关于石棚墓的四块巨石（又称"飞来石"），村里流传着这样一则故事。

---

① 满洲八旗人的谱单通常是一张"高丽纸"或白布上画的谱系图。尺寸比汉军旗人的"老祖宗"要大得多。上面只有谱系，没有神像。

② 实际上是四块石头，下面有三块支撑，上面覆盖着一块巨石。但人们习惯性地说是三块。这也许与三道仙的"三"字有某种关系。

③ 刘锡诚等编：《石与石神》，学苑出版社1994年版，第5—25页。

从前有一个大院子,里面住着一对老夫妻。一天晚上,门外忽然狂风大作,只听房后一声巨响,好像有什么东西从天上掉下来。次日清晨,老头子起床到后院倒马桶,发现房后的菜园子里有三个巨大的石头横在那里。老头子心想,这肯定是昨天晚上那场大风刮来的。

"三道仙"既指巨石本身,又指曾经寓居于此的胡仙(见图8-3)。巨石旁有一棵大榆树,据说三道仙的神力也可以波及此。关于三道仙的来历,有人说是从长白山随龙(努尔哈赤)而来,也有人说是在努尔哈赤之前就已经与富氏祖先来到此地。若按第一种说法,则可以解释始祖富喀是随努尔哈赤来到新宾地区的。后一种说法显然是说富喀早于努尔哈赤迁移此地。但无论哪一种,我们都可以将其理解为富氏对祖先的某种历史记忆。

图8-3 三道仙寓居的石棚墓

三道仙是胡仙三兄弟中的老三(也有的说排行老二)。据说老大因为吃喝嫖赌,人们都不喜欢他。后来他自己提出要到南山去住,人们就在那里为他盖了一座小庙。后来,小庙坍塌,又无人重修,只有富氏一位长者偶尔给他烧几炷香。

三道仙虽说是富氏家族的保家仙，但是村中其他姓氏或村外人也常来庙里参拜。村中流传着许多关于三道仙灵验的故事。20世纪80年代，全身粉碎性骨折的孙老太太被医院宣告无法治疗，其丈夫抱着最后一线希望向三道仙救助。他每天用红纸折成三角形，放在三道仙祭坛（石棚）前，虔诚地祈求三道仙赐药，不久发现纸里有灰一般的东西，他将灰连同红纸一道烧了给病人喝下去，一个月后，孙老太太的身体明显好转，又过了一段时间，竟奇迹般地康复了。对此，医生也深感不解。

富伟河说，妻子长年患子宫癌，医院已经放弃了治疗。在走投无路的情况下，去求三道仙赐药，数月后，病情有所好转，目前已经痊愈。一位从抚顺市来串亲戚的女性听说三道仙非常灵验，便到庙里虔诚地许愿，回去之后便发了大财。

寺庙反映了人们信仰的一个层面，是映射人们内心世界的一面镜子。对于中国人而言，寺庙是神明的居所，在社会经济状况允许的条件下，人们会竭尽全力为神明建造生存的空间。当然，神明的空间不只限于寺庙。在家中点燃几炷香或几根蜡烛，或在庭院设一个祭坛，日常生活场所随即就会变成一个信仰空间。但这种空间于神明而言毕竟非长久安居之地，更不如寺庙舒适。有一段时间，在无神论意识形态的支配下，神明们舒适奢华的居所大多只剩下只鳞片瓦，即便有幸保留也已改为他用。神明们只好在家和原野之间漂泊、彷徨。几次革命风暴之后，为了向神明表示虔诚之心，人们又开始了庙宇的修建。如今，寺庙的数量及所祭祀的神明已成为反映一个区域民众信仰状况的一个重要标志。

"文化大革命"时期，三道仙庙被拆，20世纪90年代初，上文提到的孙老太太为了感谢三道仙的救命之恩，重修了一座庙，但不久就被政府拆掉。1998年，"飞来石"（石棚墓）被指定为市级保护文物，富氏家族遂集资重建三道仙庙，并命名为富氏祠堂。祠堂入口处有一扇小小的红漆门，旁边是抚顺市人民政府立的"市级文物保护单位"石碑。祠堂周围种满了各色鲜花，祠堂东墙脚处水泥板上刻有修建时间、负责人、出资人等姓名。尽管富氏将其定义为祠堂，但村里人仍习惯性地称其为"庙"（见图8-4）。

祠堂正面墙壁上挂着一张仙人图（见图8-5），图下方为祭坛。据说伪满时期有人将仙人图的翻版带到黑龙江省通辽市，20世纪90年代富氏

图 8-4 富姓"祠堂"

一位老人到黑龙江找人照原样画了一张,回到富村后准备将其供在三道仙庙中,县公安局知道此事后马上派人调查,命富氏立即将庙拆除,富氏便连夜将仙人图送回通辽,1998年重修祠堂后,又将仙人图取回。据说原来的仙人图上有胡仙、黄仙、长仙、蟒仙等108位仙,上面还记有每一位仙的名字。现在的仙人图只有22位仙,而且大部分名字已无人知晓,只有三道仙及其弟子三仙姑、七仙姑、九仙姑(均为胡仙)仍为人们所记忆。

图 8-5 富姓"祠堂"仙人图

祠堂的门平时是关着的，因未上锁，人们可以自由进出。三道仙虽是富氏家族的保家仙，但从孙老太太的故事来看，村落其他成员或村落共同体以外的成员也有同样的信奉资格，三道仙一方面是一个特定家族的保护神，另一方面它又是向所有人开放的。三道仙庙被重新解释为富氏祠堂，这是对村落象征性资源的一种占有，是富氏增强家族凝聚力的一种表达。每年农历十一月十五是三道仙的诞辰日，是日，富氏家族成员聚集一处，举行一年一度的祭祀活动。正月十五送灯笼则是以家户为单位进行的。

中国有"家庙"、"祖庙"之说，"庙"一般是指地缘性信仰空间，而祠堂是针对家族或宗族而言的，其祭祀对象一般是一个家族或宗族的祖先。富氏祠堂供奉的不是祖先，而是保家仙。富氏对保家仙的投入（经济、时间）比祖先祭祀大得多。当笔者问及保家仙与祖先哪个更重要时，他们毫不犹豫地说是保家仙重要。这说明，与第一节中的徐氏家族一样，在富氏的记忆中，伴随祖先迁移至此地并左右日常生活吉凶祸福的保家仙比祖先更贴近生活，其记忆比祖先更加鲜明。

富氏的祖先祭祀主要有两种形式，一是家祭（供奉祖宗板），二是墓祭。富氏的祖宗板上供奉两个香碗，但所供内容已无人知晓。富氏没有全族规模的祖先祭祀，春节期间，主要以家户为单位祭祀三四代以内的祖先。墓祭形式也较为简单，清明、七月十五上山割割坟草便算是对祖先尽了义务。

中国的宗教政策于20世纪80年代以后发生了较大变化，但是除了国家正式认可的四大宗教（基督教、伊斯兰教、佛教、道教）以外的信仰活动，原则上仍被定义为迷信活动而加以限制或改正。事实上，30多年来，中国的民间信仰已经全面复活，并且越来越活跃，其中有的被解释为传统文化而得以弘扬，有的被认为是迷信而加以禁止，"传统文化"与"封建迷信"之间的界限并不清晰。在这种情况下，围绕着三道仙的一系列信仰活动随时都有被政府禁止的可能，几经沧桑的三道仙庙或许还将面临第三次灾难。对于这个问题，富氏家族的一位领军式人物说道："三道仙是受政府保护的。谁敢破坏政府保护的东西？"

其实，政府保护的是具有文物价值的石棚墓，但村民们正是通过反过来利用政府的话语，从而达到了保护三道仙的目的。有了这样一个强有力的后台，他们可以堂堂正正地搞各种各样的信仰活动。而政府也准备利用石棚墓这个资源在富村开发旅游，以增加财政收入。政府与民间的这种互动为人们拓展了更加广阔的信仰空间。

第三节　小结

　　胡、黄、长、蟒等地仙信仰是中国北方广大区域较为普遍的一种民间信仰。在东北地区，地仙除了与个人之间建立一种拟制亲属关系外[①]，与家族的关系也显得尤为重要。

　　从上述事例中，我们看到辽宁地区的许多家庙或祠堂中供奉的不是祖先，而是作为保家仙的地仙。这一点是东北地区动物信仰有别于其他地区的最重要的特征。因此，在该地区研究亲属制度或宗族组织只有将地仙信仰纳入视野，才能更清楚地了解其本质。刘晓春在谈到人、祖先和神明之间的关系时认为，祖先的威力只有家族效应，而神的威力则有社区效应，这种社区效应最终使家族在一定区域文化的占有上具有支配地位。[②]

　　地仙信仰还为我们提供了身份认同的视角。当代的满族包括满、汉八旗以及民人的后裔，满八旗的迁移传说中老家多数为长白山，而汉八旗和民人则以山东居多。他们的祖先在从龙入关（随努尔哈赤南下）或移民到东北的过程中经历了千辛万苦，他们认为，正因为有了保家仙的护佑，祖先才得以平安到达此地。故保家仙来自何处，是判断当代满族身份认同的一个重要依据之一。

---

　　① 比如，某个特定的胡仙与人结成干亲，人通过供奉胡仙，可以得到胡仙的保佑，而胡仙也通过与人认干亲而达到延续香火的目的。详细内容参见刘正爱《东北地区的地仙信仰——一个社会人类学的视角》（東北地方の地仙信仰—社会人類学の視点から），载日本白山人类学研究会编《白山人类学》（白山人類学）2006年第3期，第40—67页。
　　② 刘晓春：《区域信仰——仪式中心的变迁》，载郭于华主编《仪式与社会变迁》，社会科学文献出版社2000年版，第208页。

第 九 章

黑龙江省三家子村满族生活的变迁与认同

20世纪60年代初,金启孮作为内蒙古大学满族调查组的成员之一到黑龙江省三家子村调查满族社会历史情况,调查成果后来在1981年以《满族的历史与生活》(黑龙江人民出版社1981年版,以下称"金著")之名发表。从调查到成果的出版,其间相隔了整整20年。令人遗憾的是,这20年间金启孮没有再进行追踪调查,以致该书内容与出版时间形成了一个较大的反差。

该书发表前后正值民族政策的变化导致民族意识逐步高涨时期。在"满语已经消失"、"满族已经'汉化'"这样一个话语盛行之际,它向全世界宣告了"纯正"的满族的存在。三家子之所以受世人瞩目,主要是因为该村保留了部分满语口语,因此,20世纪70年代以后对三家子村的关注主要表现在语言调查成果上。2002年,定宜庄和邵丹联名发表了《历史"事实"与多重性叙事——齐齐哈尔市富裕县三家子村调查报告》[①],这篇论文采用访谈与史料相结合的方法,通过三家子村孟氏家族的个案研究,在对金著的部分内容进行文本分析的基础上,探讨并考察了多年来易被学者们所忽略的满族认同问题,改变了三家子村研究中偏重语言、忽略历史文化的研究趋势。

上述研究成果为笔者的调查提供了丰厚的资料基础,而定、邵文又给笔者增添了一个新的思路。多年来,因种种原因,笔者的田野调查地点一直设在辽宁省,2002年又增加了福建省福州市和长乐市琴江村作为调查点。直至2005年才萌生出调查三家子村的想法。对于人类学者来说,三

[①] 定宜庄、邵丹:《历史"事实"与多重性叙事——齐齐哈尔市富裕县三家子村调查报告》,《广西民族学院学报》(哲学社会科学版)2002年第24卷第2期。

家子村是一个颇具魅力的调查点。除了满语因素外，主要是因为它有一个比较翔实的资料参照系，换言之，在东北地区村庄史志资料相当缺乏的状况下，金著为三家子村的历时性研究提供了良好的史料基础。在这样一个地区进行追踪调查，观察近40年以来村庄历史与文化的变迁，对人类学以及整个社会科学都具有重要的意义和学术参考价值。本章仅仅是这个尝试的开始。由于时间和经费的限制，这次追踪调查仅在齐齐哈尔市三家子村及其周围村庄做了短短一个星期的调查。① 今后有待做进一步深入的调查和研究。

第一节　三家子村概况

三家子村隶属黑龙江省富裕县满达柯友谊乡，旧名"上三家子"，齐齐哈尔市南部也有一个三家子，叫"下三家子"，这种称呼延续至今。三家子村离富裕车站23公里，距中和车站6公里，距齐齐哈尔市48公里。它西邻嫩江江套，具有丰富的水草资源。

20世纪80年代以后，富裕县政府利用嫩江草地资源，大力推广奶牛饲养业，三家子村民们也开始走向了养牛致富的道路。三家子村目前共有1200头奶牛，养牛户290户，平均每户4.1头，最多的养40多头牛。一头奶牛8个月一个周期可产3000元价值。除了养牛以外，水稻种植也是村民的重要收入来源之一。据村党支部书记介绍，全村土地面积7100亩，仅水稻面积就占了3600亩，2005年，仅水稻一项，村民收入就增加了200多万元。

该村现有312户，总人口1031人，平均每户3.3人。其中满族210户，汉族132户，达斡尔族25户，蒙古族3户，柯尔克孜族2户，满族约占全村人口的60%，汉族约占42%。②

为了弄清40多年来三家子村的人口变化情况，我们不妨与金著中所列数据作一个比较。根据金启孮的调查，1961年的村庄人口是419人，

---

① 本调查是在2006年5月20—26日进行的。
② 因为调查时间不够充足，未能逐户确认，该数据是村委会书记提供的，而满、汉等各族的人口数也因会计休产假未能得到，所以在这里，满、汉的人口比例只能按户数算，考虑到户主为汉族、妻子为满族或者户主为满族、妻子为汉族的情况时有发生，因此该数据不准确，只能作为参考。

101户,平均每户4.2人。其中满族355人(80户),汉族54人(19户),达斡尔族10人(2户)。比较一下上述两种数据,我们可以得出以下几点结论。

在45年的时间里,三家子村总户数增加了三倍多,人口增加不到两倍半。这说明现在平均每户的人口数量与40年前相比明显减少。

1961年三家子村满族人口占村人口总数的85%,汉族人口仅占约13%,如今,满族人口相对减少20%,汉族人口却增加约29%。此外,又增加了20多户柯尔克孜族和3户蒙古族。这说明,三家子村的民族构成发生了较大变化。

导致汉族人口增加的最直接的原因是从20世纪50年代开始的大量移民的迁入。据《富裕县志》记载,1956年5月富裕县从山东省嘉祥县、邹县、滕县等地调来13554个青壮年开展移民垦荒,分别安置在18个乡、55个新村,至年底,垦荒队家属迁来3500户,新村增至63个。至1958年,富裕县接受垦荒队员及其家属共计5万多人。[1] 据当地村民们讲,当时一下子建了那么多的村,一时间无法起名,干脆就按号排序,所以就出现了11号、30号、55号这样的村名。

从总人口增长幅度来看,1949年富裕县总人口为56938人,1966年为161160人。而1976年则增加到254777人。此后,富裕县人口基本上没有太大的波动。从以上数据来看,1966年的全县人口比1949年增加了三倍多,10年后又增加了近两倍。[2]

三家子村的汉族大部分是根据政府的搬迁政策迁来的。另有一部分是灾民以及政治运动中下放的内地人。据村民们讲,那时候来了就给落户,还给一份土地。他们迁来时一般都是单身,现在均已变成大户。比如,高姓就已经发展到十多户的规模。他们始终没有改变山东口音,平时山东移民之间基本上用山东方言交流,而跟山东人以外的人则使用东北话,小孩子也是如此。

三家子村在20世纪60年代主要以渔业和副业为主,有一小部分农业自给自足。过去三家子村的生态环境非常好。一位30岁的村民回忆说:"我小的时候,嫩江里的鱼还很多呢。那时抓的都是几斤重的大鱼,小的

---

[1] 姜成厚、纪永长主编:《富裕县志》,中共党史资料出版社1990年版,第374页。
[2] 同上书,第452页。

都没人要。俗话说：棒打狍子，瓢舀鱼，野鸡飞到饭锅里，那话可不假。现在偶尔能见到野鸡，也少了。六七十年代迁来很多汉族人，他们来了以后大量砍伐树木，有的盖房子，有的栅墙头，两年工夫就砍没了。地也乱开发，好多都被破坏了。山东土地少，到这一看，遍地都是宝。所以用不上两三年都比咱们满族人过得好。村后有个黄花岗，以前是个森林，里面阴森森的，小孩儿都不敢进去，大人单枪匹马也不敢进，里面有山里红等多种果树。现在什么都没了。"目前整个地球都在面临着生态环境保护的问题，虽然我们不能把三家子村生态环境破坏的原因简单地归根于移民问题，但是，内地大量迁入的移民给当地自然环境造成的不良影响却是不可否认的事实。

第二节　族谱、祖先祭祀与过去的记忆

关于三家子村名的来历，村中传说是因为过去该村只有计、孟、陶三姓，由此得名"三家子"，关于这一点，金启孮也做了一些考证。他认为，康熙年间宁古塔副都统萨布素为抗击沙俄侵略，从长白山一带调来水师守护边镇，当时住齐齐哈尔的八旗兵计、孟、陶三姓家属就在离齐齐哈尔95里、邻近嫩江江套的地方定居下来，因为只有三家，满语便把这三家住的地方叫作"伊兰孛"（yi lan bo），译成汉语叫"三家子"。①

至于这三姓到村里落户的先后顺序则有不同的说法。据孟宪孝（73岁）说："这屯最先来的是老孟家和老计家。听说，开始的时候有个姓关的单身汉过着游牧生活，在江边上待了不长时间就走了。有的说他走了以后，后来又来了个老富家，有的说来了个老陶家。不管怎么说，就这三家先落的户，所以叫三家子。老赵家是后来的。"富裕县副县长赵金纯也说："三家子的三姓原来不是计、孟、陶，而是计、孟、富。计、孟、富进三家子村后，我们是跟老陶家前后脚进的三家子。"

那么，三家子村的主要满族姓氏是如何记忆过去的，今天在生活习俗、祖先祭祀等方面与40多年前相比到底又发生了什么样的变化呢？我们先来看看孟氏家族的情况。

2000年9月，定宜庄、邵丹二人访问三家子村，她们发现三家子村

---

① 参见金启孮《满族的历史与生活》，黑龙江人民出版社1981年版，第23—25页。

的孟氏自称来自山东曲阜，乃孟子后代，定、邵对这一说法提出质疑，进而考证孟氏的满文老姓是墨尔哲勒氏（mel jele）（即金启孮所说的摩勒吉勒 me le ji le），是世居松花江地方的满洲姓氏之一。定、邵进一步关心的问题是，孟氏为何要附会孟子，他们身为满族却又同时认同孟子的原因到底何在？① 该问题在定、邵之前尚无人给予足够重视，甚至被研究者们完全忽略。定、邵文发表于2002年，笔者关心的是，该文的发表对孟氏认同孟子的话语有没有产生影响，四年后的今天又会有什么样的祖先故事在等待着我们？带着这样一个问题意识，笔者与当时定、邵二人的主要采访对象孟宪孝进行了访谈。

问：听说孟氏是山东来的？
答：我们老家是山东来的。山东曲阜。
问：怎么过来的？
答：随军过来的。八旗军。
问：大概什么时候？
答：300年前，清朝时候。我祖爷在朝廷里是带刀护卫，武官，四品官。后来抗击沙俄领兵过来。我们随着家属就过这边来了。从山东到长白山，在长白山待多长时间就不知道了。后来领兵抗击沙俄随着齐齐哈尔水师过来的。祖爷出去打仗去了，后来我们家就搬到这边来了。好像那时就是（过）游牧生活。

该部分的对话内容与定、邵文的内容基本一致。② 孟宪孝说当时孟氏有三支，到三家子的是两支，另外一支去了北山里。但究竟去了哪里就不得而知了。孟宪孝又说，孟氏是伊彻满洲，本应是镶黄旗，因为祖爷在朝廷里做官，皇上封御敕、皇马褂、红翎子，被封为正黄旗，这些内容家谱上均有记载。

关于与孟子的关系，我也进行了确认。

---

① 参见定宜庄、邵丹《历史"事实"与多重性叙事——齐齐哈尔市富裕县三家子村调查报告》，《广西民族学院学报》（哲学社会科学版）2002年第24卷第2期。

② 同上。

问：听说你们是孟子的后代？

答：这个就不太清楚了。但是我们老家是在山东曲阜，那个庄叫孟庄。可是究竟是谁的后代就不太清楚了。

问：孟庄是听老人讲的还是谱书上写的？

答：谱书上没写，听老人一辈一辈传下来的。

问：你知道金启孮吗？

答：知道。

问：他写的书你看过吗？

答：看过。

问：几年前有一个叫定宜庄的女士也来问过事，你还记得吗？

答：不太清楚。那时候我还没太接触过外来考察的人。我就是最近三四年才接待一些外来考察（人员）的。

看来，虽然孟宪孝没有读过定、邵文，而且也不记得被定、邵采访之事，但事隔六年，关于孟子后代的传说显然不如以前那么确定了。而关于计、孟、陶原为汉族的说法，此次也未提及。孟宪孝自称读过四年书，过去又当过村长、书记，应该具有一定的文化水平。近年来国内外学者的频繁造访，多少会影响他对许多事情的看法，也在某种程度上增强了他的满族意识，对于祖先的传说显然也开始动摇了。

我又采访了孟宪孝的姐姐孟淑静（时年81岁），她对"孟子"的传说却是十分肯定的。

问：孟氏是从哪儿来的？

答：从长白山来的。

问：听说跟孟子有关系？

答：孔孟一家，孟子孟子嘛！

实际上，"长白山"与"孟子"这两个互相矛盾的概念只有对学者来说是自明之理。而对孟淑静来讲，这些并不重要，因为他们作为旗人、满族的身份从未动摇过，她不会担心因为说出祖先是孟子就会危及他们的满族身份。在日常生活中，人们很少去意识自己是什么身份，而当这种身份受到威胁，或遇到异类群体时，亦即"日常"变成"非日常"时，人们才会意识到或有意强调自我与他者的不同。这也是身份认同的一个主要特征。

孟氏的总族谱在土地改革时丢失，这也是金著中之所以只列计、陶、唐氏族谱而没有列出孟氏族谱的原因。20世纪90年代末，孟宪连（孟宪孝堂弟）曾组织过一次修谱活动（当地叫"抄家谱"），后来再也没有续修。当笔者问起今后有没有重修族谱的打算时，孟宪孝问答说："没意思了。因为分支太多，你准备一场，没有非常周到的准备就办不了。时代不同了，人们对家族的观念基本上消失了。谁和谁远、谁和谁近都无所谓了。像我们八九年前抄过一回家谱，弄了半天，通知到了，他不来了，这谱怎么抄？本来大家都有这个意愿，3—5年续一次谱，结果再往下没人组织了。上一代人还有穆昆达，记得他的小名叫孟七十五，他死了以后我们这一代人就没有了。"

孟氏家族的祖坟位于离村庄七八里地的地方，族人上坟时基本上只上自家三代之内的坟，祖坟的位置人们好像还记得，但因长期无人管理，已经是杂草丛生。

在祖先祭祀的形式上，除了墓祭以外，还有室内祭祀。村里有个说法，佛满洲点碾香，伊彻满洲点插香，香碗数量则代表来自长白山的几道沟。关于香碗数量的解释在辽宁地区也流传得较为广泛。而金启孮则认为，香碗多少反映了满洲各氏族在政治上的不同地位。我们在第七章看到，辽宁省新宾满族自治县腰站村的爱新觉罗（汉字姓为肇）家族供奉的是九个香碗，这是目前确认到的最多的一例。从这一点看，金的主张可能有其一定的道理。但如果把长白山几道沟看成是一种上下序列关系的话，此两种说法并非是矛盾的。

孟氏家族只供一个香碗，而且点的是插香，为木制圆形香碗。这就从侧面证实了上述佛满洲和伊彻满洲在烧香种类上有所不同的说法。但孟宪孝说他们是长白山二道沟人，因为随旗的都点一个香碗，所以从香碗上看不出是几道沟的。看来，长白山几道沟的说法只适用于佛满洲。在香碗的数量上，孟宪孝的口述显然与金著中的叙述有较大出入。根据金启孮的调查，三家子村孟氏有四个香碗。因此，该问题尚待进一步澄清。

过去孟氏家中还有神像，是一张彩色大画像，从上至下整齐排列着身着古装的大小人物，有男有女，有文的也有武的，大概有二十几位人物。孟宪孝说他父亲以前就是"跳大神的"，还懂点中医，所以家里有神像。

他小时候看见过这个神像,还记得他们都有名字,比方说,太太、萨满(读"撒曼")爷爷、娘娘等。① 不知是哪一代人学会跳(神),供的这些东西。她(他)死后,后人就把它供下来。有的常供,有的只在清明、十五烧点香。村里计、孟、陶及其他各姓氏都有太太这个神。

孟淑静回忆说,过去春天祭神,冬天祭祖,一到春天开花的时候,就杀一头猪、一只羊,再做一点驴打滚祭大神儿。孟氏家族最后一次跳神是在她十四五岁的时候,后来神像和鼓都埋地里了。按此推算,大约在1940年以后孟氏家族跳神祭祀的活动基本上就已经停止,这种情况一直持续到现在。

笔者在辽宁地区发现大部分人家都供胡、黄、长、蟒等地仙,为了做一个比较,我顺便问了一下。孟宪孝说,神像图里并没有那些地仙,但是过去家家都在院子或离家不远的地方单独盖个小庙供奉胡仙。因为胡仙是他们的保家仙,"文化大革命"后就很少有人供了。有极少数人在暗地里供。笔者在邻村登科达斡尔族村也了解到,该村几乎家家都供老祖宗和保家仙,而保家仙中最多的是胡仙,此外还有獾等动物仙。看来,东北地区民间信仰也是等待学者们去深入挖掘的一项重要课题。

下面再来看看陶氏家族的情况。

金启孮在他的著作中单独涉及陶氏的部分很少,据金著记载,陶氏的满文老姓为托胡鲁哈喇,其始祖名叫洪阿力。笔者查了一下《八旗满洲氏族通谱》(以下称《通谱》),其中没有"托胡鲁哈喇",而只有托活洛氏。哈喇即满文姓氏之意,托胡鲁与托活洛发音相近,显然两者是满文汉字标音的不同版本。根据《通谱》记载,托活洛为满洲一姓氏,其始祖散处于黑龙江及各地方。② 而关于洪阿力却没有发现任何记载。因此,始祖洪阿力很可能是族谱上记载的名字。金启孮收集到的陶氏族谱是在一张大高丽纸上书写的汉文族谱,谱中共传十九代,当时尚有两代没有上谱。③ 金启孮曾经不无感慨地说:"从调查的情况来看,满族修谱之风早

---

① 金启孮也在他的著作里提到过孟昭祥曾经做过萨满的事,孟昭祥是孟淑静、孟宪孝的父亲,可见孟宪孝看过的神像正是孟昭祥所供奉的。参见金启孮《满族的历史与生活》,黑龙江人民出版社1981年版,第41页。

② 参见(清)弘昼等编《八旗满洲氏族通谱》,影印本,辽海出版社2002年版,第558页。

③ 参见金启孮《满族的历史与生活》,黑龙江人民出版社1981年版,第24、37页。

已中断，中断的时间当在东北沦陷初期，有的地方或者还早。"①

那么实际情况如何呢？陶氏家族中岁数较大又会说满语的陶云庆（78岁）说，他们是长白山拨民过来的，供三个香碗，属镶白旗。对此，有一位富姓村民认为，陶氏不是真满族，因为他们是镶白旗，正的应该是四旗，镶的四旗不是纯的，是随旗。这种观点在笔者调查的黑龙江省其他地区和福建省琴江满族村也有所闻。

据陶云庆回忆，家谱是一张大纸上写的，上面有两个彩色人物画像，平时卷起来放在一个匣子里，不到过年时不让拿出来，更不能给外人看。开家庭会议（续谱或叫"办家会"）时才把家谱拿出来挂在墙上。他记得家谱上写的是满文，那个画像满语叫"可勒么昆"，汉文译为"影"。据说，陶氏家谱和"影"一直由陶春德保管，他去世后就让住在富裕县城的大孙子拿走了。

一般来说，一个家族的族谱或祖先画像是不能随便给外人看的，就连同族人平时也是碰不得的。史禄国也曾经写道："氏族谱牒是秘密文件，它们不能被出示给外人。"他还强调了氏族谱牒与神龛（祖宗板）具有同样的重要性。② 在黑龙江省调查期间，笔者明显感觉到该地区对家谱或老祖宗的神秘化（神圣化）程度比辽宁地区要高一些。短时间的调查几乎不可能看到任何有关家谱和祖先祭祀的物品。尤其是"文化大革命"以后，三家子村的祭祀活动均已消失或转为"地下"，保留着祖宗板的人家也多是偷偷供奉在仓房等隐秘空间，不敢轻易让外人看到。与此相比，辽宁地区祖先祭祀活动恢复情况便大不相同了。"文化大革命"期间幸存的祖宗板自20世纪80年代后期（有的可能更早）始就拿出来挂在西墙上，族谱或谱单也很容易看得到。

在一些国内外研究者劝说下，陶家曾经拿出祖先画像给那些学者们看。③ 但事后很快便遭到族人的一致谴责。据当时在场的人说，那是一张彩色画像，中间有一匹大白马，有两个老人头戴红顶冠，身穿蓝色大长袍立在大白马的旁边。

辽宁省新宾县腰站村胡氏家族珍藏的"影"，也是一幅画有人和马的

---

① 该说法与金著中的内容是一致的。
② ［俄］史禄国：《满族的社会组织——满族氏族组织研究》，高丙中译，商务印书馆1997年版，第69页。
③ 据说给了一百元钱作为报酬。

祖先画像，一个文官和一个武官分别骑着一匹马，另有两个士兵护其左右。① 笔者在富裕县大高粱村也见过类似的祖先画像。福建省琴江满族村汉军旗人的后裔也把祖先画像称作"影"，那是一幅等身贵妇彩画。据说，清代旗人只有四品官以上的人才有资格画"影"，夫妻两人可各画一张。

陶氏家族过去三四年续一次家谱，由穆昆达负责。穆昆达有正副二人，正的名字已无人知晓，副的是陶来永（金著中记载当时64岁），很早便过世。其子陶春德也已作古。续家谱时每家至少要有一人参加，姑奶奶、儿媳妇都可以参加。办家会时还要杀两三头猪，可称得上是几年一度的盛会。如今穆昆达不在了，家谱也没人张罗修了。

家谱又称"老祖宗"，只有穆昆达所属房支才有资格供奉。据说过去陶氏分支也修过小家谱，大概二三十年前让小孩子弄丢了。最后一次修总家谱（当地叫"抄家谱"）是在陶云庆小的时候，依其年龄推算大概是在20世纪40年代左右。据了解，2005年陶家修过一次家谱。或许陶云庆有意隐瞒此事，可见村民们对当下的政策环境尚有些疑虑。

在丧葬习俗方面，三家子村满族的习惯与辽宁地区满族有一个明显的不同。在三家子村，从屋里向外抬棺材时，死者要脚在前，头在后。而在辽宁地区调查时，笔者经常听到人们讲，满族与汉族最大的不同是，往外抬棺材时，死者一定要头冲前，脚冲后。此外，辽宁地区佛满洲墓上要插"佛托"，而三家子村的满族非但无此习俗，连"佛托"一词都未曾听说。与上述孟家一样，陶家的墓地祭祀通常只限三代以内，上坟时间为每年的清明、腊月二十六和七月十五。

那么，计氏家族的情况又如何呢？

据金著记载，计氏来自长白山，始祖叫成木。金著上附有计氏家谱，上面记载了十二代。计氏家谱目前保存在计红岩家，为满汉文对照，誊写在上等的绢纸上，记载有计氏十四代传人。说明从20世纪60年代到今天，计氏又多出两代人。据说该族谱修于道光十九年（1839），至今有160多年的历史。

计金鹿（61岁）说，他们是从长白山先到齐齐哈尔，然后从齐齐哈尔到三家子来的。计氏家族现在还有一位穆昆达，他叫计有才，今年64

---

① 见本书第七章。

岁。家里大大小小的事都找他商量，他的权威很大。当地人把穆昆达叫"老大"。穆昆达是世袭制，由长子继承。上一辈穆昆达叫计连庆。

计金鹿回忆说："过去祭祖很热闹，敲锣打鼓，像欢迎仪式一样，以前家里还有手鼓，还有叉妈跳神。'文革'后谁还敢祭祖？连三十晚上给祖先磕头都不敢了。我们供三个香碗，祖宗板原来在三大爷家，三大爷死后放六大爷家，他叫计喜生。后来他也死了，就由他儿子计红岩供着，在仓房里偷偷供。老祖宗从这一家挪到那一家时得有人捧着，不能用车拉。我小时候看见过老祖宗，上面有两个人，一男一女，女的还不让看呢，我是偷偷看的。她身穿黄色衣服，手拄着棍，旁边还有书童；男的骑着马，穿着黄袍，因为我们是正黄旗。平时放在一个箱子里，祭祖时取出来供上、上香、磕头。以前西墙上有个架子，前面放香碗，后面放箱子。分支后，支系只分祖宗板，所以，每个支系都有祖宗板，祖宗板必须要经过火燎才能供。箱子（老祖宗）只有一个，不能分。"

由此可见，祖宗板对满族而言是很神圣的，祖宗板可以分，但是祖宗画像一个家族只能拥有一个，而且一般要由长子供奉。

计氏家族从20世纪60年代以后就没有举行过大规模的祭祖仪式。如今人们连祖坟的位置都找不到了。与其他家族一样，现在计氏的墓祭范围只限定在三代以内。

以下是关氏家族的情况。

金著对关姓提及甚少。[①] 为了了解关姓的情况，笔者访问了族中会说满语的关凤义（70岁）。

> 问：你们什么时候来三家子的？
> 答：从吉林、辽宁来的。长白山就在那一带。是跟着部队过来的。我爷爷在这儿出生，中俄战争时四十八团就有我爷爷，那是一八几几年的事了。
> 问：你们是什么旗？
> 答：正黄旗，佛满洲。

由此可见，关氏也认为他们是从长白山过来的。关氏共有五支，三家

[①] 金著第24页提到关氏满文老姓，第39页提到关姓供八个香碗。

子村现在只剩下一支,约有二十多户人家,其他均已迁往外地。现在与大庆、芷江的族人仍保持着联系,其他支系都断了音信。

关氏供两块祖宗板,为木制长方形香碗,里面装上粮食,点插香。如果是佛满洲,按村里一般的讲法,应该点碾香,但关氏的做法却与此不符。关于香碗数量,关凤义说:"几个香碗就代表长白山几道沟,我只是小时候看过,解放以后就不让供了,'文革'后就都烧没了。"

据关凤义回忆,关氏家谱是一部谱书。① 土改前修过家谱,土改以后就不敢再修了。关凤义是同辈人当中唯一上了家谱的人,那时年龄尚小,没有大名,所以家谱上写的是小名。关凤义只看过一次家谱,那是在祭祀祖先的时候,从远处看了一眼。因为家谱是不让小孩子看的。所以,祖先画像也只知道有其事,但没有机会看。后来,老祖宗在土改后被穆昆达拿走了。最后一个穆昆达小名叫关黑虎,关凤义记得他最后一次见关黑虎是在他八九岁的时候。那时关黑虎40多岁,身穿灰布长袍,系着腰带,很是威风。他每次从马岗子来,家里都要给他做很多好吃的招待他。如今他的后裔都在北京,与三家子族人失去了联系。

富氏在三家子村也算是个大户,有十几户人家。据说富氏早期与计氏同时进入三家子,后来迁到富裕县塔哈乡马岗子,后来又搬回了三家子,具体迁回年份不详。

关于富氏旗属问题,富胜林说:"听老人讲,我姑奶奶在世时我们家是正黄旗,我父亲活着的时候我们家是正蓝旗。我们可能是正红旗或正蓝旗,不是镶旗,估计是正蓝旗二佐,是佐领,是领导。"

可见,富氏在旗属问题上记忆有些混乱。富胜林特别强调他们不是镶旗,是正旗,而且还是佐领。这是受了"镶旗不是真满族"这个说法的影响,尽管搞不清到底属于哪个旗,但是他要强调一点,他们是"真正的满族"。据富胜林讲,富氏来自吉林长白山,是沙俄战争时随军过来的。

据金著记载,富氏的满姓为"夫义",是佛满洲。查《八旗满洲氏族通谱》,并无此姓,不知"夫义"出自何处。富氏家谱是一张黄牛皮纸的谱单,"文化大革命"时被转移到齐齐哈尔。此外,还有一张画像,平时

---

① 据关凤义说,该谱书原来在马冈子村穆昆达所在的大房那里,后来大房搬到北京以后就失去了联系。

不让动,续家谱时才能拿出来。

富氏的祖宗板上供三个香碗,"文化大革命"时祖宗板被红卫兵砸坏,此后再也没有供过。现在,富氏只靠墓祭来祭祖。

第三节 满语的"活化石"

三家子村汉族人口的增加,使原本相对封闭的乡村社会出现了较大的开放性,当地村民不仅在文化、生活方面受内地移民的影响,而且交流方式也发生了改变。据村里 70 多岁的老人们回忆,他们儿时主要用满语交流,有的汉语说得很差,有的干脆就不会说汉语。自从汉族移民进村后,情况发生了变化,因为要跟汉族交流就必须学会汉语。此外,还有一些政治原因,如 20 世纪 50 年代末以后出现的民族融和论以及极"左"思潮也给三家子村人使用本民族语言带来了消极影响。

据金启琮调查,1961 年三家子全村能说满语的大致分以下三种类型:

(1) 满语讲得好,但汉语较笨,有的甚至听不懂汉语,有 58 人(50 岁以上)。

(2) 满语、汉语都熟练,在家中基本上多用满语交流,有 108 人(20 岁以上 50 岁以下)。

(3) 汉语比满语好,有 189 人(20 岁以下)。①

如果我们计算一下这些数字便会知道,当时三家子村满族人口 355 人均在不同程度上会说满语。而今天会说满语的人已经寥寥无几。上海市语言文字网讯,据 2002 年调查数据显示,2002 年全村能够非常流利地说满语的仅有 3 人,占户籍总人数的 0.29%;能听懂并说大部分满语的有 15 人,占总人数的 1.45%。此项数据与笔者调查的情况基本吻合。

有很多研究者对这种状况感到忧虑,认为如果不加以整理和保护,民间的满语口语交流将在 5—10 年内消失。在学术界和政府的关注下,从 2005 年 6 月开始由富裕县政府投资兴建满语学校,在原有三家子村小学的基础上增建了 200 平方米的校舍,整个校区也向外扩展了一部

---

① 金启琮:《满族的历史与生活》,黑龙江人民出版社 1981 年版,第 52 页。

分。目前，学校大门前面正在修一条水泥板路，一直通向村外，据说富裕县城至三家子村的土路在不远的将来也将变成一马平川的水泥板路。

建成后的满语学校包括一个满语教室，一个微机室①，一个展室。展室由县政府出面策划，未来将展出民间画、摇车、鱼罩、祖宗龛等具有满族特色的展品。

2006年2月15日，三家子村农民石君广和赵莹莹被正式聘为满语教师，他们肩负着传承民族语言的重任走上了满语教室的讲堂（见图9-1）。辽宁省一家民间企业向学校赠送了50多套校服，校服上下均为蓝色，男裤女裙，裤兜边和裙腰处绣着弓箭，上衣胸口处绣着满文，据说是"满洲"之意。（见图9-2）

图9-1 三家子村满语教师石君广

---

① 2006年4月23日，满族吉祥网站在网募集资金向满语学校赠送了一台电脑，并派专人前往安装。

推动三家子村满语教育的除了学术界的专家学者和政府有关部门以外，还有一个人值得一提，那就是富裕县副县长赵金纯。赵金纯是三家子村人，佛满洲，旧姓爱新觉罗。① 金著中曾经提到几个满语较好的人，其中有一个叫赵喜庆的便是赵金纯的父亲。赵金纯的母亲陶云今年 80 岁，满文说得较好。赵金纯从小在家跟父母学了很多满语口语，1984 年到黑龙江满语研究所进修满语满文，1987 年 8 月回村，在小学开设满语课程，在任教的 4 年中，前后有 89 名学生参加了满语学习，石君广和赵莹莹就是赵金纯培养出来的学生。20 世纪 80 年代后期调到富裕县任副县长后，赵金纯积极促进满语教育的发展，并先后编写初级满语教材（1—5 册），并与他人合作写成《满语研究通论》。

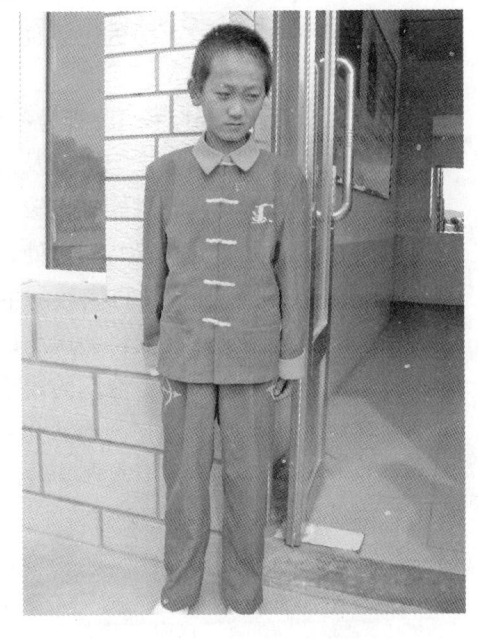

图 9-2 满族小学学生校服

清代朝廷推崇"国语骑射"，是因为有许多旗人忘记了国家之根本，朝廷通过强化满语和骑射来增强旗人的满洲认同感。历史往往具有循环性，在 21 世纪的今天，"国语骑射"作为保存满族语言文化的象征再一次出现在人们的面前。满语学校已经成为三家子村向全世界展示满族文化的窗口。满语更是向人们宣告满族作为一个民族而存在的强有力的象征。

---

① 金著中赵氏为"爱仁觉罗"。赵金纯说"爱仁觉罗"就是"爱新觉罗"，赵氏以前冠"肇"姓。

第四节 小结

　　本章以金启孮 1961 年的调查为参照，对三家子村满族四大姓孟、陶、计、关氏家族的家谱，祖先记忆以及认同情况分别做了分析和探讨。通过与第七章辽宁省新宾县的满族做比较，我们不难发现，三家子满族与新宾腰站满族在祭祖习俗上有着共同之处，但在丧葬习俗方面却又有着明显的差异。[1] 40 多年来，三家子村满族的生活发生了较大变化，许多传统习俗随着社会的变迁逐步在消失，会说满语的老人逐年减少。近几年大批学者涌入该村调查满语，激发了他们的民族意识。即便满语不再是他们生活中的主要交流工具，但作为"满语活化石"的身份或许在近期内不会动摇。对语言的过多关注，导致了很多学者忽视了三家子村满族的其他方面，今后尚有待做更多的人类学的研究。

---

[1] 此处比较的对象是佛满洲，汉军旗应当别论。

第十章

空间、历史与认同

以上几章的研究对象是东北地区的满族，那么，在远离满族发源地的关内，那些驻防八旗的后裔又是如何看待他们的历史，他们的认同又是如何表现的呢？本章将以福建省福州市和琴江满族村为个案，分析福建驻防八旗后裔的历史记忆与认同。福州满族主要是清康熙年间派往福建驻防的满洲八旗兵丁后裔，琴江满族则大部分是从福建驻防拨往三江口水师旗营的汉军旗人后裔。"满营"这种较特殊的空间以及旗民有别的制度使他们与当地汉人之间形成了空间、文化上的隔阂，这种人为的差异化强化了他们的认同感。

第一节 福州驻防八旗的创建

1644年，清朝入关建立起全国政权，将以东北为据点的八旗军队及其家属迁移到北京以及内地各省几十个八旗驻防点，以便加强全国性统治，谓之驻防八旗。各驻防地因兵丁多少而又分大小之别，最大的设驻防将军统辖。乾隆在位期间（1736—1795）全国设置将军的一级驻防点共有13处，福州为其中之一。[①]

据史料记载，清兵驻防福州始于顺治十三年（1656），以固山额真郎赛及梅勒章京赛因达理、王国诏、吴学礼、吴拜等统兵镇守。康熙十九年（1680）闰八月设将军、副都统，辖汉军四旗镇守福州。[②] 当时受命为清廷在福建守藩的耿仲明跟随吴三桂起兵抗清，发动清史上著名的"三藩

[①] 参见定宜庄《对福建省满族历史与现状的考察》，载日本《国立民族学博物馆调查报告》1998年8号别册，第21页。

[②] （清）新柱等总修：《福州驻防志》，清乾隆刻本，卷十六。

之乱"。后来耿氏降清,清廷授马九玉为福州将军,收耿氏藩下兵丁编为5个佐领,隶属于正黄旗汉军,调回京师①,是年,再次派遣杭州副都统胡启元带领镶黄、正白、镶白、正蓝四旗,马兵660名、步兵347名、铁匠19名,共1026名移驻福州。康熙二十一年(1682)八月,清廷又将耿仲明属下马兵1000名也悉数编入,归属上三旗,设驻防将军1名统辖,是为福州驻防。② 乾隆朝以后,"八旗生计"问题日趋严重,为扩大满洲正身旗人的食饷份额,清廷决定将八旗内的非满洲成分排除出去,于是有汉军旗人"出旗为民"之举。乾隆二十六年(1761)2000名满洲八旗兵丁为充补出旗汉军旗人空出的2000兵额,由北京派往福州。他们在福州世代定居,成为今天福州满族的前身。③ 清代,根据旗民分治的原则,清廷在八旗驻防之地为其修城别居,人们称之为"满城"或"满营"。营造满城的方式有两种:其一,在较大的府州县之内独划一隅,内筑界墙和界堆,并迁出汉民;其二,为军事需要,择地而建新城。福州驻防地属于第一种,三江口水旗营(现在的琴江满族村)属于第二种。满城虽小,设置齐备。内有各级官署衙门、兵房、仓库以及官学、宫观庙宇等(见图10-1)。驻防长官上至将军、都统,下至佐领、防御等,既管旗兵,又管旗民。各佐领下还有族长之设,负责各旗事务,形成了相对独立的旗人社会。④ 通过城墙的修建和相关法律的制定,旗人与当地居民在空间上相隔离,在身份上相区别。⑤

清代福州城内的满营以今天的东大路旗汛口为中心,北至汤门,南至水部门,当地称为"旗下街"。清廷旗人不准离城20里,即使在城内,各旗也各有汛地,不得在旗与旗之间走动,不准与城外居民往来,更不准

---

① 参见定宜庄《对福建省满族历史与现状的考察》,载日本《国立民族学博物馆调查报告》1998年8号别册,第21—22页。

② (清)鄂尔泰等修:《八旗通志》(初集)卷二十八,第一册,东北师范大学出版社1989年版,第542页。

③ 参见定宜庄《对福建省满族历史与现状的考察》,载日本《国立民族学博物馆调查报告》1998年8号别册,第22页。

④ 参见福建省少数民族古籍丛书编委会《福建省少数民族古籍丛书——满族卷》,2004年版,第5页。

⑤ 参见Pamela Crossley, *Orphan Warriors: Three Manchu Generations and the End of the Qing World*, Princeton: Princeton University Press, 1990, p. 223。

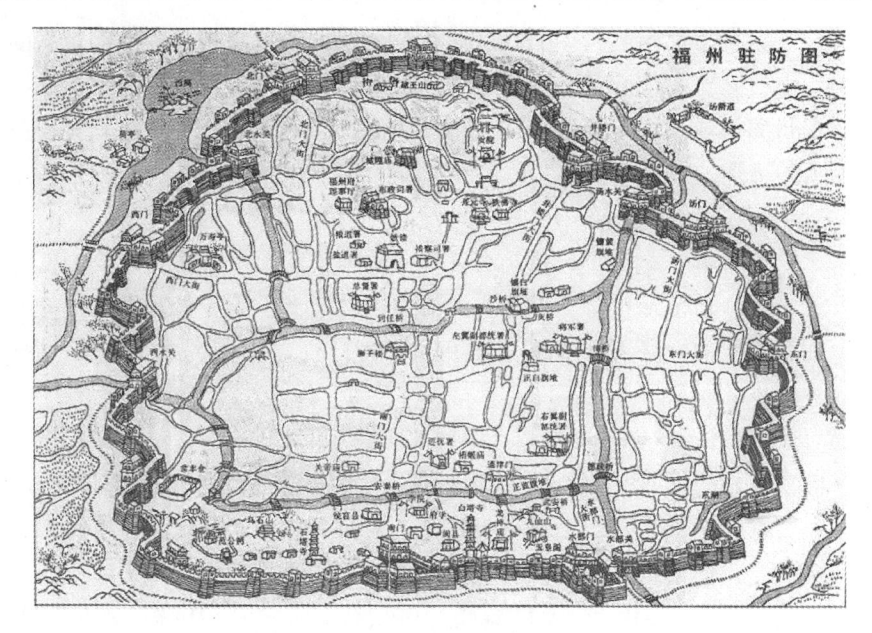

图 10 - 1　福州驻防

资料来源：《福州驻防志》。

与民人通婚。① 朝廷为了教育年轻旗人，设置了官学。八旗官学中的第一馆建于顺治元年（1644），而福州驻防的官学建于雍正八年（1730），驻防四旗各设学房一所，选拔本旗官兵子弟就读，学习满、汉两文和弓马之术，成绩优秀者可作为日后提拔的依据。此处开创时只有 80 名学生，后增至 200 人。② 而在普通驻防旗人之间，汉语、汉文的使用率高于满语、满文，以至于北京官话后来成为区分驻防八旗和当地居民的重要标准。

19 世纪中叶以后，随着八旗驻防财政负担和人口压力的增加，教育也成了驻防八旗的一个重要问题。③ 辛亥革命后，满营彻底被摧毁，旗人的教育就此告终。

辛亥革命对福州旗人来说是一个受难的历史。当时，在各地八旗驻防中，福州的满汉关系尤为紧张。1911 年 11 月 8 日，福州的革命党人发动

---

① 参见定宜庄《对福建省满族历史与现状的考察》，载日本《国立民族学博物馆调查报告》1998 年 8 号别册，第 22 页。

② （清）新柱等总修：《福州驻防志》，清乾隆刻本，卷九；[韩] 任桂淳：《清朝八旗驻防兴衰史》，生活·读书·新知三联书店 1994 年版，第 65—67 页。

③ 参见任桂淳《清朝八旗驻防兴衰史》，生活·读书·新知三联书店 1994 年版，第 105 页。

起义,矛头直指福州满营。当日凌晨,革命军占领了福州市内地势较高的于山,炮轰满营的核心地将军府,继而将旗下街轰为一片火海。①

福州满族联谊会负责人 ZYS 过去也听他父亲和伯父讲述过辛亥革命时旗人的遭遇。

> 辛亥革命失败了,清政权被革命党接收了。第一,等于政府没有了。第二,生活出路没有了。煤油倒在被子上,人就烧死了。有的人跳井,有的人在两军交战中打死了。当时(旗人组织的军队)叫捷胜营、敢死队。

而在城外的汉人眼中,旗人却是"以天皇贵胄自居,恃势凌人成习"的存在,这种满汉之间的矛盾直接导致了辛亥革命中的惨痛流血事件。②

据研究,福州旗人在清朝鼎盛时期人口超过 5000 人,辛亥革命以后人口剧减,至 1954 年,福州市满族人口只有 227 户、591 人。有一段时间还成立了满族小学,"文化大革命"以后停办。研究者分析其主要是因为社会的剧烈变动,许多人隐瞒了自己真实的民族成分。③ 20 世纪 80 年代以后,民族政策得到进一步落实,满族人口逐步增加。据 2000 年第五次全国人口普查统计,福建共有满族 7094 人,其中,福州市 2505 人,主要生活在东门大街、汤门大街、秘书巷、井大路、仙塔街、道山路、鳌峰坊、水域巷、八角楼,这些街巷过去被称为"旗下街"。

第二节 作为历史记忆的空间

在清代,福州的满城除了旗人的住宅和军事、行政设施之外,还有城隍庙、开元寺、铁佛寺、关帝庙、姬庙、白塔寺、龙神庙、玉皇阁、石塔寺、范公祠等信仰空间,可见,满城是一个较为独立的社会空间。这些寺庙如今保存状态如何尚未得到确认,但对福州满族来说,作为当年旗人的共同空间而时常被人们所谈起的是珠妈祖庙和八旗会馆。

---

① 参见定宜庄《对福建省满族历史与现状的考察》,载日本《国立民族学博物馆调查报告》1998 年 8 号别册,第 23 页。
② 同上。
③ 参见张熙《种族与民族》,《琴江会刊》2002 年第 23 期,第 4 版。

第十章　空间、历史与认同　217

珠妈祖庙被认为是旗人拜神祭祖之地以及"福建省唯一的萨满教祖庙"和祭祀活动场所。位于福州于山的九仙阁碑林中至今保存着珠妈祖庙的石碑，上刻"重建珠妈祖庙碑记"字样。碑文因常年风吹雨打，字迹已模糊不清。所幸《福建省少数民族古籍丛书——满族卷》后附《重建珠妈祖庙碑记》，现摘抄如下：

> 常思庙宇废兴虽籍人力，实关神灵，如古仙桥之西珠妈祖庙灵昭海国，德被榕城，乃千古馨香胜地。考旧志，庙建于前明，修于本朝，国初，因乾隆己卯〇〇〇闻府铁岭刘公祷于神，得安，任董事重修。自乾隆己卯至嘉庆己卯六十数载。今载痘疹〇〇〇接踵地，乃旗营所辖，镶红旗协领吉隆阿往至弹压。前岁春间，夜梦一老妪留言，醒而不解本意〇〇〇王仕魁亦有议修之意，始悟神之示梦至灵也。镶红旗协领吉隆阿与各旗协领〇〇〇盛举。出缘簿十册……首事镶红旗协领吉隆阿……①

从碑文内容看，早在明代就建有此庙，乾隆年间由旗人重建。假若如此，该庙起初为萨满教庙的说法显然有些牵强。珠妈祖庙又称"痘神女庙"，碑文中也有"痘疹"二字，那么，旗人重修珠妈祖庙之前所供奉的主神会不会就是被称为"管痘林夫人"的妈祖呢？福州满族联谊会赵燕生和另外一位满族老人都否定了这个猜测。他们认为珠妈祖庙与妈祖没有任何关系，故此问题还有待于今后进一步去探讨。

当地的满族大多数都不知道"珠妈"一词的确切含义和来源。有人说"珠妈"是满语"仙女"之意，但也有人否定此说，认为满语里并无此词。笔者问，"祖庙"的"祖"是不是"祖先"之意，赵燕生回答说："珠妈不是某一个家族的祖先，而是我们满族共同的祖先。汉族的祠堂是属于一个家族的，珠妈祖庙是满族共同的祠堂。"②

1949 年以后，政府在该庙设立了小学校、图书室、剧团等，后来，珠妈祖庙成为满族学习国家民族政策、开展民族活动的场所。"文化大革命"

---

① 参见福建省少数民族古籍丛书编委会《福建省少数民族古籍丛书——满族卷》，2004 年版，第 328 页。

② 据王玲燕老人回忆，珠妈祖庙原来是当地一座庙，后来成为满族青年活动的场所。庙里有戏台，是旗人看戏、聚会的场所。赵燕生说，从清代至中华人民共和国成立初期，每逢春节、清明、七月十五，满族同胞都会从四面八方赶来求神保佑，载歌载舞，热闹非凡。

期间，该庙被福州市的一家街道工厂占用，珠妈祖庙的建筑得以幸存。

1991年以后，沉寂多年的珠妈祖庙开始受众人瞩目。在城市开发浪潮中，珠妈祖庙被列入拆迁名单，同年12月，珠妈祖庙消失在一片残砖瓦砾之中。此事曾遭到海内外满族精英们的强烈抵抗，他们以诉诸媒体的方式揭露了"破坏中华民族的遗产和福州历史文化名城一部分的房地产开发者们的不道德行为"。在此过程中，珠妈祖庙的建庙时间由碑文上记载的"明前期"变成了"清朝乾隆年间"。珠妈祖庙成为福州满族历史记忆的象征性空间。

珠妈祖庙拆除后，庙里的石碑在原庙址的一个角落被围了起来，成为港台地区和福建满族寻根拜祖的场所。1994年2月12日农历春节在此举行"满族同胞珠妈祖庙建庙235周年纪念"活动，约有70名满族同胞参加。1998年，石碑被盗，在市政府和公安部门的协助下，几经周折，终于找到石碑，存放在九仙观碑林的一个角落。有一阵传出消息说有关部门准备重修珠妈祖庙，但事隔余载，至今仍悬而未决，旧日的珠妈祖庙已经被吞没在现代化的钢筋水泥之中。

于福州满族而言，另一个重要历史记忆场所是八旗会馆。该会馆位于福州市道山路138号（旧78号）小巷内，坐北朝南，土石结构，木雕彩绘夯土马鞍墙。1992年11月由福州市人民政府核定公布为"第三批市级文物保护单位"，并立碑为证。八旗会馆是清代后期朝廷在各驻防地所建的建筑，除福州外，北京、沈阳、郑州、广州等驻防地均建有八旗会馆，而至2003年2月止，得以幸存的只有福州八旗会馆，对福州满族来说，它的历史文化价值是不容忽视的。

关于八旗会馆的功能，赵燕生谈道："八旗会馆就好比过去的招待所。旗人或其家属出差到福州可以在此地免费住宿，起初伙食费也是免费的，后来，只需要付伙食费，住宿费就免了。"据说，辛亥革命以后，八旗会馆还作过旗人的专用殡仪馆，"文化大革命"前夕被一家工厂所占用。[①] 遗憾的是，在城市改造浪潮中，八旗会馆遭到与珠妈祖庙同样的命运。尽管满族精英们四处奔波，尽一切办法想留住这个福州满族最后的历

---

① 2003年2月笔者去福州调查，只见八旗会馆外部轮廓保存良好，从门缝和窗缝朝里望去，幽暗的空间里杂乱地堆放着陈旧的机械设备和电线、绳索等杂物，很难想象这便是曾经繁华一时、让旗人们自豪不已的八旗会馆。透过窗外射进的微光，隐约可见天棚的木雕和彩绘以及木制的大舞台，不禁使人联想到其往日的辉煌。

史记忆空间,但其最终仍未能免于被拆的命运。

当代满族拥有一种世代身为旗人的共同历史经验,他们需要建构一个属于自己的"历史资料馆"。这个"历史资料馆"便是象征着旗人精神生活的珠妈祖庙以及作为功能性场所的八旗会馆。在"满族已经汉化"的话语盛行之际,历史记忆是当代满族身份认同的重要依据。正如法国历史学家勒高夫所强调的那样,记忆要让过去复苏是为了服务于现在和未来。①

第三节 记忆中的历史——两位满族女性的口述史

汤普森认为口述史可以改变历史的观察视角,它通过人们自身的语言,给那些经历过历史的人们提供中心的(而不是边缘的)空间。② 清代八旗驻防研究至今已有两本专著(任桂淳,1993;定宜庄,1992),此外也有多篇论文发表。但有关辛亥革命以后福州旗人状况的文献资料却寥寥无几。目前唯一可依赖的是曾经生活在那个时代的老人们的回忆,通过他们的口述可以了解当时旗人的文化以及社会情况。

2003年2月笔者在福州访问了年迈的王玲燕、关筱云两位老人。

访谈1
访谈对象:王玲燕,女,1919年生,满族③
访谈时间:2003年2月15日
访谈地点:王玲燕家

问:您是在哪儿出生的?
答:从曾祖父那克金布时起就一直在福州。我的姑姑(赵燕生奶奶)家里世代教书,他(赵燕生)爷爷、伯伯都是教书的。他(赵燕生)爸爸是(在)北京念的。
问:您还记得你们家是什么旗吗?

---

① 参见[法]勒高夫《历史与记忆》(歴史と記憶),[日]立川孝一译,法政大学出版局1999年版,第160页。
② ポール・トンプソン(Paul Thompson):『記憶から歴史へ:オーラル・ヒストリーの世界』(Paul Thompson, *The Voice of the Past*),立川孝一译,法政大学出版局2003年版,第20页。
③ 王玲燕由福州满族联谊会赵燕生介绍。访谈时赵燕生也在场。

答：听说是镶黄旗。曾祖来这里时是收口的，派来的，这里也是一个口子。给皇上进贡什么的，收口。所以祖上生活还比较好一点，做官的。这一带有很多房子给我们。那时一部分人，我的伯伯好像回到北京去了。

问：什么时候？

答：辛亥革命以后。在北方直隶当县知事。我的生父有六个兄弟，三个留日的，一个当知事，一个（是）我父亲，还有一个（是）我父亲的弟弟。辛亥革命以后留日的。父亲是警官学校的，在闽南。后来生病，后来到闽东一带当什么小知事。那时满族人胆子小，来革命，怕了，生病，不久（父亲）就死了。

我出生时父亲已经留学回来当官了。我们是经常出去的，在外面，有的去北京，有的去沈阳，母亲也是满族，满汉绝对不通婚，一直到我的大姐才跟汉人结婚的。大姐比我大十几岁。

问：您爱人呢？

答：汉族。

问：您多大结婚的？

答：二十七八岁。1948年结的婚。

问：你们家有族谱吗？

答：以前我们保存得很好。"文革"以前有个祖宗龛，上面供着从前皇帝赐的一代一代的诰封，他们都说这个不能动，不能看。那时我偷偷地打开看了，上面写着赐你做什么什么，是黄绸子的，卷起来的。就像现在《康熙微服私访记》从袖子里拿出来打开，那个样子的。黄绸布黑字，我看的时候已经很破了。那克金布下一代叫英丹，英丹下来还有。一辈一个，写那克金布的经历，我记得他是七品笔帖式，很小的官。当时这地方大部分是兵勇。步甲马甲是班长。后来我动过了以后，我就挨骂了。七七事变后日本人把旧的东西、一对名画都拿走了。祖宗龛是不是日本人抄走的我不记得了。因为那时我们都跑了。从那以后祖宗龛就没有了。

还有一个牌，木头的，一代一代刻下来，用金油写的，很大的一个牌，放在祖宗龛上，另外一个也是木头的架子，一层一层的，压在上头的就是诰封。我还记得这个是诰封。用铁片做成筒，把黄绸布的诰封收藏在里面，然后架在木头上。

（赵燕生：我打北京来的时候只看见神龛上有像）

木牌上写着我们祖宗的名字，一代一代的。从那克金布开始，中间写王氏历代祖宗，旁边写一代一代的。

我弟弟今年 78 岁，他准备修祖坟，整理族谱，可是他比我小，他也不知道。只能凭记忆。我们祖籍在长白，沈阳，墓碑上刻着的。

问：你们的满姓是什么？

答：王颜，也叫完颜。我记得家里办事都有一对红灯笼。祖宗牌横在后面，诰封放在架子上，横在祖宗牌的前面。

问：能看到后面的祖宗牌吗？

答：能。因为它是一个架子，空的。

问：当时福州有没有萨满？

（开始王玲燕听不懂萨满一词，后来赵燕生说"看病的"、"跳神"，她才明白）

答：有。东门有秘书巷，有个小庙，有男的跳，看过。

问：有腰铃吗？

答：没有腰铃。给人治病，丢东西找他。舌头用刀拉，血滴在黄纸上，烧成灰做药。我们叫"上童"。

问：你们的风俗习惯与汉族有什么区别吗？

答：有区别。福州人棺材停在厅的左边或右边，男左女右。旗人放在中间。还有半夜娶亲。我嫂子就是。我弟弟跟着"好命"奶奶把他接回来的。半夜一点多的时候用花轿迎回来的。父母讲好了，（新郎新娘）结婚时才见面。在福州旗人之间（结婚）。

满人重视姑奶奶，姑奶奶回娘家都给他装烟，连长辈也要这样。姑奶奶坐在祖宗龛前面，大家都来给她请安。

（此时，王玲燕的儿子从外面回来，与赵燕生谈起辛亥革命时候的事情，王玲燕接着这个话题说）

汉人欺负满人。

问：为什么？

答：他们说过去满人不干事，好吃懒做，辛亥革命以后，满人很苦，因为职业也没有。

问：您知道珠妈祖庙吗？

答：原来是地方的一个庙，后来青年在那个地方活动。唱戏、娱乐什么的。也在那个地方拜神。

问：拜什么神？

答：好像满族没有什么特别的神。

问：珠妈是当地的神吗？

答：不，是满族的神。（赵燕生：珠妈娘娘）这个谁也没办法证实。福建省的妈祖是有历史的。

问：跟妈祖有关系吗？

答：没关系。妈祖是航海的。

问：您去过珠妈祖庙吗？

答：去过。比沈阳旧故宫漂亮多了。从前没有戏院，唯一只有珠妈庙有戏院。旗人要看戏就到珠妈庙去看。本地的青年人唱京戏也在那儿唱。有的踢球也在那儿。烧香的也有。

问：八旗会馆以前是什么样子？

答：八旗会馆以前像招待所的性质，旗人家属、旗人出来办公差，没地方投亲到这儿。民建官办。管住。起先管吃，后来不管吃。辛亥革命以后变成搞传统的丧葬仪式（的地方）。旗人开吊，办大型丧葬仪式（都在这儿）。再以后"文革"刚开始前被一个工厂占在那里。

（家里来了客人，访谈到此结束）

王玲燕的旧姓（满姓）为完颜，曾祖那克金布在清代曾做过七品笔帖式，旗属为镶黄旗。在王玲燕的记忆中，祖先只上溯到那克金布。因为小时候看到的诰封及祖先牌位都是以那克金布开始的。由此可以推断，福州王氏的开基祖是那克金布。上面提到，乾隆十九年（1754），因为八旗生计问题，福州"老四旗"汉军官兵陆续出旗，他们空出的 2000 兵额，由清廷从北京派遣的八旗满洲兵充补。这些满洲人从乾隆二十二年（1757）开始分期分批向福州移驻。福州王氏祖先那克金布可能就是这个时候由北京移驻到福州的。乾隆九年（1744）编《福州驻防志》卷之六的职官名单中，除了笔帖式是由满洲旗人担任外，其余官职皆为汉军。而笔帖式也只记录到乾隆五年（1740）满洲正白旗人奇宠格为止，此前找不到那克金布的名字。这从侧面证实了上述推断。

王氏的祭祖方式不是东北地区八旗满洲常见的祖宗板上放置香碗的形式，而是结合了当地福建地区的特点，采用祖先牌位的方式。除此之外，诰封也作为祖先的象征来祭祀。

王玲燕说她的祖籍是长白沈阳。"长白"是八旗满洲旗人用于解释自身来源时经常使用的一个词。在调查中发现，对辽东人而言，"长白"是指吉林长白山一带地区；对黑龙江人而言，"长白"是指黑龙江以南的吉林、辽宁地区；而对于福建人而言，"长白"是指整个东北地区。因此，王氏墓碑上写"长白沈阳"也就不足为奇。在这里，"长白"是一个相对的概念，而不是指某个实际的地理位置。

福州王氏世代为官，生活比较富裕，辛亥革命以后，王玲燕的伯父回北京继续做官，父亲和两个兄弟赴日留学。父亲回国后因"胆小"惧怕革命，终日抑郁寡欢，终于积郁成疾而亡，可见当时福州旗人的境遇之艰难。

清代旗民之间禁止通婚，这也反映在王玲燕的生活史上。辛亥革命前，福州旗人的婚姻范围限定在驻防八旗内部，直到辛亥革命以后，旗人才开始与当地汉人通婚。王玲燕与其姐姐都是与汉人结的婚。

福州旗人社会中不存在传统意义上的所谓萨满教，虽然他们的祖先来自东北，但经过转战南北，长途跋涉，由北京迁往福州，在自身难保的情况下很少有可能将萨满教带到异地。从王玲燕的口述中我们得知，至少在辛亥革命前后，福州旗人社会中并没有萨满，有的只是当地福建人称为"童乩"的"上童"。这说明，在宗教信仰方面，福州满族已经吸收了当地的地方文化。

访谈 2

访谈对象：关筱云，1925 年生，满族

访谈时间：2003 年 2 月 15 日

访谈地点：关筱云家

问：您是在福州生的吗？

答：在福州生，在福州长大。从太爷辈儿起就一直在福州。很久以前从长白山逃荒过来的。一代一代传下来。一直住在那条街（鳌峰坊），没离开，话语（北京话）也没变，福州话说得也非常好。

问：还记得你们的老姓氏是什么吗？

答：原来就姓关。老爷、太老爷都姓关。

问：有族谱吗？

答：没有族谱。"文革"时抄家、游街（音"gai"）、戴长帽。

问：还记不记得族谱上写的什么？

答：不记得了。那时很年轻，都忘了。

问：有祖宗龛吗？

答：以前有祖先龛，后来不知道搬哪儿去了。木制的一块板子，没写名字，只写几个字，写什么不记得。

问：那个板叫什么？

答：叫祖先。从前放柜子里好久了，都没供。

问：有诰封吗？

答：没有。就是二十三晚上祭灶，大年三十晚上接神。一年只供三回：清明节、大年二十三、大年三十晚上。

问：还记得小时候有跳神的吗？

答：没听说过。我那时还小，满清给人打倒那阵儿我还没出生呢。①

问：你丈夫也是满族吗？

答：是。姓徐，人们称我公公叫"魁伯爷"。

问：你们是什么旗？

答：镶黄旗。

问：旗人的坟墓跟汉人的一样吗？

答：从前的坟墓上写着"长白"，然后写名字。以后坟墓给人撬走了。开山嘛！

问：墓碑也没有？

答：没有。我爸死的时候到火葬场火化了。我祖太爷的坟好高好高啊！这几年没去（扫墓），也不知道弄哪儿去了。

问：听过什么故事吗？

答：没听过什么故事。

问：没听过旗人是从哪儿来的？

答：没有。只听说从长白山逃难逃到福州。那时候还是清朝啊。没得干，就养马生活，叫"马胡子"。后来给人打倒了，什么马胡子也没做了，大家都没得干。我爸没得干，去给人做鞋，给人上鞋。我

---

① 满族自己用"满清"这一说法，其本身说明了很多问题。

大爷给人看大门，坐传达室。叔叔、大爷都没事，在家做鞋。从前做鞋好啊，给人家做鞋，咱们拿来上上。从前都是上鞋，不是买鞋。

问："文革"时你家受什么影响？

答：也没有，也不敢。人家都疑心你是外地跑来的地主，贴大字报说我是莫名其妙的地主。

问："文革"时挨斗了？

答："文革"时我刚刚参加工作几年。他说：你是福州人，普通话说得这么好，肯定你是哪儿跑来的地主。

问：普通话是从小学的？

答：我们家里两边儿都是满族人，从小就会说普通话，都说"大爷话"。过去满人叫"旗大爷"，福州人叫我们"旗下崽"。

问：小时候被人欺负过吗？

答：没有。小时候念书走在街上不敢说我们大爷的旗话。说旗话，他就说：这是个"旗下崽"。好可恶，从前我们大家都被他欺负。我们都不敢报我们是旗人，他一看你的姓，他就知道你这是满族人，姓关的都是满族人。

问：后来他们知道你是满族吗？

答：知道。就骂我从前怎么坏，怎么坏，不理我。他说从前满族在街上踢球，谁要走过去，他就把谁踢。汉族人走过去，他就把汉族人踢，不准他走过去。

（赵燕生：真有这回事？）

答：不晓得。汉族人去看的时候，可能把球给他碰了，所以他踢。输赢嘛，碰一下他输了，他就打架。他们说："满族人好可恶啊，踢球的时候老踢咱们。"

问：您后来参加工作，做什么工作？

答：管理。名字叫工人，不做工，做管理人员。半夜三更天天出去倒马桶，扫街。

问：什么单位？

答：环卫系统。那时候毛主席说了：大家得学习雷锋，不准收钱。我们二十四块五毛的工资，没有加班费、奖金。1958年最紧张的时候。

问：满族在饮食方面与汉族有什么区别？

答：没区别。那个时候吃的东西搁点辣的东西，别的也没什么区别。就是大年三十、大年二十九几包饺子吃。

问：听说过"酸汤子"吗？

答：没听说过。

问：驴打滚、豆面糕呢？（这些都被认为是东北地区常见的满族食品。）

答：都没听过。我们那时家里好穷，就是吃个饺子，别的没有。

问：什么时候开始供佛？（关筱云家里供着几尊佛像）

答：就退休这几年。退休之前天天学雷锋，下乡支援农业，帮农民种田，上肥料，送肥下乡，开发山区，一次感冒都没有。退休回来第二年就病了，一直病。后来开始供佛爷。

问：小时候父母供什么？

答：供灶老爷。那时候哪来的时间？我爸做工忙，我妈也帮忙做工。我大年三十晚上一直做到尾，没有节日。一年做到晚，没有星期天，没有奖金，统统没有。

问：祭灶时供几个盘？

答：祭灶时好讲究。我太爷专门到东山路，有一个店去买。专门买给八旗人的。画一个黄黄的纸的灶老爷。用黄纸剪（音"jiao"）楼梯，都是满族人去买。

问：都供什么？

答：灶老爷。

问：吃的呢？

答：灶糖、甘蔗、胡萝卜、马蹄、橘子、年糕、花生。没有肉。都是现成的。水果、干果。甘蔗不准动，立在两旁。胡萝卜专为我们种的。细细的，有根有叶，不准切掉，整的。甘蔗是灶老爷的骄竿子。胡萝卜是他的马鞭子。供完后，黄纸的大头灶拿下来烧了。上天说好话。大年三十晚上接神时贴新的，买来的。

问：跟大头灶不一样？

答：不一样。它那是供整年的。一年换一个。

问：大年三十怎么接神？

答：年糕、橘子、烧金银钱。大年初一烧一烧香。

问：接什么神？

答：天上带来的神。

问：不是祖宗？

答：不是。

问：您有几个孩子？

答：两个女儿。

问：她们的丈夫都是汉族？

答：大女儿的是汉族。"文革"时大女儿念高中，差不多快考大学了，到山区下乡。离开我们的时候才十几岁。到农村，大锅也不会煮（不会做饭），随便吃生米。在好远的山区，没地方吃。中午的时候带点生米拿出来到山沟里弄一碗水喝。把人家芋头的根拿来煮，放点盐，配饭吃。好多人都死光了，我大女儿活下来了。

问：大女儿多大岁数？

答：4月份就快退休了，50多岁，在中学做老师。

问：俩女儿都是满族？

答：都是满族。

问：孙女儿呢？

答：孙女儿也是。女婿是汉族。

问：孙女儿当时没报汉族吗？

答：没报。从前不想报满族，因为当时给人欺负。人家知道我是满族，当时一定要报满族。二女儿丈夫也是满族，所以她女儿也是满族。大女儿的孩子可能是汉族，随爸爸那边儿。

问：以前旗人有没有祠堂？

答：有八旗会馆，没有祠堂。大家都在那里住。

问：在哪儿祭祖？

答：我们都没祭，因为我们那时家里好穷，做工。那时真正的拜佛烧香都没有。就三个节，大年三十、十二月二十三、清明节。

关筱云与王玲燕家庭环境截然不同，前者出身官僚家庭，生活相对富裕，后者出生在普通旗兵家庭。从"养马生活"、"马胡子"等叙述来看，关筱云的祖先很可能就是当时的马兵。乾隆年间，每一个旗兵负责养三匹马，每年支付马干粮若干，至康熙年间虽减少至一匹，但养马费成为普通旗人的主要生活来源。从乾隆七年（1742）福州驻防八旗官兵银钱领支表来看，在各项领支费用中，仅养马费（马干银）一项就占了60%以上，例如，在马兵所领总额127.464两银钱中，养马费为76.464两，占约总额的60%。[①]

关氏祖先来自东北。与上述王氏一样，"长白山"依然是追根溯源的关键词。只是关筱云的话语中多了"逃难"二字。上面曾经提到，福州的满族是乾隆二十二年（1757）从北京派来的八旗满洲的后裔，除驻防八旗外，很难想象还有人从东北逃难来到福州并加入八旗。有一种可能是，关氏祖先是自东北从龙入关，后移驻福州的八旗满洲旗人。对关筱云来说，"长白山"是祖先的发源地，"逃难"则是移居福州过程中艰难历程的一种记忆方式。

从王玲燕和关筱云的口述中，我们可以从侧面推测，清代福州旗人形成大规模宗族社会的可能性很小，祖先祭祀只限于家祭的范围。而旗人这个军事群体倒是起到了某种类似宗族组织的作用。珠妈祖庙和八旗会馆是集文化、政治、信仰、经济功能为一体的旗人的公共空间。如果说，宗祠是福建宗族组织的共同空间的话，那么珠妈祖庙和八旗会馆则是福州旗人这样一个特殊群体的公共空间。

在福州本地人看来，普通话就是旗人话，说普通话就意味着是旗人，关筱云儿时因说普通话，被本地人骂为"旗下崽"。普通话也是区分福州本地人和外地人的标准之一，"文化大革命"期间关筱云又因说普通话而被骂为外地来的"莫名其妙的地主婆"。在此，语言是代表身份的重要标志。在这种遭遇下，许多人不敢说自己是旗人，报民族成分时也不敢报满族。这就是为什么20世纪50年代以后满族人口急剧下降的主要原因之一。

口述虽然是当今的记录，但同时也承载着过去的信息。这种信息虽说加入了口述者自身的一些解释，但我们可以从中了解到该个人曾经经历过的一些事情，因此不妨将个人的经验作为其所属群体共同的经验来加以认识并理解。

第四节　孰言吾非满族——三江口水师旗营后裔

一　琴江村概况

琴江村位于福建省东部闽江南岸的乌龙江、马江、白龙江汇流处；是

[①] ［韩］任桂淳：《清朝八旗驻防兴衰史》，生活·读书·新知三联书店1994年版，第109、211页。

省内唯一的满族村（行政上属于长乐市），距长乐市区4公里，距闽江口15公里。流经此地的闽江形如一把古琴，故名琴江，为古代控马江卫省城的重要港口。清雍正七年（1729），清廷为了发展和完善八旗驻防制度，从福州驻防老四旗中抽调513名八旗汉军官兵携眷进驻琴江，围地筑城，建立"福州三江口水师旗营"（也称"营盘里"）。

这一段历史从家谱中也可窥见一斑。据《琴江许氏家谱》（1928年编）记载，许氏始祖圣公于天聪崇德年间编入汉军镶白旗，二世祖义起公于康熙十五年（1676）评定三藩之乱后入福州，三世祖宗华公于雍正七年（1729）十月移居琴江。杨家家谱《四知堂杨家支谱——次房》中虽没有"汉军旗"的字样，但也可以看到"元祖籍贯辽东三行人明末清初从龙进关。……吾祖自山东随靖南王入□□，破广东城，嗣后随王入闽而居"的记载。此外，根据赖氏家谱记载，赖氏先祖赖通照在明中叶寄籍辽阳，清初以功隶旗下，从龙入关，故世为汉军正黄旗人。

对于没有家谱的家庭来说，墓碑是唯一可证明其祖籍的载体。许多刻有"辽东"、"铁岭"、"延陵"、"三韩"字样的墓碑至今仍散见于周围的荒山野岭之中（见图10-2、10-3）。村民们以这些墓碑为依据来追本溯源，认定自己的老家在东北。"三韩"墓碑以朴、李、金、崔姓居多，村里人称他们是清初入旗的朝鲜人后裔，因为这些人早已迁居异地，故无法找到支持该说法的依据。而有些历史学家则认为"三韩"是一个地名，指的就是辽宁。①

八旗驻防旗人不准在外置立产业的定例实质上被解除是在乾隆二十一年（1756）以后。② 从《琴江许氏家谱》来看，许氏在琴江置坟始于三世祖宗华公。宗华公于雍正七年（1729）入琴江，该时间与上述乾隆二十一年废除禁止令的时间恰好相隔27年，也就是说，水师旗营兵丁入驻琴江后，第一代的人基本上都是在当地置坟的。

目前，琴江村有157户，总人口为395人。其中，满族222人，汉族171人，苗族2人（2002年调查数据）。近年来，外出打工人员逐年递增，住在村里的只有200余人，耕地面积不足60亩，主要生活来源靠国内外亲戚的汇款和卖蔬菜得到的一点微薄收入。

---

① 根据2003年2月13日定宜庄先生的口述。
② 定宜庄：《清代八旗驻防制度研究》，天津古籍出版社1992年版，第195页。

1979 年以前，琴江是洋屿村所属的一个自然村（当时叫"生产大队"），成立满族村后，琴江从洋屿村分出，变成独立的行政村，改名琴江满族村。行政上虽然已经独立，但在日常生活中，人们还是习惯用"洋屿"来指称琴江。因此，洋屿有时指现在的洋屿村，有时指琴江村，有时又指 1979 年以前包括琴江在内的洋屿村。而更多的时候，琴江人用"我们"和"外面"、"城里"和"城外"来区分现在的琴江村和洋屿村。"外面"和"城外"的指涉范围有时还会扩展到洋屿村以外更广泛的地区。总而言之，"营盘里"、"旗营"、"洋屿"、"琴江"都可以用来指涉现在的琴江村，因此，在下文中，笔者将根据行文的语境（context）来分别使用不同的用词。

图 10-2　琴江旗人墓碑 1

二　建筑空间与信仰景观

三江口水师旗营与其他驻防地一样，也是从建造一个特殊空间开始的。旗营圈地近 5000 平方米，建有 5 米高的城墙，城墙内有 12 条街，500 套（1321 间）兵丁住房。1958 年大跃进时期城墙被拆毁，但城内建筑基本上保留了原有结构，尤其是首里街和马家巷至今保留着旧时的风貌。虽然水师旗营的城墙没有将城内和城外的社会空间绝对地隔离开来，但是作为旗人的生活空间，在文化、政治与社会方面，城里仍具有与城外不同的特征。

城门分东西南北四个城门，旗营整体建筑呈"回"字状（见图 10-4）。城内又分左右二翼，有人说其形状酷似太极八卦，故又称"旗人八卦城"或"迷宫城"。据说，建营的时候是一个叫伊长阿的佐领给看的风水。关于八卦城的说法，村里有些人持不同看法，曾经任过小学教师的许辉认为，琴江不是什么八卦城，只是因为过去有些外来商贩到城里不熟悉路，走来走去又回到原来的位置，所以就以为与八卦有关。

城内设有排水沟，左翼为暗沟（地下排水，地表有透气孔），右翼为明沟（地表排水）。老人们回忆说过去因闽江口潮水涨落的冲击，排水沟里没有淤水，有时在沟渠里还可以捕捉到泥鳅、螃蟹等鱼虾类。

如今，村庄结构基本未变，多数营房保存完整，尤其是首里街和马家巷依然保留着旧日旗营的居住风貌。位于南门附近的将军衙门（又称古衙门）曾经是福州将军的行台，为旗营的核心建筑。满族村成立前，

图 10-3　琴江旗人墓碑 2

这里是洋屿小学，1979 年以后，琴江满族村村委会设于此地。

信仰从建营初始起就成为旗人日常生活的重要部分，因此，作为信仰空间的寺庙便构成了水师旗营独特的文化景观。根据《琴江志》记载，清代琴江寺庙有十多处，天后庙（也称"妈祖庙"）、观音殿、五圣庙、魁安境毓麟宫（左翼娘娘庙）、安庆境毓麟宫（右翼娘娘庙）五座庙乃水师旗营创建初期所建，也称祖庙。其中，位于北门外闽江岸边的天后庙是福州驻防八旗副都统阿尔赛等人出资所建的，福州将军来营时必然先到此一拜后才会入将军行台。

北门外左侧还有一座天后宫（见图 10-5），过去是供奉水师旗营协领彝公牌位的行台庙，道光年间上游发生水灾，漂来一座天后神像，人们将其供奉于此，彝公的牌位则移至后座，行台庙遂改称天后宫。天后上方阁楼中供奉文昌、朱文公、魁星等神像。此外，大士殿、三观殿、玄天上帝庙、五显庙、真武庙、玄堂庙、火神庙、小娘娘庙、老爷庙、地藏王庙、泗洲庙、药师庙、马神庙、炮神庙等均为后来所建。

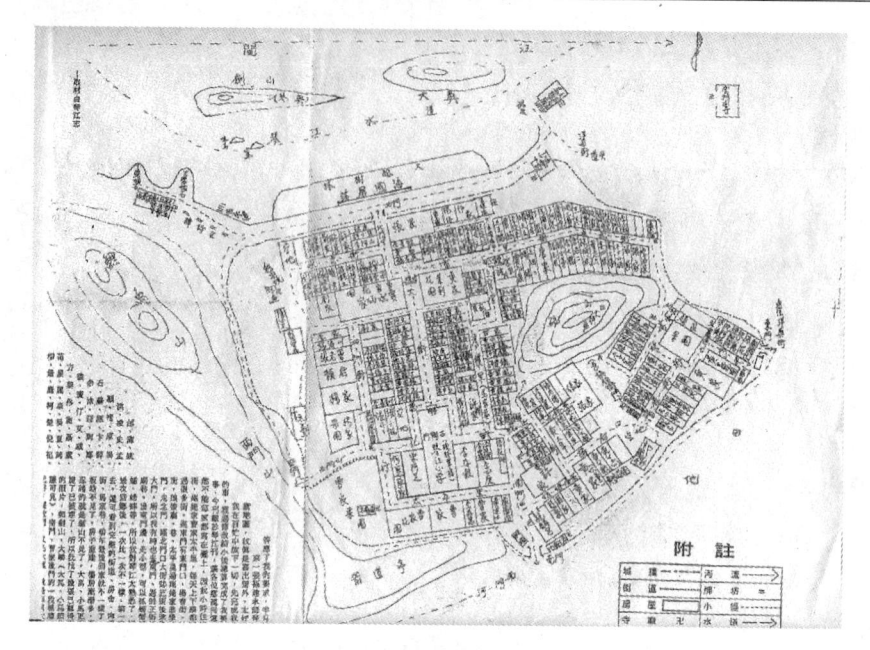

图 10-4　许辉手绘水师旗营

琴江村几乎所有的庙宇建筑均为木质结构，两百余年来从未发生过火灾，有的至今保存完好，这是一个奇迹。有人说是因为有火神庙保护，也有人说是因为南门向丙丁火，前方有三条河流，故躲过了火灾。

娘娘庙和观音庙的香火颇旺，因为娘娘与观音都被视为送子娘娘。过去兵营中经常有人阵亡，因此，延续香火、多子多产便成为水师旗营的头等大事。毓麟宫又称娘娘庙，传说此庙乃建营时雍正帝令建筑专家所建。对此，村人不无自豪地说：庙里的戏台比颐和园的戏台历史还要久呢。关帝庙等大部分庙宇在"文化大革命"时遭毁，唯有毓麟宫丝毫无损。

毓麟宫由三部分组成。正中央主殿供奉顺天圣母（陈靖姑），再往里有代王和土地公安置左右，怀抱幼儿的36个娘娘摆出各种姿态排列在顺天圣母的两侧。阴历一月十五日是陈靖姑的诞辰日，这一天村里要请戏团唱戏酬神。陈靖姑的信仰范围以福州为中心分布在福建全省、浙江省南部和广东省，在福建，陈靖姑与妈祖一样是省内分布最广、信众最多的民间

图 10-5　琴江天后宫

信仰。①

　　在现存的妈祖庙、大士殿（观音殿）、三观殿、药王庙、西岳行宫、西岳庙、毓麟宫七座庙宇中，西岳庙和毓麟宫、大士殿的香火最旺，据说三观殿是黄姓始祖素茹斋为了供佛而修建的。

　　西岳行宫是西岳庙华山大帝（正式名称为"华山金天顺圣大帝"）出巡时歇脚的地方，近年来由台湾侨胞出资在行宫旁边修建了一座大戏台。自从光绪年间从海上漂来华山大帝后，将军衙门的大堂一直作为华山大帝的行宫来使用。辛亥革命时大堂被拆，城内的一座妈祖庙便成为西岳行宫。而移到后座的妈祖像在"文化大革命"中遭到了破坏，20世纪90年代以后，台湾同胞投资又请了一尊妈祖像。

　　村中流传着华山大帝的漂来传说：

　　　　在清代，福州将军为检阅水师旗兵的操练，每年都要来琴江两三

---

① 参见庄孔韶《银翅》，生活·读书·新知三联书店2000年版，第356页。

次。将军到琴江首先要到天后庙烧香拜神。将军每次跪在妈祖像前，庙里面的建筑就会伴着轰隆一声巨响随后倒塌。为什么呢？因为将军是王爷身份，天后的地位比王爷低，所以将军每次下跪，那建筑就会塌掉。后来，从海上漂来了华山大帝，人们就开始供奉华山大帝了，华山大帝的地位高，经得起将军的参拜。

上述故事说明了神人官僚体系的一致性，也可以将其作为北方西岳华山大帝信仰在福建地方社会的濡化过程以及象征其正统性的话语来理解。在民间传说中，我们经常会见到类似华山大帝一样的"捡神"的主题，而场合往往与水有关。比如，广东天河区石牌村就流传着这样的故事：

  大约在100年前，有个妇女去河边洗衣服的时候，发现海水冲来一个天后木头神像，就把这个木头神像带回村供起来，后来村里家家都去拜。①

福州地区每一个村庄都有一个"地头神"。琴江的地头神是华山大帝，城外洋屿村的地头神是华光大帝。每年的三月十二日至十六日是华山大帝的出巡日，这几天华山大帝出驾西岳行宫，酬神仪式结束后要在洋屿村内外巡游。1949年以后该活动暂时中断，1994年以后又恢复。华山大帝和华光大帝的巡游范围已经超出各自管辖区域琴江村和洋屿村，是在两个村交叉进行的。这说明华山大帝与华光大帝的信仰范围不是以城墙为中心内外区分，而是按照以往的行政区划扩展到整个洋屿村。

琴江的庙宇配置较为独特。庙宇的坐向通常为子午向（南北），而在琴江村，除真武街的玄天上帝庙和毓麟宫以外，其余庙宇的坐向均各不相同。尤其是城里的庙均位于每条街的尽头，前庭有两三平方米的空地，远处看上去就像一个死胡同，走到跟前才发现原来是柳暗花明又一村。有人解释这是为了敌人入侵时给敌人一个错觉，庙前的空地是迎战敌人的空间。我们也可以认为它起到了一种风水理论中"石敢当"的作用。

除寺庙外，家庭内部也设有祭坛供奉祖先牌位和华山大帝、华光大

---

① 参见房学嘉《从民间信仰等看宗族互动》，载陈志明等编《传统与变迁——华南的认同和文化》，文津出版社2000年版，第126页。

帝、平东王等地方神灵。村民 H 家的庭院中有一个类似家庙的建筑，正前方供奉平东王，再往里供奉伽蓝大帝，阁楼上方供奉四个祖先牌位，也称"神主"。据考证，至少到 20 世纪 40 年代，琴江的祖先祭祀均以男女祖先为祭祀对象，即夫妻共享一个牌位。20 世纪 90 年代以后开始出现在一张纸或一块板子上刻写五服以内男女祖先的现象。H 家的家庙有时也对外部开放，经常有村内外的人到此为平东王烧香许愿，这里同时也是当地的"僮子"或"活跳神"等神职人员的活动场所。

除了以牌位的方式祭祀祖先外，还可以在厅堂中央挂祖先画像来祭祀祖先，当地称此画像为"影"（见图 10-6）。这种"影"一般家庭没有，只有四品以上的官僚才有资格画。通常是夫妻生前各画一张，死后用来祭祀。墓祭一般是在农历正月十五至十九日、清明节以及重阳节进行。此外，除夕之夜还要与祖先共享饺子、馄饨等北方菜肴。这一点与城外汉族有所不同。

图 10-6　琴江许辉太高祖的"影"

近年来，基督教和天主教渗透到村庄内部，每星期三和星期日都有十几个信徒聚集在村头的教会进行礼拜。但基督教和天主教信徒在琴江毕竟是少数，村里有人说这些信徒是"父母死了也不哭的不孝之子"。传统的儒家伦理仍是村庄大多数人价值判断的基本标准。

琴江的信仰空间与三江口水师旗营的建营历史密切相关。它是北方信仰与南方信仰相结合的产物。在有清一代，琴江的旗人转战南北，将北方的信仰带到福建，到福建后又吸收了当地丰富的信仰资源，在建营当初设计驻防空间时将南北方的信仰因素一并糅进琴江的建筑空间，形成了独具特色的信仰空间与信仰体系。

随着经济的不断发展，村庄的行政职能日趋衰弱，寺庙等信仰空间成为村落共同体凝聚力的重要因素。

三　城墙内外

建营初期水师旗营修建的天后庙不在城内，而是位于城外，这说明围绕水师旗营所建的城墙并未将城墙内外绝对地隔离开来。据《琴江续志》记载，琴江的围墙于乾隆年间只有临江一面，系协领李学文承修。但不知何时又筑起东、南、西三面围墙。① 实际上，四面围墙修筑之后，城内只不过是旗人的生活空间，水师的目的是守护广阔的海域，因此旗兵的活动范围与其说是城里，倒不如说是城墙外的辽阔海域。因此，航海之守护神妈祖之庙建在海边，也是顺理成章之事。

而作为旗人的生活空间，城里在文化、政治与社会方面仍具有与城外不同的特征。

首先需要强调的是他们的语言。18世纪中叶由朝廷推广的"国语骑射"给水师旗营的汉军旗人带来一定的影响。雍正十年（1732），福州清文书院派清字外郎（满文老师）董敬存到此地，专授官兵们学习满文满语。据说当时若在福州将军面前不会用满语做自我介绍，便会被免去职务，而满语说得好的甚至当场就有可能晋升为官。据定宜庄考察，直到道光朝（1821—1850）福州将军至此地阅操时，该水师中还有能用满语与将军对答的佐领。② 道光二十三年（1843），各省驻防应考文乡会试及文童试，考试项目可选汉文也可选满汉翻译。据《琴江续志》记载，水师

---

① 黄曾成：《琴江续志》卷五，私家版，1923年。
② 参见定宜庄《对福建省满族历史与现状的考察》，《国立民族学博物馆调查报告》1998年8号，第24页。

旗营当时出了三名开科举人（汉举人一名、翻译举人一名、武举人一名）、四名开科生员。① 至嘉庆年间，在举人的带领下，旗营开始正式进行汉文教育，公廨门成为旗人的习教场所。

清代学满语说满语的风气并没有真正渗透到日常生活中，只是在亲属称谓上有的家族还保留着满语，比如，贾姓和张姓把父亲叫成"阿玛"。一般的旗人则主要操一种不同于当地福州方言的北方方言，琴江人称之为"旗下话"。许多学者对此表示过浓厚的兴趣，但遗憾的是至今尚未发现一个系统的研究成果，今后有待语言学家和人类学家去认真细致地研究。如今的琴江人可以分别使用三种不同的语言：旗下话、普通话以及福州方言。村民之间交流使用旗下话，与本地人（指城外汉人）交流使用福州话，其他场合使用普通话。这种语言上的差异是琴江人区别"我们（城里）"和"他们（城外）"的重要依据，而且尽管这种方言并不是满语，却有人称其为"满族话"。"旗下话"在琴江人认同满族的过程中起着重要的作用。

婚姻关系象征性地表现了城里与城外的某种距离。人们常说，"关起城门是一家"，城里的旗人几乎都可以相互攀得到亲戚。清廷禁止满汉通婚，至辛亥革命为止，水师旗营旗人的联姻基本上是在旗人之间进行的，故婚姻范围受到较大限制。清朝时期，丈夫死后为其守节的女子仅《琴江志》上记载的就有144名。至1922年，已经绝嗣的姓有94个②，剩下的只有51个姓，其中包括同姓不同宗的情况。③ 据此推断，建营初期琴江至少有145个姓氏。据老人们讲，当时也有招赘的现象，招赘范围通常限定在父系亲属关系之内。辛亥革命后，靠朝廷奉饷维持生计的旗人转眼间失去了生活来源。琴江旗人开始经商或外出谋生。由于生活艰辛，有的人甚至拆毁房屋，用瓦片和木材换取食物以求谋生。也有人给国民党政府当官，但其生活也不富裕。城里与城外通婚的现象开始出现。

辛亥革命期间，有些人将旗人与清王朝视为等同，旗人在政治、种族上遭到歧视。尤其在福州、西安、广州、南京、成都、杭州等满城，旗民

---

① 黄曾成：《琴江续志》卷五，私家版，1923年。
② 《琴江志》记载90个，《琴江续志》补遗中增加4个。
③ 参见黄曾成《琴江志》，私家版，1922年。

（满汉）之间的紧张关系达到了顶点。①

现居住在福州的 M（琴江人）说："我奶奶经常说，辛亥革命时很多旗人都被杀了。凡是梳辫子的都被抓走了。没有辫子的就看小脚趾，如果小脚趾是裂开的②，就认为是'满人'、'旗下人'，就杀他们。"在一些大城市，敌视旗人的情况一直持续到国民党政权后期。"那个时候，离开家乡到外地工作的人不敢说自己是福建人。因为说不好福州话和普通话的人都被当作'旗下仔'受人欺负，所以大家都说自己是河北人、山东人，或者是安徽人。"旗人在有清一代曾经是一个具有特殊地位的阶层，而此时期，旗人的身份反而在升学就职等诸多方面带来了诸多麻烦，甚至威胁到其生命安全。

而在琴江，情况显得有些不同。老人们经常说，辛亥革命时琴江没有像福州那样发生流血事件，因为当时水师旗营官兵都被调到福州参加捷胜营，琴江变成了没有士兵的空城，经过革命军劝降，人们很快就交出了武器，琴江实现了"和平解放"。不过还是有人以自杀的方式表示对朝廷的忠诚。据村民回忆，当时革命军到琴江说服水师旗营交出大炮，他们将其中的几门大炮交给革命军，其余埋在炮山。抗战期间因生活贫困没饭吃，有人在炮山种了一些红薯，挖红薯时发现了大炮，便将其交给长乐县博物馆，1958 年大炼钢铁时，大炮被当作废铁给炼掉了。

琴江的旗民关系没有福州那样紧张，除上述原因外，还有经济上的原因。因为旗人除了当兵打仗外，不允许耕种土地，不允许经商或从事其他的活动，因此，他们的生活来源除了朝廷的粮饷外，日常生活用品与食物还要靠与城外本地人之间的交换来补充。对于城外的人来说，水师旗营是本地农产品和商品最大的消费市场，这种经济上的互惠关系无疑在某种程度上缓和了城内外文化、社会方面的紧张关系，起到了一定的润滑剂的作用。

土改以后，城内外关系开始发生变化，尤其是 20 世纪 40 年代旗人与

---

① 参见关克笑《满族试论》，《满族研究》1988 年第 1 期，第 69 页。Shelly Rigger, "Voices of Manchu Identity, 1635 – 1935", In Steven Harrell (ed.), *Cultural Encounters on China's Ethnic Frontiers*, Seattle and London: University of Washington Press, 1995, p. 210.

② 笔者在山东和辽宁做调查时发现，当地的汉族在谈论自己的身体特征时也提到小脚趾上有裂痕。至于当时在福建为什么将此作为判断旗人的特征则不得而知。此问题尚有待做进一步研究。

日本人的某种微妙关系以及共产党政权建立后的多次政治运动使他们的立场更加艰难。H（1924年生）回忆说：

> 日本人来了两次，第一次我15岁，第二次我18岁。日本保安队有一个被杀了，他们为了报复，抓走了十几个人，后来知道我是旗人，就把我放了。第二次来的日本人都是东北人。有一天，他小声跟我说他是满洲人。日本人经常拿大米来，他说中国菜好吃，让我做中国菜。城外的说我们是满清贵族，是日本鬼子的走狗。因为当时日本人来的时候，干坏事都到城外去干。"文革"时家家倒霉，我们的村书记戴着高帽游街去。红卫兵要贫下中农当。那时候我们属于洋屿大队，他们不承认我们是旗人。

辛亥革命后，尤其是抗日战争时期，琴江旗人因为失去了生活来源，日子过得很艰难。国民党为了防止他们叛乱，将一部分琴江人迁到当时国民党政府所在地建阳，日本战败以后，又约有一百多户琴江人随着国民党海军移居台湾地区。琴江人口急剧下降，直至2003年，琴江只剩下许、李（6户同姓不同宗）、张（6户同姓不同宗）、黄、王、甘、宋、杜、祁、唐、陈、栾、蓝、淡、胡、高、董、杨、曹、来、贾、笋、周23个姓。

20世纪50年代以后城内外相对闭塞的关系发生了决定性的变化。在没有土地的琴江，土地改革是以分配房屋资产的形式展开的。许多城外汉人分到房子后搬进城里，城里人与城外人开始大量通婚。近年来，越来越多的国外打工归来的城外汉族和附近的船民（本地人称他们为"疍族"）在琴江村的承惠街以及琴江沿岸购买土地，建起了豪宅。

在城墙早已消失的今天，琴江村的人们越来越强烈地意识到周围汉人的存在。"城外人"或"外面的人"这个称呼在今天还用于指称琴江村以外的人，甚至还指在琴江村内购买土地建造房屋的船民或汉族。

如上所述，琴江人是汉军八旗的后裔。虽然他们在族源上属于汉人，但由于历史、社会等种种原因，他们形成了一种自认为与当地汉族不同的旗人意识。而且当地的汉族也是这样看待他们的。这种差异意识成为后来他们认同满族的决定性因素。

四　成立满族村

1949 年以后，国家在户口管理方面设定了"民族成分"栏目，以便更加有效地实施民族政策。据说琴江人当时有的要求填满族，但有关方面不承认，所以就填了汉族。H 说：1949 年参干时，我填的籍贯是"辽东"，民族成分写的是"辽宁满族"，那些干部就说我们：你来这里都几百年了，还写辽东？他们让我改写汉族，我就改了。

琴江人集体改变民族成分是在 1979 年。这里有三个因素可以考虑。第一个原因是他们有作为旗人的历史记忆；但直接原因还是因为"文化大革命"以后国家民族政策发生了变化；第三个原因是城外汉人社会所具有的强大势力。众所周知，福建汉人社会的宗族组织非常发达①，而旗人身为士兵，一是没有土地，二是生活在被城墙围起来的一种独特的社会文化环境中，因此没有条件也不可能形成大家族，在这种情况下，城外汉人大家族势力的存在无疑给他们带来了一种无形的压力。② 如果说周围汉人的凝聚力来自宗族意识的话，那么琴江人的凝聚力无疑来自于旗营这样一个军事组织。

辛亥革命以后，水师旗营被称为"旗营"或"营盘里"，被划归到洋屿乡。抗日战争以后实施保甲制，营盘里改名为齐里保（与"旗"谐音），1949 年以后又重新归属洋屿村。洋屿村的村长历来由城外汉人担任，从这一点可以看出，辛亥革命以后营盘里始终处在村庄权力结构的边缘。在这种状况下，琴江人找到了自己的归属，那就是受国家制度性保障的"满族"。

关于修改满族成分的过程，H 说："打倒'四人帮'以后（1977年），我去参加长乐教委举办的会议，当时一位领导问我是什么族的，我说是满族。他说今年高考满族优惠，你回去赶紧把满族恢复起来。我回到村里后跟大家商量，大家都同意我的意见，我们几个马上就写报告，写申请。这事到 1979 年才批下来，后来大家户口都改成满族。"

这次修改民族成分的活动主要是由琴江的文化精英带的头。汉族改满族需要一系列行政上的手续。首先需要提出能够证明他们是满族的证据。

---

① 参见［美］莫里斯·弗里德曼《中国东南的宗族组织》，刘晓春译，载王铭铭《社区的历程——溪村汉人家族的个案研究》，天津人民出版社 1996 年版。

② 关于第三个原因的讨论受益于 2003 年 2 月 13 日与定宜庄先生的一次谈话，在此谨表谢意。

于是在申请报告中他们提出了以下几点证据：

（1）历史考古证据，如清代水师营房城墙和衙门等。

（2）有自己的语言，说"旗下话"。①

（3）有自己的风俗习惯，如结婚时新人跨马鞍，丧事女人不穿红裙②，抬棺材时头冲前等。

（4）各家墓碑的文字记载，祖先来自辽东长白山，1960年乡亲张忠球曾作为少数民族代表到北京及东北参观。

（5）周围乡村群众公认古城里人是"旗下人"。

为了得到政府批准，琴江人必须要强调与周围汉族的文化差异。H说："我们这里的葬礼跟当地汉族人不一样。汉族棺材放在一边，我们是放在当中间。他们穿麻衣，我们白布衣长褂，跟当年当兵的一样。还带着凉帽，没有顶的。当地汉人送葬回来时都要挂红。我们是哭着回来，穿白的。我们要守孝三年，这是清朝时的规定。清明节我们只上坟，不祭祖。当地人要祭祖。过去七月半和三十晚上我们要烧包袱③，当地汉人没有。"关于生活方面的不同，他还说："过去旗人喜欢吃面食，汉族喜欢吃大米，现在的年轻人在这方面区别越来越少了。另外，旗人每天早上起来要'开锅灶'，做饭前把锅碗瓢盆都洗一遍，汉族没这个习惯。琴江过去还有炕，当地汉人就没有这个东西。"

这种零散的文化差异与其说是满汉之间的族群性差异，不如说是东北和福建的区域性差异。这种差异的话语对象往往是包括笔者在内的外部人。亦即，文化差异是面对他者而定位自身时所需要的一种重要手段，也是区别我他时的一个关键的象征因素。一般来说，在一个集团（或共同体）的内部，所谓的传统习俗不是靠"言说"，而是靠"行动"来传承的。而当人们刻意地去述说差异时，情况显然有所不同。因此，蓄意的言说不是为了自身，而是在意识到他者的情况下才会采取的一种行为。

除上述文化因素外，家谱也成为证明旗人的一个证据，但是这个本该

---

① 如上文所述，"旗下话"是一种北方方言，但很多人误将"旗下话"说成是"满族话"，而且包括一些新闻媒体和网上论坛也持这种观点。

② 丧事女人穿红裙是当地福建人（洋屿人）的一种习惯，而并不是所有汉族地区都有这个习惯。这里显然是将地方文化特征上升到了汉族普遍的文化特征，进而与其比较并说明汉族与满族的差异。

③ "包袱"是指用纸糊成的四方形的东西，一般里面要装纸钱，是东北地区常见的一种习俗。1949年以前，琴江还有烧包袱的习惯，1949年以后就没有了。

是有力证据的家谱反而给琴江人带来了不必要的麻烦。因为家谱和《琴江志》序中的"汉军旗人"的字样反倒成了证明他们与汉人之间存在"血缘关系"的证据,并招来一些地方政府官员们的质疑。H 回忆说:"当时有些汉族干部看到《琴江志》上写着'汉军',就说我们是投降清廷的汉奸,强烈反对我们改满族。"

本书在前面提到过王钟翰的观点,如果以清代是否出旗为民作为判断标准,那么,营盘里的旗人可以堂堂正正地主张自己是满族。因为三江口水师旗营的大部分汉军旗人始终就没有出过旗。① 如果说,旗人就是满族的话,那么,营盘里的旗人认为自己是满族便顺理成章。问题在于人们对"民族"这个概念存在着不同的理解,有人认为"民族"就应该是具有共同起源(主要是血缘关系)的、拥有均质文化的共同体。这里忽视了一个重要的认知过程。实际上,"民族"无论是过去还是现在从来就不曾是一个自然的实体。从客观角度来看,它是一个边界摇摆不定、内容不断流动的范畴。而当一个集团成员从内部去界定该范畴,并赋予其实质性的内涵(包括起源、政治、文化、宗教等因素)时,亦即,当集团成员开始认知该范畴时,伴随着"共同起源"的"民族"才会具有其真正的价值含义。而在当代,尤其在中国,国家的相关制度又在超越你我的更高层面上给予了严格的界定,从而使原本流动的范畴变成了固定的"民族"。

琴江人在申请报满族成分时是否援用了王钟翰先生的观点至今还未弄清,但上面谈到的五点证据显然意识到共同的历史、语言、生活习惯和他者的界定(民族意识)等国家民族识别工作中曾经使用过的基于斯大林民族定义的几项标准。

从 1977 年到 1979 年的两年间,尽管有各方面的阻力,但经过村庄精英们的不懈努力,营盘里的"旗下人"终于获得了满族这个民族身份。1979 年 8 月,琴江作为满族村正式从洋屿村分离出来。有一部分汉族虽住在琴江,但户口却在洋屿,也用洋屿的电,为此还特意拉一条电线到琴江村(其中有六户人家按他们自己的意愿将户口落在琴江)。就这样,琴江村以极端的方式成为"纯粹的"满族村。

琴江满族村的成立意味着行政、财政和权力的独立。过去作为洋屿村小学的水师旗营将军衙门如今变成了琴江村的村委会,村委会的成员也都

---

① 之所以说大部分,是因为笔者不久前根据一份家谱确认到琴江赖氏曾经出旗为民。

选自琴江村。1999 年，琴江村被认定为省级历史文化名村。而琴江满族村成立虽已三十多年，但是他们的满族身份始终伴随着不稳定的因素，有人还以"汉军旗人"为由，不承认他们是满族。他们虽然已得到国家的政策性保障，但在自我与他者的关系上尚未确立较稳定的身份。这一点我们从家谱上可窥见一斑。人们不再轻易地拿出家谱给外人看，因为家谱上"汉军旗人"的记载会动摇他们满族身份的正当性。关于《琴江志》上记载的"汉军旗人"，有人解释道："那是辛亥革命以后编的。当时为了避免迫害，故意强调我们是'汉军'。"此外，有些家族在重修家谱时，尽量避免在家谱中记录与"汉军旗人"相关的描述，有的甚至将旧家谱上有关"汉军"的记载修改成别的词句或者干脆涂掉。例如，将"汉军"改成"清军"，将"靖南王"改成"清王爷"等。①

近年来，汉族女子嫁给琴江满族男子的越来越多，会说"旗下话"的年轻人也越来越少，一些老人们对此忧心忡忡。

琴江人虽然已经获得了满族的身份，但是他们还在做各种各样的努力，去实现满族身份的合理化。从 20 世纪初至今天，"清王朝＝旗人＝满族"的图式始终存在于人们（包括满族自身）的头脑中。强调与清王朝的谱系关系或强调旗人的身份，等于强调自身的满族身份。下面即将描述的为"中华民族"英勇奋战的祖先们的功绩，如今已成为琴江旗人后裔与清王朝、与现代国家联系起来并实现他们正当性的重要历史资源。

五 历史记忆、传统文化与认同

法国历史学家勒高夫认为，当一个集团无法以目前拥有的资源去再生产自身的身份和地位时，就会面向过去。②

满族村成立后，琴江又重新唤起往日的记忆，并用此来强化作为旗人——满族的身份认同。"中法马江海战"便是其中之一。在 1844 年发生的这场海战中，清廷损失 11 艘军舰和 19 艘帆船，牺牲者 857 人。③ 关于这场战役中水师旗营官兵的死亡人数，有不同的说法。有的认为是 129

---

① 为了保护个人隐私，此处不提具体姓氏。
② ［法］勒高夫（Jacques Le Goff）：《历史与记忆》（歴史と記憶），［日］立川孝一译，法政大学出版社 1999 年版，第 40 页。
③ 刘琳：《"中国珍珠港事件"中旗营流下的血》，《福州晚报》2003 年 2 月 9 日。

人①，有的认为是70余人。1999年初长乐新辟西泽线公路时，挖出大批当年马江海战阵亡将士及眷属的遗骨。次年6月，琴江台胞联谊会捐资10万元与琴江村民共同兴建中法海战烈士陵园。登上陵园的阶梯，首先映入眼帘的是用红笔写的四个醒目的大字："勿忘国耻"。陵墓前立着一块较大的墓碑，墓碑上方中央写着"皇清"，墓碑前后两面分别用满汉两种文字写着"福州三江口水师旗营中法战役阵亡烈士、戍边殉职官兵及眷属塚"。"皇清"两字恰是琴江人寻求与清朝之间谱系关系的最好写照。

在福州琴江满族同胞乡友会所编的《琴江会刊》中，"中法马江海战"被定位为"表现了中华民族反抗外来侵略的爱国主义精神"，他们所做的贡献已经超越了满族这个下位集团而上升到整个"中华民族"。为此，抗法烈士陵园于20世纪90年代以后成为爱国主义教育基地，新闻媒体对此也进行了多方面的报道。修建陵园以前，琴江人每年以阴历七月三日放水莲灯的形式祭奠阵亡者，而2002年的清明节，举办了由长乐市有关部门干部和来自美国、中国台湾以及其他地区的琴江旗人后裔参加的大规模的清明祭奠活动。过去以个人为主体的祭祀活动如今变成集体参加并有国家在场的公祭。在此，个人的记忆变成集体记忆，而且由于国家的参与，记忆超越了该集团而被更多的人所共有。

2002年，位于原将军衙门内的村委会又开设了"三江口水师旗营民俗风情展览室"。展览内容有营盘里建营经过的介绍、光绪十年（1884）十二月福州将军授予许国昌的中法马江海战军功状、光绪二十九年（1903）授予许赞功的功牌等照片以及其他文物、琴江名人介绍、抗法烈士陵园照片、旧旗营模型、琴江传统"台阁"的介绍等。

如果说先人们的伟大功绩给子孙们带来了莫大的荣誉，稳定了他们的身份的话，那么，于琴江人而言，中法马江海战是构成他们旗人认同的重要历史记忆。当一个记忆对集团具有现实意义时，该记忆便会超越记忆的层面而成为一个社会现实。在共有旗人意识和旗人历史、在周围的汉族始终作为他者来意识的情况下，历史记忆成为"围绕着社会各种势力斗争的重要武器"②。

---

① 福州琴江满族同胞联谊会编：《三江口水师旗营图片展》，2004年，第9页。
② ［法］勒高夫（Jacques Le Goff）：《历史与记忆》（歴史と記憶），［日］立川孝夫译，法政大学出版社1999年版，第94页。

除上述重要历史事件外，传统文化"台阁"的复兴也成为支撑琴江人认同的重要因素之一。据说，台阁在琴江已经流传了200多年，是祖先们从东北带来的一种民间文艺形式。H 说他20世纪80年代随少数民族参观团到沈阳时就看到过"台阁"表演。演员被固定于隐形的"铁机"上，有人抬着，随地演出，所以称为"抬阁"，又称"台阁"（见图10-7）。表演时，身着古装的演员凌空而立，姿态万千、婀娜多姿，令观者赏心悦目。传统的"台阁"剧目有《许仙借伞》、《哪吒闹海》、《水漫金山》、《黛玉葬花》、《玉杯缘》等。村里的老人们回忆说，抗日战争前演过几次，后来屡次中断。2001年，在福州市于山举办的文化庙会上，"台阁"作为琴江满族村的代表剧目参加表演，并获得福州市第九届文艺百花奖民间文艺大赛金奖。笔者有幸于2003年2月15日观看了在福州金山开发区元宵节上表演的琴江"台阁"。只见旗手身着清代兵服，头戴红翎顶帽，手持"琴江满族村"锦旗，行走在"台阁"表演队伍的前列。"台阁"上，三位十五六岁的少女手持花篮，仿佛仙女下凡。显然，这是在上演"天女散花"。

据文献记载，明代福州每逢迎春日必演戏酬神，并选出若干名男女儿童装扮成历史人物，坐于木架之上，抬之游行，俗称"抬阁"或"台阁"。又有上杭"一岁中遇诸神诞日，各坊装台阁故事"[1]。笔者在山西晋中地区社火节中也见过类似的民俗活动。[2] 由此，我们也许可以得出结论说"台阁"并非琴江满族所独有，而是中国南北方均可见到的一种民俗活动。然而，问题的

图10-7　琴江台阁

---

[1] 参见林国平、彭文宇《福建民间信仰》，福建人民出版社1993年版，第341页。
[2] 山西晋中地区称此为"背铁棍"。

核心不在于事实真伪的辨别，而在于他们给予"台阁"的一种政治义涵。琴江村民 L 说："琴江'台阁'能拿到百花奖文艺大赛金奖是全体营盘里的光荣。我们要感谢给我们留下宝贵遗产的营盘里的祖先。"

对琴江人来说，"台阁"是先祖从东北老家带过来的"满族传统"，H 从沈阳带回来的"台阁"照片便是最好的证据，这张照片至今仍摆在村委会展览室的橱窗里供人们参观。而电视、报纸等新闻媒体的报道更是将此"事实"根植于人们的意识当中，琴江满族村传统文化——"台阁"成了大多数人的共识。至此，也许有人会用"传统的发明"来作一番议论，但是，对琴江人来说，"台阁"是他们可与东北老家建立起千丝万缕的联系的纽带，是定位他们东北乃至旗人起源的情感依据，也是他们认同的一个重要部分。琴江人不会说这个传统是发明出来的，他们是在忠实地恪守着传统，有时还在传统中添加一些新的内容，如身着清代兵服的旗手。

近几年来，与辽宁、黑龙江、北京等地的满族一样，与旗人有关的历史要素正在以旅游开发的形式重新建构。① 2001 年 5 月，长乐市航程镇人民政府将琴江村作为引进外资的对象，制订了一套开发琴江旅游资源的规划。其具体内容是：修建琴江水上游乐城（包括水族馆、水上游览船、水上钓鱼场等）、修建琴江射箭场（让游客体验旗人的"射箭"）、修复将军楼并建设博物馆等。2005 年 11 月重访琴江时，笔者发现旧将军衙门旁边的空地上增添了一座名为"八旗军旅园"的小公园。新建的琴江八旗博物馆也傲然挺立在中法海战烈士陵园的旁边。② 显然，无论是主导旅游开发的地方政府还是琴江村民，在他们的观念中，最具满族文化特色的是八旗以及由此生发的旗人身份和一系列与其相关的文化符号。在这里我们又一次看到琴江人认同满族的依据，即有关旗人的历史记忆。

定宜庄、胡鸿保在《鹰手三旗的后裔——对北京市喇叭沟门满族乡的调查与思考》中也提到汉军旗人的民族认同问题。该文在考证彭姓族

---

① 参见刘正爱《"恢复"赫图阿拉城》，《读书》2004 年第 12 期；定宜庄、胡鸿保：《鹰手三旗的后裔——对北京市喇叭沟门满族乡的调查与思考》，《民族研究》2005 年第 4 期。

② 该博物馆于 2005 年 1 月底竣工。

源为汉人后,分析了彭氏家族在自我意识上所经历的从汉到满的过程。[1]定、胡认为,彭姓归附清朝时间较早,无论语言还是习俗都深受满族浸染。此外,特殊的生产、生活使他们生活在一个相对封闭的环境中,又因当地人口稀少,很难有与周围汉人交往的客观条件,"日久便形成一个主要由内务府旗人构成的社会地位与经济形态大抵相同的生活圈"[2]。

这说明,彭姓之所以强调他们是满族,归根结底是因为长期以来一直生活于八旗之中,旗人的历史记忆是他们认同满族的首要依据。与琴江人不同的是,他们祖上虽然也是汉人,但是他们的民族成分却始终是满族,而且至今从未动摇。关于族源,从定、胡文所提供的内容来看,彭姓族谱中并没有关于祖先是汉人的记录,先祖为汉人的记忆只存在于部分口头传承中。在日常生活中,他们或许很少像琴江人那样去意识到族源的问题,况且一些学者和村庄文化精英建构的话语使得他们越来越坚信他们的满族身份。对于他们来说,本来就不存在身份危机的问题,正如定、胡在文章中所提到的佚名材料那样,他们的认同感是非常强烈的。[3]

与后来才改成满族的琴江人不同,满族这个身份对彭姓来说是自然的、与生俱来的东西,他们不需要刻意去建构,因为他们不存在一个面对他者而确定自我的问题。只是后来因为地方政府以满族为资源所进行的一系列开发活动重新唤起他们以往的记忆,于是,他们透过他者(地方政府或学者)的眼光重新认识了自己,他们的满族认同随之又得到进一步强化。也许彭姓与琴江人一样,族源在民族认同上显得并不重要。但是,历史学家的严密考证所得出来的结论对他们的认同会不会产生什么影响,这是今后有待关注并思考的问题。

第五节 小结

以上通过福州和琴江两个个案,考察并分析了福建省驻防八旗后裔的

---

[1] 参见定宜庄、胡鸿保《鹰手三旗的后裔——对北京市喇叭沟门满族乡的调查与思考》,《民族研究》2005年第4期。

[2] 定宜庄、胡鸿保:《鹰手三旗的后裔——对北京市喇叭沟门满族乡的调查与思考》,《民族研究》2005年第4期,第27页。

[3] 参见定宜庄、胡鸿保《鹰手三旗的后裔——对北京市喇叭沟门满族乡的调查与思考》,《民族研究》2005年第4期,第26页。

历史认识和认同。在福州个案中，通过两位女性的口述史，勾勒出她们所经历的那个年代的历史以及她们的亲身感受，从中我们看到了她们对祖先近似模糊的记忆以及辛亥革命以后旗人所遭遇的艰难处境。

笔者还描绘了珠妈祖庙和八旗会馆这两个历史空间所承载的记忆与历史。在被人为的城墙所隔离的空间里，旗人的公共空间珠妈祖庙和八旗会馆是福州旗人后裔们唯一的"历史资料馆"，尽管它们已被吞没在现代化的浪潮中，但仍有一部分满族精英在努力争取重建他们历史记忆的家园。

今天福州旗人的满族身份因其八旗满洲的背景而相对稳定，不承担任何外部压力，但琴江人的满族身份却因其族源为汉人而始终处于不稳定的状态。2002年《琴江会刊》第23期刊登的《种族与民族》一文的编者按很好地说明了琴江满族认同的现状：

> 我们都走不出营盘里旗下这个部落，我们有共同的语言，共同的心理素质、思维方式、风俗习惯，三江口雍正水师是我们共有的祖先，这倒是注定了的。①

琴江人认同满族最根本的依据是其祖先曾经是旗人这样一个事实。琴江人很清楚地知道自己的祖先是汉人，即便如此，他们仍然认同满族。在历史经验（历史记忆）与血缘话语之间，他们选择的是前者。长期的历史经验使他们无论从文化上还是情感上乃至政治上都要做出这样的选择。在这里，血缘与认同并没有产生直接的联系。人们也许会根据他们的族源质疑他们的满族身份，或干脆说他们是"假满族"，但这只是外部强加的结论，关键要看他们如何定位自己。否则，他们的主体性就有被剥夺的危险。事实是，他们认为自己是满族，而这个认同后来也得到了官方的认可。这就需要我们去思考一个极其关键的问题：谁是满族？什么是满族？或者说，什么是民族？

民族认同的表现是多方面、多层次的。本章自始至终使用的都是"琴江人"、"他们"等复数主体，这就等于事先预设了一个具有均质文化的共同体。而在实际生活中，个人完全有可能根据不同情况进行不同的选

---

① 张熙：《种族与民族》，《琴江会刊》2002年第3期，第4页。

择,所以,在讨论认同问题时个人的视角是不可忽视的。但是,本书的关注点之所以是集体的认同,是因为国家行政户籍制度使原本是灵活的、暧昧的归属意识至少在形式上变得清晰了。也就是说,是琴江满族村的成立使琴江人至少在户口上从"汉族"变成了"满族",这一点单靠个人归属意识的强弱是力不可及的。因此,中国少数民族的民族认同中包含着一种行政性、制度性的认同,这种认同有时是被动的、消极的,有时又是非常主动和积极的。

第十一章

历史记忆与认同

第一节　作为复数变种的过去

历史叙述往往表现出从过去至现在的一个自然的时间过程。因为当我们叙述过去时，实际上也伴随着从那个时点至现在的时间性因素，而且过去是作为不断更新的"现在"的来历而叙述的。史密斯认为，有关过去的解释和传统中有较大的系统性的多个变种。[1]

为政者或民众依据不同的目的选择不同的解释或传统。为政者与民众并非总是对立的，当民众的历史观因受官方历史观的排斥而变得模糊不清，只有与官方历史观相一致的那部分有所彰显时，双方的选择便会出现一致，尽管有时是为政者创造的假象。

在有文字的社会，官方历史观往往通过印刷物植入人们的头脑，历史更多是通过这些印刷物不断地得到再生产的。中国有着数千年的文字传统，正因为此，我们更不应该忽视未被文字记载的民众的生活史与地方传说。国史与地方史的编撰是靠此前的文字资料作为参照依据的，而口传史或生活史则基本被置于其外。[2]

这种对文字的崇拜，在文字传统较长的社会中尤为显著，其结果是"历史"的反复生产。在中国，讲述并阐释历史的话语权主要掌握在主流

---

[1] ［美］安东尼·D. 史密斯：［ネーションとエスニシティ］(Anthony D. Smith, *The Ethnic Origins of Nations*, 1986)，巢山靖司、高城和義译，名古屋出版会1999年版，第211页。

[2] 谱牒有时会依据流传于家族成员间的传说或历史记忆来编撰，但地方史等"正史"基本上排斥了私人记忆和口头传承。而谱牒的修编虽然吸纳了记忆和传说性因素，但一旦形成文字，就可以登地方或官史的"大雅之堂"。亦即，不管口头传承、个人或家族的记忆是否符合"史实"，它一旦以"族谱"的形式书写下来，就开始具有纳入正史的可能性。定宜庄（1999：234—460）就为我们提供了很好的例子。

文化手中①，在王朝时代，这个主流文化的代言人是执政者与士大夫；近代国家建立以后，其代言人是国家与精英。小传统的民间历史观与历史认识只有在与大传统相一致时才得以登大雅之堂，而大多数情况下均被掩盖在不见天日的角落中。

本研究始终在关注这个流淌于舞台背后的历史的涓涓小溪。正如第七章至第十章所述，民间的历史认识通过口头传承、信仰仪式或特定的场所或纪念物传承下来，形成了草根阶层的历史观，并支撑着人们的日常生活。

在第七章，祖坟这样一个空间使肇氏家族重新唤醒了20世纪40年代以后因宗族祭祀活动的消失而变得模糊的关于始祖阿塔的记忆，阿塔又重新成为肇氏家族凝聚力的核心。此外，对腰站其他姓氏的多重叙述，展示了以往被研究者们忽略的满族范畴中文化及构成的多元性，同时以详细的民族志资料证明了当代满族既包括"旗人"也包括"民人"这样一个事实。而这一点恰恰是20世纪80年代满族人口剧增的一个首要原因。我们看到，大部分"民人"改报满族，虽有地方政府动员的因素，但他们不是被动地接受，而是积极迎合"上级"的要求，以便从中获取某种福利。长期以来这些山东移民（民人）与皇室旁系肇氏之间的共同生活经历以及复杂的婚姻关系，使得他们在修改民族成分时基本上没有产生过多的心理抵触。

清朝为政者选择的天女神话在彰显满洲王朝或爱新觉罗谱系的正统性上充分发挥了其作用。而民间的几种口头传承却保留着颠覆该正统性的反命题，这些恰恰来自爱新觉罗旁系聚居的腰站村。如果说过去是证明现时正统性的资源，那么，腰站肇氏或者尚未处于需要主张自身正统性的紧要关头，或者尚未意识到该话语对正统性所构成的威胁。② 关心正统性的可能更多是历史学家和政治精英。如第六章所述，天女神话在政治精英参与的旅游开发场域中用于满族历史的重构上，并在创造并强化当代满族认同的"起源追溯"上发挥了重要的作用。

在第八章，我们看到民间还流传着与满洲起源神话内容相左的旗人起

---

① 关于大传统和小传统，请参照 Robert Redfield, *Peasant Society and Culture: An Anthropological Approach to Civilization*, Chicago: The University of Chicago Press, 1956。

② 如果两个不同族群或群体处在一种相互竞争的关系，身份的正统性将成为至关重要的斗争武器。

源神话。前者在北方通古斯神话的基础上加工而成,仙女所生之子只有布库里雍顺一人,而后者天女生了八子(四男四女,象征八旗),并通过兄妹婚繁衍了旗人。由此可见,旗人起源神话是满洲起源神话(天女)与民人起源神话(兄妹婚)两种因素相结合的产物,而这一点恰恰象征性地表达了旗人(尤其是汉军旗人)的认同特征。

除上述群体历史外,家族史也是影响人们认同感的一个主要因素。家族史可超越个体的死亡传承于家族成员,它给个人带来的强烈历史感会超出一个人所生活的时间长度。[①] 如果说国家史与地方史主要是基于文字资料上的重构的话,那么家族史则主要是靠传说或族谱等私家记录所构成。

中国历史上作为家族史的谱牒在历次战乱或政治运动中均遭到一定程度的破坏,在第七章的个案中,腰站全村保存下来的族谱已经屈指可数,20世纪50年代以后的几场政治运动在某种程度上中断了家族史的连续性。20世纪80年代以后,重续家谱之风兴起,文字的消失给记忆带来了更大的空间,人们通过长者的回忆、托梦、占卜等方式重新开始编撰谱牒和家族史。这一时期族谱编撰的一个主要特征是历史学家和满学研究者对于编撰事业的参与,这使得国史与地方史以及家族史相互交错,家族史超出某一个特定家族的历史,而延伸至整个民族(满族)的历史。在没有族谱的情况下,人们通过口头传承将自身的祖籍信息传递给下一代,只要祖籍地信息尚存,家族史便会以某种形式被人们所记忆,而一旦条件成熟,便会重新以文字的方式记录下来。

无论是现实的还是想象的,"祖籍地"这样一个场所,在表达人们的地域性、民族性,或者是社会性认同中均发挥着重要的作用。除了家谱外,某个家族的"老家",通过口碑和民间信仰为人们所记忆,祖先通过家族的保家仙确定了其地位(第八章);载有"老家"的家谱有时还可以作为获得自身民族身份或政治地位的重要武器(第十章)。

通过描述家族史,我们还看到了身为满族却又很少登上历史舞台的汉军旗人的存在。琴江满族是努尔哈赤时期编入八旗的辽东汉人,他们的祖先后来随龙入关,康熙年间被派到福建驻防,作为"旗下人"在与当地汉人不同的社会环境中生活了近两百年,为此,他们具有强烈的"我们"

[①] 参见トンプソン・ポール(Paul Thompson)《記憶から歴史へ——オーラル・ヒストリーの世界》(*The Voice of The Past*, 1978),酒井顺子译,青木书店2002年版,第19页。

与"他们"的意识。根据《福州驻防志》、《琴江志》等官方记录与地方史志记载，他们的历史可以追溯到"康熙十九年（1680）"、"雍正七年（1729）"等准确的年代。但在此之前没有任何有关他们的正式文字记载，祖先是靠墓碑这样一个物质载体被人们所记忆的（第十章）。

而北关徐氏家族除家谱外，还有传说和信仰仪式可以承载对祖先的记忆。与琴江村不同，在没有村志，并且从仅有的县志当中很难提取有关家族信息的情况下，口头传承在考察东北地区汉军旗人的家族史上具有重要的参考价值。今后人类学家和历史学家在这方面也许有较大的合作空间。

历史作为文本而固定的过程是人类学家研究历史时需要关注的重要问题之一。目前，在观光场域，满族的历史正在以前所未有的形式被重构。以往的王朝谱系置换为满族的谱系，满族的起源再一次被追溯到神话中的"满洲"。

历史是从多个作为变种的过去当中经过筛选书写而成的，作为商品开发出来的"历史"正在经历与此相同的过程，从多个"历史事实"中选择"有效"的内容，作为满族的历史展示给游客。这里所展示的历史与文化不仅仅是与游客之间暂时进行交易的商品。当历史与文化作为"商品"而被摆在"柜台"上的时候，种种意义的连续体已从开发者的行为或企图中解放出来，固定成一种具有自律性的"制度"或文本。就此意义而言，观光场域是一种空间文本。

第二节 集团的名称与认同

如果说"满洲"作为一个集团的名称出现于1635年，那么，此后编撰的历史（或神话）中出现的"满洲"便是从书写历史的那一时间上溯而成立的。"满族"一词虽在民国期间也有人使用，但作为一个制度性、行政性意义上的族称来使用是在20世纪50年代以后，它不是一个自古就有的名称。集团的名称，无论是他称还是自称，一旦形成，便会产生追溯性认同的运动。"满洲"与"满族"在此意义上对其所属成员认同的形成起到了重要作用。尽管清政府将满洲八旗和汉军八旗以及蒙古八旗等旗人作为一个范畴推广"满洲之道"（the Manchu way），但是"满洲"一词不是一个能包括汉军八旗和蒙古八旗的概念。比如，汉军八旗可以是"旗人"，但他们绝不可能是"满洲人"或"满人"。

当代满族之间有"纯满族"和"假满族"之争,其原因也在于此。"旗人"可被视作"满族",但由于旗人构成的多元特征,满族被分为两个范畴。即满洲八旗为"纯满族",汉军八旗则非"纯满族",有的甚至称其为"假满族"。不过这只是遇到外部调查者时才会做出的分类,日常生活中人们很少会意识到这些问题。

族谱或传说以及墓碑记忆的"老家"是判断是否"纯满族"的一个标准(第七章、第八章、第十章)。"纯满族"的老家一般为"长白山","非纯满族"的老家一般为山东小云南(第七章)、山西洪洞大槐树(第八章)。此外,祖先祭祀形态也是一个判断"纯"或"不纯"的标准。前者为祖宗板,后者为画有神像的谱单。上述分类及其标准只适用于东北地区的满族,驻防八旗满族不存在纯或不纯之说法。第十章个案显示,福州满族的祭祖形式显然与东北地区的满族有较大差异。福州满族供奉祖先牌位,而非如东北那样的祖宗板。琴江汉军旗人后裔也供奉祖先牌位,四品以上祖先还供奉祖先画像("影")。

20世纪80年代,大量"民人"改成满族以后,又出现了"后改的满族"。这些"民人",即后改的满族一般不在纯与不纯的讨论范围内。于满洲八旗和汉军八旗后裔而言,即便"民人"在户口上已经改为满族,但"民人"依旧是"民人",他们永远也不可能成为旗人。对此,"民人"自己也不否认。有一点需要指出的是,一旦面对行政,他们都是"满族",即户口上的民族成分都是满族。

通过比较东北与福建的个案,我们看到当代"满族"因其历史社会背景不同,表现出不同的认同方式。按当地人的说法,20世纪80年代以前,尤其是1984年上夹河满族乡成立以前,腰站村"谁也不讲满族"。"满族"一词频繁出现在生活当中是在满族乡成立之后。腰站村肇氏以及黑龙江三家子村的满族没有像福州和琴江满族那样与周围汉人形成明确的界限或他者意识。因为即便他们不强调自己是满族,事实上也是满族,他们还没有面临将自己差异化的迫切需求。他们日常生活中的种种实践是一种"无意识的生活样式"[①],而不是面对他者时所刻意强调的、为了向他者展示差异的文化。相反,福建满族,尤其是琴江满族,他们长期生活在

[①] J. D. Eller, *From Culture to Ethnicity to Conflict: An Anthropological Perspective on International Ethnic Conflict*, Michigan: The University of Michigan Press, 1999, p. 30.

当地福建汉人的重重包围之中，如果他们不将自己与当地汉人加以区分，即如果不将自己差异化，便无法获得或确保作为"满族"的地位。"汉军旗人"的头衔使人们很容易将他们在血缘上与汉人联系起来，这一点是他们所面临的最大困境。他们作为旗人生活了数百年，如果"旗人＝满族"的图式成立的话，他们是无可厚非的满族。而包括行政在内的周围的汉人，因他们祖先的"汉军"身份而曾试图否定他们的满族身份。满族村成立已30年有余，琴江人仍感到自身满族身份是不稳定的。为了证明自己是满族，他们必须证明与当地汉人不同的旗人身份，18世纪抗法战争中为国捐躯的烈士们的功绩就是强有力的证明。此外，他们需要强调自身的文化特殊性，任何与周围汉人的微小差异对他们都具有重要的意义。

或许有人会问，他们为何如此拘泥于满族身份？最肤浅的回答也许是：为了享受少数民族优惠待遇。但是，这种回答只能掩盖问题的深层意义。旗人作为一个军事和政治的范畴，不存在民族或文化差异问题，因此不需要超越日常生活范围（面对面的范围）的"民族的想象"。诚然，汉军旗人的认同有时会在旗人与民人之间摇摆不定，但他们的旗人身份是不容置疑的。

实际上，满族与其说是一个均质的、不变的实体，倒不如说是现代国家参与其中的一个范畴，而旗人则是一个非民族（non-ethnic）的军事共同体。在当代，尽管满族与旗人这两个范畴基本上是重叠的，但满族既然被国家认定为一个民族，自然就会有一种诉求，亦即要求有一种与其相适应的"民族的"或文化等特征。换言之，从满族被国家认定为"民族"（或者说"旗人"被国家正式认定为"满族"）的那时起，认定者与被认定者便开始驱使他们的"民族"想象力，将满族视为从古至今就存在的一个"民族"实体。以满洲为共同起源的满族图像便是这样产生的。于是这里便生发出一个问题，即汉军旗人在这个起源中到底处于什么位置。显然他们在此是缺位的。无论他们如何努力，也不可能达到那个遥远的"满洲"起源。他们费尽周折要证明自己是满族，是因为他们不得不，或者是不知不觉进入了"民族"想象的图式，然而他们想象的民族起源不可能是满洲，而只能是旗人。

在他们对满族积极认同的背后，不仅有国家对少数民族的优惠政策，还有来自周围汉族社会的无形压力，即他者的存在。对没有形成大家族的琴江满族而言，受国家制度性保障的满族这个"制度"恰恰起到了可与他者相抗衡的凝聚共同体力量的重要因素。在中国，单靠自身与他者两类差异所构成的差异群体顶多是"××人"，而不能构成"民族"，而无论什么样的差异群体，它只有在国家承认的前提下，才可以成为"民族"。正如赫瑞所强调的那样，琴江人正是在自身、他者（当地福建人）以及国家这三类关系中才获得满族身份的。

此外，在新宾满族自治县的个案中我们还看到了认同的利益性或者是科恩所说工具性一面。在满族人口剧增的背后，虽有一部分属于恢复满族成分的旗人后裔，但也有大量民人（汉人）为了享受升学加分和计划生育优惠政策而改报满族。这种情况似乎与清代汉人加入八旗以获得较高社会、政治地位有一脉相承之处。

当代中国少数民族具有某种福利户籍的性质，谁成为少数民族，意味着谁就能享受各种福利性待遇，少数民族认同自然就附带有利益性的层面。这一点在民族自治区域尤为显著。但必须指出的是，并非所有少数民族认同都是利益性的。事实上，有很多满族具有强烈的认同感，这种认同感不仅仅来自利益的驱使，它或者来自对想象中的遥远"祖先"的原生情感（满洲八旗后裔），或者来自旗人的历史记忆。认同不是铁板一块，在中国，认同既在差异或关系中确定，也在行政中确定。

第三节 识别的民族、想象的民族

在调查中，笔者经常会问当地的满族（包括后改的）：你认为满族与汉族有什么不同？大多数人的回答是"我们与汉族没什么区别"。这句话我们既可以理解为"满族没有自己独特的文化"，也可以反过来理解为"汉族与我们没什么区别"。这意味着"汉化"和"满化"是同时成立的。

包括满洲八旗、汉军八旗、蒙古八旗在内的"旗人"，在清代是一个包含了多种不同文化群体的上位集团。该集团中有上自为政者，下至八旗兵丁以及另户等阶层区分。但是，当辛亥革命结束了清王朝的统治，中国由王朝政权转移到现代国家之际，"旗人"却反转为凌驾于其上的政治权力——国家中的下位集团，即作为少数民族的满族。此时，清代的阶层以及满洲、汉军、蒙古等区分均消解于一个被想象为具有均质文化和共同起源的"满族"之中。

如果说当代"中国人"是伴随现代国家的成立而形成的一个"多元一体"的民族范畴（中华民族）①，那么如"旗族"一词所曾暗示的那样②，"旗人"在清代是将"民人"排除在外的"多元一体"的政治、军事性范畴。

在"汉化"话语盛行之际，自20世纪80年代中期始，满族仿佛重见天日，出现在人们的面前，并开始强烈主张自己的存在。20世纪50年代初期，满族主要根据其"民族意识"确定为一个少数民族。近年来，满族开始唤醒种种历史记忆，重构满族的历史与文化，试图使本已模糊的满族形象变得更加清晰。

在赫图阿拉城，历史与文化被开发为获得经济效益的商品，这与追求历史或文化的本真性的学者之间似乎产生了某种龃龉，然而无论是真是假，它已经成为满族文化的一部分。

如果说清代旗人是以其非文化性为特征的③，那么，今天的满族已经开始强调它的文化性，这些文化正是在历史的基础上重新构建起来的。

民族是流动的、多变的范畴，民族概念应在时刻变化的过程中把握，这已成为当今人类学家的自明之理，而许多时候民族常常被认为是自明的概念。语言、文化、宗教、惯习等民族定义要素更多是他者界定的客观标准，而没有本民族语言、不共享宗教和生活习惯的人们也经常认为自己是"××族"。

米歇尔·莫曼（Michael Moerman）在研究卢人（Lue）时发现，当他试图想描述他们是谁的时候，很快就陷入了一种困境，他很难找到可以界定他们作为一个独特族群的客观标准，当他询问某一个卢人什么是他们典型的文化特征时，他们会提到与当地其他群体相同的文化特征。他们没有独特的语言、习俗以及宗教，那根据什么说他们是一个族群呢？于是，莫

---

① 参见费孝通主编《中华民族多元一体格局》（修订本），中央民族大学出版社2004年版。
② 参见"文牍：部批：批吉林全省旗族生计总会请将吉林界内贡山旗产封禁勘明各节据案批示文（三月十七日）、批方焱坤呈请变通就近与继母请旌应遵照条例办理文（三月二十六日）"，《内务公报》1914年第七期，第162页；"公牍：赋税：呈大总统为遵核直隶沧县旗族领种地亩请准豁免四年下忙租银文（三月三十日）"，《财政月刊》1917年第4卷第41期，第1页。
③ 参见 shelly Rigger, "Voices of Manchu Identity, 1635—1935", In Steven Harrell (ed.), *Cultural Encounters on China's Ethnic Frontiers*, Seattle and London: University of Washington Press, 1995, p.196。

曼得出结论说，某一个人是卢人，是因为他相信并称自己是卢人，而且用某些行动证明他的卢人特征。[1] 由于无法用客观的文化特征或清晰的界限来定义这个"卢人特征"，莫曼将其定义为"主位归属范畴"。[2]

在中国，当这种归属意识遇到行政制度时，上述由他者规定的客观定义要素便会转向自我规定的主观定义要素，作为证据反过来利用于主观意识。这主要表现在语言的习得或"传统文化的恢复"等朝着客观可定义的方向所做的努力。客观定义要素与主观定义要素是相辅相成的，定义的主体可根据自身所处的状况随机应变加以操作。在此起主导作用的是主体内部的权力者或精英等"活动家"（agent）[3]。

讨论中国的民族时有一个重要视角，即户籍制度与民族政策的关系。1950年以后，为了正确实施民族政策，国家规定户籍上设"民族成分"栏。国家主导的民族识别工作在行政上确定了每个人的族籍归属。无论一个人是否愿意，从出生的那天起就被贴上一个××族的标签；不管你认同不认同，一生都要作为××族而活着。

事实上，户籍中民族成分一栏有时会反过来成为民族认同的一个重要因素。××族的标签不仅在行政上区分了不同民族，在意识上也强化了民族之间的差异，其结果，一方面给少数民族带来了差别意识，另一方面又导致了民族意识的高涨。

在中国，"民族"是从分而治之的国家管理机制中产生的一种行政性、制度性范畴，它酿造了其所属成员的归属意识，它是靠"人为的、政治的"和"自生的、文化的"两种力量的较量和相互作用来维持的。[4]

佐佐木史郎对民族归属意识的形成过程总结出两种情况：一种情况是，具有卡里斯马的少数领导者利用政治和军事力量将人们聚集起来，组

---

[1] Michael Moerman, "Who Are the Lue: Ethnic Identification in A complex civilization", in *American Anthropologist*, Vol. 67 (1965): 1215-1229.

[2] Thomas Hylland Eriksen, *Ethnicity and Nationalism*, London: Pluto Press, 2002 (1993), p. 12.

[3] 参见川田顺造《非洲的部族·民族·国家，重新探索整治社会再编的可能性——新"民族"的创出不可能吗?》（アフリカにおける部族·民族·国家、再び—政治社会再編成の可能性を探る：新しい「民族」（nation）の創出は不可能だろうか?），《非洲研究》（アフリカ研究）2001年第58号，第81页。

[4] 参见佐佐木史郎《近代阿穆尔河下游与萨哈林岛的民族分类变迁》（近現代のアムール川下流域と樺太における民族分類の変遷），《国立民族学博物馆研究报告》（国立民族学博物館研究報告）2003年26—1，第6页。

成类似于民族的集团,并将其作为国家建设的原动力;另一种情况是,由肩负国家中坚力量的有能力的人们所区分,并给予一定框架的行政性"民族",它随着时间的推移固定于其所属成员的意识当中,开始共享归属意识,变成人类学意义上的民族这样一个集团。佐佐木认为满洲(满族)是前者的典型事例。[1]

需要补充的是,满族兼具上述两种性质。清代"旗人"是努尔哈赤利用其政治、军事力量聚集起来的人们的集团,中华人民共和国成立以后的"满族"是国家主导下的行政性"民族"。而"满族"在给定的框架中形成了"满族"的归属意识,但同时又超越了作为一个少数民族的"满族"框架而与清王朝接轨,他们依然保持"旗人"的社会、历史记忆,他们打出"辉煌的王朝历史"的文化招牌,作为"满族"认同的依据。

如上所述,满族经历了种种历史的、政治的过程才成为今天的"满族"。如果说"旗人"这个历史、政治性范畴作为一个"原生纽带"成为满族定义中的客观、主观依据的话,中国的民族成分制度则是酿造制度性归属意识的装置,它是导致"均质的、固定的归属意识"[2] 的又一个新的认同依据。

有一种观点认为,民族是"自上而下"创造出来的。[3] 这种观点在解释中国民族问题上有一定的适当性,但也包含着剥夺被"创造"方主体性的危险。为了确立其主体性,就必须将少数民族对这种国家行为的积极响应,以及少数民族对国家认定的"民族"的"想象"层面纳入我们的视野。只有理解这两种倾向互动的力学原理,我们才有可能真正理解中国少数民族问题的本质。

接受此观点,我们就会对民族虚构论投去质疑的目光。虚构论认为,

---

[1] 参见佐佐木史郎《近代阿穆尔河下游与萨哈林岛的民族分类变迁》(近現代のアムール川下流域と樺太における民族分類の変遷),《国立民族学博物馆研究报告》(国立民族学博物館研究報告)2003 年 26—1,第 7 页。

[2] 松田素二:《非洲的部族·民族·国家,重新探求政治社会再编的可能性:从国民国家型到生活共同型民族》(アフリカにおける部族・民族・国家、再び—政治社会再編成の可能性を探る:国民国家型から生活共同型民族へ),《非洲研究》(アフリカ研究)2001 年第 58 期,第 81 页。

[3] 参见毛里和子《从周边看中国——民族问题与国家》(周辺からの中国—民族問題と国家),东京大学出版会 1998 年版,第 74 页。

民族是近现代以后创造出来的，因此不存在什么民族，民族是幻想的，是假的。对此，渡边欣雄在讨论冲绳文化之时，使用"拟构"概念，试图积极肯定不断生成、不断创造出来的"冲绳文化"。① 所谓"拟构"指的是将原本没有的东西当作有的东西来建构。它反映了一种态度，即不管是真品还是赝品，只要它是现实，就要积极加以肯定。而"虚构"概念则从主观上否定已成事实的现实，因此剥夺了生活于该现实中的人们的主体性。

笔者认为"拟构"概念也可适用于"民族"。民族确实已经被建构出来，对于那些用自己的行动去证明"××族的形象"的人们来说，他们的形象与努力的目标已经脱离了曾经建构过民族的国家政策，而属于民族这一群体的行为主体，即民族的承担者们。对于他们来说，民族在任何意义上都不是虚构的。相反，民族是拟构的，换句话说是应该作为拟构或前提来建构的对象。

本质主义扮演了遮掩支配与不平等的政治性角色，将某个特定的集体认同的形态无条件地普遍化和实体化②，建构主义在批评本质主义的这一缺憾上立了一功，但是，如果将本质主义过于绝对化，忽视现实社会中人们的日常实践，就会变成脱离现实的空论。

前川启治指出，本质论批判中有两种不同的立场，一种是来自操作性客体化论观点的批判和文化建构的立场，另一种是原理性客体化论立场。前者对文化采取"存在论"的态度，它对应于民族的主观性建构；后者则始终将文化视为一种客体化的、创造出来的以及动态的存在。③

笔者认为，操作性客体化论和文化建构的立场有只强调行为者的故意行为或主观性之嫌，这样便会忽略意义要素脱离特定行为具有自律性的这一层面；而原理性客体化论在视文化为动态这一点上可以说是高瞻远瞩。但是该动态部分经过何种程序变为客体，即摇摆不定的意义要素如何固定为可认知的东西呢？原理性客体化论并没有为我们准备这个答案。

---

① 渡边欣雄：《冲绳文化的创造》（沖縄文化の創造），《亚洲游学》（アジア遊学）53号，勉诚出版2003年版，第2—13页。
② 松田素二：《文化/人类学——超越文化解体》（文化/人類学—文化解体を超えて），杉岛敬志编《人类学实践的重构——后殖民展开之后》（人類学の実践の再構築—ポストコロニアル展開以後），世界思想社2001年版，第137—139页。
③ 参见前川启治《文化的建构——接合与操作》（文化の構築—接合と操作），《民族学研究》（民族学研究）1997年61—4，第616页。

实际上,"建构"与"本质"是表里一体的,是一个硬币的两个层面。前者通过将固定的事物相对化,从而拓展向未来开放的可能性;后者则可以使将摇摆不定的意义要素固定为可认知的。我们需要采取的立场是,不要将两者绝对化,而是从互动的角度看待它们。换言之,对于人类学和其他社会科学而言,重要的不是意义的解体,而是将解体之后新意义的生成过程纳入我们的视野,这就需要我们采取一种将共时研究和历时研究结合起来的历史人类学的视角。

附录　辛亥颠险始末记

辛亥在西安所经战事始末记　和亭

　　有清宣统三年岁次辛亥秋九月朔，余因公将赴将军府，先大兄由曲江祖茔归，问余曰：时已辰刻，何尚未赴将军府耶。余答：将往。随即至府官厅。少顷，即有西门兵士奔报曰：西关新军哗变，当是时也。文将军因事往营外咨议局会议，未在署中，余遂同八旗领袖急遣兵接护将军回署，又遣兵将满营五校门关闭，以防新军来袭。五门者，即钟楼、端礼、新成、西华、大栅栏各处也。旋派兵往东北二城上防堵。午刻，将军进东门回署焉。即命协戎斌、雪樵、存寿、山恩、吉武赴校场齐队，又令文治、甫培、厚田、培某赴各城防敌。命余带兵往东北二城一带探视敌军。余遂往登城瞭望。城上并无新军。忽闻端礼、钟楼、西华三门外枪炮之声隆隆不绝，即调兵布置驾炮击敌。余回署禀报军情。时交酉刻，东北城上炮火甚烈，枪弹飞落军署如雨点然。余从将军带卫兵十数名齐赴校场，左右两翼都护在焉。既而遣余带兵十数名往各门调查。余出场后，距余之寓不远焉。差役皆劝余归。余否应之曰：余若归，家属必涕泣不舍，余必成前明之周遇吉也。言毕，直趋三城调查。均有土袋塞门，兵士持枪把守。查视毕，将一切情形面禀将军。彼时，余渴甚，派人往余寓取汤及皮坎肩并银二锭。饮汤后，即将银锭交与马夫任姓嘱之，由明朝出战是必亡身，汝将余骨掩埋，勿使暴露，则余深感矣。话未毕，东城兵士前来报云：彼处军事紧急，请将军增兵壮势。军帅遣余带兵前往。是时，场内老弱兵士不过二百有余。奉谕择壮者不论多寡速带前去。余遂挑选精壮者八十余名出场东门。行至大世楼处，即升吉甫入师之公馆门前，遇角落西僧，即善汝明之长子，升帅之义男也。余遂分兵一半，令其带赴大栅栏防守。余带所余登东城焉。至黎明，远望城楼上皆系敌军。炮弹飞来形如飞蝗。所以坏者旗兵之枪炮皆系旧式，敌皆快枪洋炮，较之旗兵利器胜强百倍。此为致败之大原因也。余所带之兵受伤者此时已达二十余名。势孤未能对垒。余遂带兵下城俟敌东下，要而击之。探兵又报云：佐领仓某带有兵三十余名、枪数杆前来助战。余复登城向西而击。战斗片时，还有无效，众告余曰：可往北城斌、雪、樵处求援，余即随兵一名赴北城中马道。天已大明，而我军列队西击兵数无多，余侧旁佐领瑞明君中流弹身亡。正急战之时，忽见城下持白旗一人往西前进。余问曰：何为耶。彼答曰：奉升帅命令持此停战。不数分钟，敌果停击。将军遣人召余下城告曰：敌请我上城和约停战。余急止之曰：我帅不可前往。将军又云：吾等失守城池，已犯死罪，虽往，又何惧焉。余即答云：我帅如被敌所困，又将奈何？况我秦驻军五千，主帅若为人困，岂不为世界所耻乎。此举实为不可。帅即命余前往调和彼，如用军饷马匹，我军尽可供给，切勿令其下城为要。余遂往大楼之敌队，敌即向我开枪，余俯首四五次，始至敌之城楼，枪亦遂停。遇敌首名陈锭青者，豫人也。问余曰：子来何事？余答曰：奉帅命而来，商议停战。彼曰：子有帅之令箭乎？抑有公文乎？余答曰：帅府已焚，从何有令箭？两军急战，又焉有公文？彼云：既然如此，子速归与汝帅求书，吾不识汝何人也。余返报敌意。将军遂修函一封，遣巡捕名绰尔欢送往。片时之间，敌队下城。是时，城内枪炮之声不绝于耳，回视将军与两都护皆不知去向焉。余兵已散，仅有一马夫相从耳。余即避于破庙内。待至黄昏，独行归家。余寓房屋门户皆被焚毁。余即赴东邻龙虎庙，见全家在此避难。惟不见大家兄及二舍妹与小儿英济及其生母、乳母。余问家人：伊等何往？答曰：皆往端礼门内成衣铺中躲避。此时枪声愈烈。余惧不敢出候。至五更，遂同三家兄与一仆人往铺中探视。至则双门紧闭，窬垣而入，四周寻觅，并无人迹，惟有二井，其一井上有大家兄遗履一双。余始知诸人皆作井中之鬼矣。悲痛不已，仍越垣而归，向家人报知，皆相涕泣。天明穴入余舍小园。大家嫂、二侄女及内子大侄媳、使女等皆投井焉。正悲痛间，又闻街巷枪声四起，余寓火又复起。余即同三家兄仍至庙内伏避日落，互相对议，暂假寺中道士衣冠出城，赴友人张西轩处避难。如幸免死，再由彼处遣人接三家兄。议妥后，于初三晚，余即衣道士衣冠，由大菜市城缺之处直奔长安学府张君署中。时已黄昏，幸张君垂情收留余焉。次日黎明，张君即令县学生携道士衣冠往庙中接三家兄。是日天色已晚，此人未至，从此该生一去不返。三家兄亦不知下落矣。次日，忽闻巷中喧言捉拿旗人，若匿旗人，满门尽戮。余即窬垣而往碑林，幸未被人查见。夜半，又窬垣而归。西轩云：明日如有喊捉之事，万不可逃，设法藏匿可也。遂将土坑掘开，将土掘空，令余伏此，以暂避之。家仆崔升同友人徐西安之少君来此探余，并报告英济为乳母李媪抱出。余闻之稍安。候至初五晚，崔升同李媪英济来见。济儿年始三岁，父子相见不胜悲喜交加也。余将英济给与西轩为子，又将先茔各处清缮一纸交与西轩，并托云：将来济儿成人后，可令其祭扫赫舍哩氏先茔香烟，庶可不绝也。现余虽幸逃出，存亡未卜。言罢，泪如雨下。崔升又云：明日初六，革军运粮开城片时，当与西轩议妥，暂住城外避之。随向张君借银数两，皮衣棉被各一。次日午间开城时，余仍衣道士衣冠出城，赴百神洞张居氏处逗留。一家过郊○之门○○○旗人之声也。次日未明，同三居氏家役文海赴城南下宝泉探访秀山僧。幸该僧念旧，慨然容留。彼时妙手空空，分文无有，朝夕两顿，赖彼供之，诚穷困之极矣。每日在此，不过焚香拜佛扫地而已。他日，家役文海来告曰：二家嫂及小妾陈氏亦至西轩之处，已与英济相见。嫂与妾之所以不及于难者，缘九月初一日早皆往汉城家姑丈成石甫公馆探望，故未同归于尽也。迨至冬月二十八日，是日大雪纷飞，山林尽白，忽来一不知姓名之旗兵告余曰：升帅现由甘帅师攻至邠州，差我来问贵处有无兵士否，意欲命汝接应。余答曰：刻下仅余一人，并无一卒，此人随下山而去。次日清晨，又来革军数十名，将余搜出，一同下山进城至红庙刘常太首领营内。见面后即问余曰：汝之山上有无隐藏之兵？余答曰：无。若不信，即请调查可耳。又问余之房产地亩均在何处，即将房产一一述之，并答：地亩繁多，实难记忆。言罢退出。次日为腊月朔日，将余送押咸宁狱中。至则有同识恩督生君亦在狱焉。继见陈锭青来狱探望恩君，因渠为彼之旧管也。见余则问曰：汝非在城上答言之葆公耶？余曰：然。陈君即对其下人云：此公临危不惧，见死不退，诚钢胆之人也。自是每日两餐皆渠供给。同余坐狱者有佩意如大令旗君同五观察鄂太守并旗族官民等二十余人，无一汉矣○者。旋于次年壬子二月十八日，忽传令将狱中人等全行释放。因袁世凯已请宣统退位，太后下诏颁布五族共和，即汉满蒙回藏也。余出狱后，即往西轩寓所叩谢前情，并知二家嫂及英济等均在百神洞三居氏处避寓。次日即往该处探望，相见之后悲喜交集，不胜伤感。一家之人不数月间仅存四人耳。痛哉，痛哉！是晚仍返西轩处。次日，将伊等接至西轩处暂居越二日。午后，又赴祭台村张太合处寻觅余亲仲平之嫂与胞侄延绪。至则延绪并未在此。询之始悉彼现在乳母张姓家焉。归寓后家役文海、崔升又来。即令伊等往南乡各佃户处每亩借银若干，以备捞人入葬。二三日后，彼等来告，仅有银七八十两。余遂雇人往满城内旧寓及成衣铺中入井捞尸，备棺十数具，洋布被褥十数床，尸身所服之衣因无资更换，均皆带水入殓，惨哉，惨哉！次日，即将先大兄等埋于先茔。他日，由红十字会带来二人，一名黄金印，一名白老四，系由京而来送到姊丈伊仲平来信一封，阅毕。次日，即往满城内伊继园之故宅查视。但见房屋焚毁，墙垣颓落，不复旧观，诚不忍正视也。于瓦砾之中见继园及其三弟之发辫然，尸骨已无存焉。大约随火而化矣。又望满城之数千户房屋皆成焦土，万余口之生灵率皆死亡。回顾余之故宅亦为乌有，二百年前之武勇满兵一旦尽为敌人杀戮，能不叹哉！徘徊良久，怅怅而返。次日，余赴祭台村与延绪母子晤面后，遂计议酬资赴京，千方百计为人为己，始获安全抵京矣。至途中一切艰辛笔难胜记，愿后嗣勿忘余之颠险，则余将来虽死亦犹生焉。

[资料来源说明：该文由山东青州北城满族村唐玉民提供。唐玉民外祖父景格为进士出身，辛亥革命后曾担任第一届国会议员。辛亥革命期间，时任西安将军府参谋的和亭投奔景格，将其所书《辛亥颠险始末记》寄存于景格府中。景格去世后该文由唐玉民保管。正本数年前交给中央民族大学赵展保存，唐玉民手中现存为副本（文中标点为笔者所加）]

参考文献

古文献

（宋）李昉：《太平广记》，中华书局1961年版。

（清）蒲松龄：《聊斋志异》，岳麓书社1988年版。

（清）阿桂等撰，孙文良、陆玉华点校：《满洲源流考》，辽宁民族出版社1988年版。

（清）鄂尔泰等修，李洵等点校：《八旗通志》（初集），东北师范大学出版社1989年版。

（清）纪昀等修，李洵等点校：《钦定八旗通志》（续集），吉林文史出版社2002年版。

（清）新柱等总修：《福州驻防志》，清乾隆刻本。

（清）弘昼等编：《八旗满洲氏族通谱》，辽海出版社2002年版。

《朝鲜李朝实录》，东洋文化研究所，1964年影印本。

［日］今西春秋：（满和对译）《满洲实录》，日满文化协会，1938年本。

文牍：部批：批吉林全省旗族生计总会请将吉林界内贡山旗产封禁勘明各节据案批示文（三月十七日）、批方焱坤呈请变通就近与继母请旌应遵照条例办理文（三月二十六日），《内务公报》1914年第7期。

公牍：赋税：呈大总统为遵核直隶沧县旗族领种地亩请淮豁免四年下忙租银文（三月三十日），《财政月刊》1917年第4卷第41期，第1页。

族谱（家谱）

爱新觉罗·常琳主编：《爱新觉罗宗谱已册》，学苑出版社1998年版。

海城关氏四次续修理事会审编：《佛满洲苏完瓜尔加氏家谱》，2002年，内部发行。

《尚氏宗谱》，乾隆十七年（1752）

佟明宽、李德进编著：《满族佟氏史略》，抚顺市新闻出版局1999年版。

《王氏族谱》，道光三十年（1850）。

《琴江许氏家谱》，民国十六年（1927）。

《祁氏家谱》，2000年。

《赖氏家谱》，道光三十年（1850）。

《琴江务本堂贾氏家谱》（附册），1992年。

《西知堂杨家支谱》（次房草稿）。

徐教三整理：《徐氏家谱》，1990年手抄本。

一般书籍
中文

爱新觉罗·乌拉熙春：《满族古神话》，内蒙古人民出版社1987年版。

爱新觉罗·瀛生：《谈谈满族人的姓名》，《满族研究》1985年第2期。

白莲：《历史记忆与民族旅游》，载杨慧等编《旅游、人类学与中国社会》，云南大学出版社2001年版。

本溪市党史地方志办公室编：《辽东满族家谱选编》，辽宁民族出版社2012年版。

［美］查尔斯·泰勒：《承认的政治》，载汪晖等编《文化与公共性》，董之林、陈燕谷译，生活·读书·新知三联书店2005年版。

曹保明：《长白山下的民族与旅游》，旅游教育出版社1996年版。

曹德全：《抚顺历史之谜》，大连出版社2004年版。

曹文奇编：《启运的传说》，辽宁民族出版社2003年版。

陈连开：《关于中华民族结构的学术新体系——中华民族多元一体格局理论的评述》，《民族研究》1992年第6期。

陈育宁主编：《中华民族凝聚力的历史探索》，云南人民出版社1994年版。

［法］迪尔凯姆：《社会学方法的准则》，狄玉明译，商务印书馆2004年版。

丁世良、赵放主编：《中国地方志民族资料汇编：东北篇》，北京图书馆出版社1989年版。

邸永君:《"民族"一词非舶来》,《中国民族报》2004年2月20日第6版。

定宜庄:《最后的记忆——记十六位旗人妇女的口述历史》,中国广播电视出版社1999年版。

定宜庄:《对福建省满族历史与现状的考察》,国立民族学博物馆《国立民族学博物馆调查报告》8号别册,1998年。

定宜庄:《清代八旗驻防制度研究》,天津古籍出版社1992年版。

定宜庄、郭松义、李中清、康文林:《辽东移民中的旗人社会——历史文献、人口统计与田野调查》,上海社会科学院出版社2004年版。

定宜庄、邵丹:《历史"事实"与多重性叙事》,《广西民族学院学报》(哲学社会科学版)2002年第24卷第2期。

定宜庄、胡鸿保:《"有入有出"与"融而未合"——对共同体形成问题的若干思考》,载《满学朝鲜学论集》,中国城市出版社1995年版。

定宜庄、胡鸿保:《浅论福建满族的民族意识》,《中央民族学院学报》1993年第1期。

定宜庄、胡鸿保:《鹰手三旗的后裔——对北京市喇叭沟门满族乡的调查与思考》,《民族研究》2005年第4期。

杜家骥:《清朝简史》,福建人民出版社1997年版。

[美] 杜赞奇(Prasenjit Duara):《文化、权力与国家——1900—1942年的华北农村》,王福明译,江苏人民出版社1995年版。

房守志主编:《新宾满族自治县志》,辽沈书社1993年版。

房学嘉:《从民间信仰等看宗族互动》,载陈志明等编《传统与变迁——华南的认同和文化》,文津出版社2000年版。

费孝通:《论人类学与文化自觉》,华夏出版社2004年版。

费孝通:《民族研究文集》,民族出版社1988年版。

费孝通:《乡土中国》,生活·读书·新知三联书店1985年版。

费孝通主编:《中华民族多元一体格局》(修订本),中央民族大学出版社2004年版。

冯尔康:《雍正传》,人民出版社1985年版。

傅波、张德玉主编:《满族家谱选》,中国社会科学出版社1994年版。

傅波、张德玉、赵维和:《满族家谱研究》,辽宁古籍出版社1996年版。

福建省少数民族古籍丛书编委会:《福建省少数民族古籍丛书——满族

卷》，民族出版社2004年版。

富育光：《萨满论》，辽宁人民出版社2000年版。

富育光：《萨满教与神话》，辽宁大学出版社1990年版。

富育光、孟慧英：《满族萨满教研究》，北京大学出版社1991年版。

富育光、王宏刚：《正待开发的吉林省少数民族地区的旅行资源》，《社会科学战线》1987年第1期。

抚顺市社会科学院新宾满族研究所：《新宾旅游景点导游词》，1999年。

福州琴江满族同胞联谊会编：《三江口水师旗营图片展》，2004年。

［美］格雷本（Graburn）：《今日东亚的旅游与人类学——几点比较》，刘永青译，杨慧校正，载杨慧等编《旅游、人类学与中国社会》，云南大学出版社2001年版，第59—80页。

国家民族委员会民族问题五种丛书编辑委员会《中国少数民族》编辑组：《中国少数民族》，人民出版社1981年版。

高丙中：《民间的仪式与国家的在场》，载郭于华主编《仪式与社会变迁》，社会科学文献出版社2000年版。

高明东、李文通主编：《岫岩满族家谱选》（共3卷），白山出版社2014年版。

关克笑：《试论满族的发展变化》，《满族研究》1991年第3期。

关克笑：《满族试论》，《满族研究》1988年第1期。

郭淑云：《原始活态文化——萨满教透视》，上海人民出版社2001年版。

郭淑云、王宏刚：《活着的萨满——中国的萨满教》，辽宁人民出版社2001年版。

国务院办公厅等编：《中华人民共和国民族政策法规选编》，中国民航出版社1997年版。

［德］海德格尔：《在通向语言的途中》，孙周兴译，商务印书馆2004年版。

郝时远：《类族辨物》，中国社会科学出版社2013年版。

郝时远：《中国民族区域自治不能改为"民族文化自治"》，《中国民族报》2011年4月29日第5版。

胡鸿保、定宜庄：《虚构与真实之间——就家谱和族群认同问题与〈福建族谱〉作者商榷》，《中南民族学院学报》（人文社会科学版）2001年第21卷第1期。

［美］赫瑞（Stevan Harrell）：《田野中的族群关系与民族认同——中国西南彝族社区考察研究》，巴莫阿依、曲木铁西译，广西人民出版社 2000 年版。

何叔涛：《民族概念的含义与民族研究》，《民族研究》1988 年第 5 期。

黄光学主编：《中国的民族识别》，民族出版社 1995 年版。

黄光学、施联朱主编：《中国的民族识别——56 个民族的来历》，民族出版社 2005 年版。

黄强、色音：《萨满教图说》，民族出版社 2002 年版。

黄树民：《林村的故事》，生活·读书·新知三联书店 2002 年版。

黄淑娉编：《广东族群与区域文化研究》，广东高等教育出版社 1999 年版。

黄曾成：《琴江志》，私家版，1922 年。

黄曾成：《琴江续志》，私家版，1923 年。

姜成厚、纪永长主编：《富裕县志》，中共党史资料出版社 1990 年版。

姜相顺：《满族史论集》，辽宁民族出版社 1999 年版。

金启孮：《京旗的满族》，《满族研究》1991 年第 1 期。

金启孮：《京旗的满族》，《满族研究》1989 年第 2 期。

金启孮：《满族的历史与生活——三家子屯调查报告》，黑龙江人民出版社 1981 年版。

金天一：《满族讲族习俗的演变与发展》，《满族研究》1990 年第 3 期。

［美］科恩（Cohen）：《东南亚的民族旅游》，王庆玲译，杨慧校正，载杨慧等编《旅游、人类学与中国社会》，云南大学出版社 2001 年版。

蓝达居：《历史人类学简论》，载邓晓华、林美治编《中国人类学的理论与实践》，华星出版社 2002 年版。

李春昱：《完善我国民族区域自治制度的辉煌成果——记全国第一个满族自治县成立经过》，载抚顺市政协文史委员会、抚顺市民族宗教事务委员会编《抚顺少数民族·宗教》，宗教文化出版社 2001 年版。

李剑国：《中国狐文化》，人民文学出版社 2002 年版。

李林：《满族宗谱研究》，辽沈书社 1992 年版。

李林等编：《本溪县满族家谱研究》，辽宁民族出版社 1988 年版。

李树田：《吉林满族研究——关东搜异录》，吉林文史出版社 1991 年版。

李尉祖：《四大门》，燕京大学法学院社会学系学士毕业论文，1941 年。

李贤淑:《浅谈清初八旗中的朝鲜族成分》,载支运亭主编《八旗制度与满族文化》,辽宁民族出版社2002年版。

李燕光、关捷编:《满族通史》,辽宁民族出版社1991年版。

李亦园:《文化的图像(下):宗教与族群的文化观察》,允晨丛刊(38),允晨文化事业股份有限公司1990年版。

林国平、彭文宇:《福建民间信仰》,福建人民出版社1993年版。

林惠祥:《文化人类学》,商务印书馆1996年版。

林耀华:《金翼》,生活·读书·新知三联书店1989年版。

刘琳:《"中国珍珠港事件"中旗营流下的血》,《福州晚报》2003年2月9日。

刘沛林:《风水——中国人的环境观》,生活·读书·新知三联书店1995年版。

刘庆华:《满族姓氏录》,新宾县民族事务委员会印刷,1982年版。

刘庆华编著:《满族家谱序评注》,辽宁民族出版社2010年版。

刘庆华编:《满族姓氏综录》,辽宁民族出版社2012年版。

刘庆华编:《满族民间祭祀礼仪注释》,辽宁民族出版社2013年版。

刘庆相:《略谈满族人口的历史演进及其特征》,《人口学刊》1995年第5期。

刘锡诚等编:《石与石神》,学苑出版社1994年版。

刘晓春:《区域信仰——仪式中心的变迁》,载郭于华主编《仪式与社会变迁》,社会科学文献出版社2000年版。

刘小萌:《满族从部落到国家的发展》,辽宁民族出版社2001年版。

麻国庆:《家与中国社会结构》,文物出版社1999年版。

[德]马克斯·韦伯:《经济与社会》(上、下),林荣远译,商务印书馆2006年版。

马戎:《民族社会学》,北京大学出版社2004年版。

马戎:《族群问题的"政治化"和"文化化"》,ISA工作论文003,北京大学中国社会与发展研究中心、北京大学社会学系、北京大学社会学人类学研究所,2002年。

马协弟:《八旗制度下的满族》,《满族研究》1987年第2期。

[美]马歇尔·萨林斯(Marshall Sahlins):《历史之岛》,蓝达居、张宏明、黄向春、刘永华译,上海人民出版社2003年版。

［美］马歇尔·萨林斯（Marshall Sahlins）：《甜蜜的悲哀》，王铭铭、胡宗泽译，生活·读书·新知三联书店 2000 年版。

孟慧英：《中国北方民族萨满教》，社会科学文献出版社 2000 年版。

孟森：《清史讲义》（民国丛书影印本），上海书店 1947 年版。

孟森：《孟森学术论著》，浙江人民出版社 1998 年版。

《民族问题五中丛书》辽宁省编辑委员会编：《满族社会历史调查》，辽宁人民出版社 1985 年版。

莫东寅：《满族史论丛》，人民出版社 1979 年版。

［法］莫里斯·哈布瓦赫：《论集体记忆》，毕然等译，上海人民出版社 2002 年版。

［美］莫里斯·弗里德曼：《中国东南的宗族组织》，刘晓春译，上海人民出版社 2003 年版。

纳日碧力戈：《问难"族群"》，《广西民族学院学报》（哲学社会科学版）2003 年第 25 卷第 1 期。

纳日碧力戈：《现代背景下的族群建构》，云南教育出版社 2000 年版。

［美］欧立德（Mark C. Elliott）：《清代满洲人的民族主体意识与满洲人的中国统治》，华立译，《清史研究》2002 年第 41 期。

彭勃：《满族》，民族出版社 1985 年版。

彭大雍：《关于我国历史上民族英雄的评价问题》，载国家民族事务委员会政策研究室编《中国民族关系史论文集》，民族出版社 1982 年版。

乔建等编：《文化、族群与社会的反思》，北京大学出版社 2005 年版。

［美］乔纳森·弗里德曼：《文化认同与全球化过程》，郭建如译，商务印书馆 2003 年版。

全洪汉编：《清太祖传说》，春风文艺出版社 1987 年版。

［韩］任桂淳：《清朝八旗驻防兴衰史》，生活·读书·新知三联书店 1994 年版。

沈秀清、张德玉编：《满族民间故事选》，辽宁省新宾满族自治县文物管理所 2000 年版。

沈秀清等编：《清永陵》，大连出版社 2000 年版。

石光树：《解决中国民族自治的一大悬案》，《民族团结》1999 年第 10 期。

［俄］史禄国（Shirokogoroff）：《北方通古斯的社会组织》，吴友刚、赵复

兴、孟克译，内蒙古人民出版社 1984 年版。

［俄］史禄国（Shirokogoroff）：《满族的社会组织——满族氏族组织研究》，高丙中译，商务印书馆 1997 年版。

宋承绪：《满族"三仙女"神话探微》，《满学研究》1998 年第 4 集。

孙庆忠：《口述历史的制作与口述传统的发掘》，《广西民族学院学报》2003 年第 25 卷第 3 期。

孙文良：《满族发展史上的几个问题》，《满族研究》1986 年第 2 期。

孙文良等编：《满族大辞典》，辽宁大学出版社 1990 年版。

孙文良、李洽亭：《清太宗全传》，吉林人民出版社 1983 年版。

孙相适：《走进满族姓氏》，四季出版社 2014 年版。

孙英、启坤编著：《罕王传说》，辽宁民族出版社 2003 年版。

［美］唐纳德·R. 凯利：《多面的历史：从希罗多德到赫尔德的历史探寻》，陈恒等译，生活·读书·新知三联书店 2003 年版。

唐希：《福州文化行旅》，海风出版社 2002 年版。

佟阅：《满族的婚姻》，载徐桂英等编《抚顺满族民俗》，抚顺市新闻出版局 1999 年版。

王洁、赵世伟：《腰站村肇氏祖先研究》，《北方民族》2004 年第 4 期。

王建民等：《中国民族史》（上、下），云南教育出版社 1997 年版。

王铭铭：《神灵、象征与仪式：民间宗教的文化理解》，载王铭铭、潘忠党主编《象征与社会：中国民间文化的探讨》，天津人民出版社 1997 年版。

王铭铭：《民间权威、生活史与群体动力——台湾省石碇村的信仰与人生》，载王铭铭、王斯福编《乡土社会的秩序、公正与权威》，中国政法大学出版社 1997 年版。

王铭铭：《社区的历程——溪村汉人家族的个案研究》，天津人民出版社 1996 年版。

王明珂：《羌在汉藏之间——一个华夏边缘的历史人类学研究》，台北联经出版事业股份有限公司 2003 年版。

王明珂：《华夏边缘——历史记忆与族群认同》，台北允辰文化 1997 年版。

王元青：《满族人口加速发展带来的思考》，《民族团结》1994 年第 5 期。

王钟翰:《清史补考》,辽宁大学出版社 2004 年版。

王钟翰:《清代八旗制度中的满汉民族成分问题》(上、下),《民族研究》1990 年第 3、4 期。

王钟翰:《关于满族形成中的几个问题》,载王钟翰主编《满族史研究集》,中国社会科学出版社 1987 年版。

王宇:《恢复满族应有地位,满族实现区域自治——从满族是否是少数民族说起》,《中国民族报》2012 年 12 月 7 日第 7 版。

[德] 韦伯(Max Weber):《儒教与道教》,洪天富译,江苏人民出版社 1995 年版。

[奥] 维特根斯坦:《哲学研究》,李步楼译,商务印书馆 2005 年版。

乌丙安:《中国民间信仰》,上海人民出版社 1995 年版。

乌丙安:《中国民俗学》,辽宁大学出版社 1992 年版。

夏树藩:《史论历史上的小云南与小云南人》,《满族研究》1999 年第 1 期。

《新宾满族自治县概况》编写组:《新宾满族自治县概况》,辽宁大学出版社 1986 年版。

徐桂兰:《历史学与人类学的互动》,《广西民族学院学报》2001 年第 23 卷第 1 期。

许烺光:《宗族、种族与俱乐部》,华夏出版社 1990 年版。

徐杰舜:《走进历史田野——历史人类学散论》,《广西民族学院学报》2001 年第 23 卷第 1 期。

阎崇年:《满洲八旗定制考析》,载支运亭主编《八旗制度与满族文化》,辽宁民族出版社 2002 年版。

阎崇年:《满学:正在兴起的国际性学科》,《北京社会科学》1993 年第 1 号。

阎崇年:《努尔哈赤传》,北京出版社 1983 年版。

杨利慧:《民间叙事的表演》,载吕微等编《民间叙事的多样性》,学苑出版社 2006 年版。

杨念群:《北京地区"四大门"信仰与"地方感觉"》,载孙江主编《事件、记忆、叙述》,浙江人民出版社 2004 年版。

瀛云萍:《八旗源流》,大连出版社 1991 年版。

袁辉:《也谈"小云南"》,《满族研究》1999 年第 2 期。

张德玉：《满族发源地历史研究》，辽宁民族出版社 2001 年版。

张德玉、赵岩、姜小丽：《满族谱牒文化研究》，吉林文史出版社 2008 年版。

章开沅：《辛亥革命与二十世纪中国》，湖北人民出版社 2001 年版。

张其卓、董明整理：《满族三老人故事集》，春风文艺出版社 1984 年版。

张荣明：《方术与中国传统文化》，学林出版社 2000 年版。

张天路：《民族人口学》，中国人口出版社 1998 年版。

张熙：《种族与民族》，《琴江会刊》2002 年第 3 期。

张小军：《历史的人类学化与人类学的历史化》，载《历史人类学学刊》，中山大学历史人类学研究中心、香港科技大学华南研究中心，2003 年第 1 卷第 1 期。

张晓琼、何晓芳主编：《满族——辽宁省新宾县腰站村调查》，云南大学出版社 2004 年版。

赵令志：《清前期八旗土地制度研究》，民族出版社 2001 年版。

赵世瑜：《狂欢与日常——明清以来的庙会与民间社会》，生活·读书·新知三联书店 2002 年版。

赵书：《建国前后的北京满族人》，《满族研究》1992 年第 2 期。

赵展：《满族文化与宗教研究》，辽宁民族出版社 1997 年版。

赵展：《尼山萨满传》，辽宁人民出版社 1998 年版。

赵志强：《八旗与八旗子弟》，载支运亭主编《八旗制度与满族文化》，辽宁民族出版社 2002 年版。

郑天挺：《清史探微》，北京大学出版社 1999 年版。

中国科学院民族研究所图书资料室编：《国内民族研究参考资料》第一辑，1964 年。

《周恩来选集》（上集），人民出版社 1980 年版。

《周恩来选集》（下集），人民出版社 1984 年版。

周星：《旅游文化与少数民族的文化展示》，载横山广子编《Dynamics of the Ethnic Cultures and the State in China》（Senri Ethnological Reports 20）（大阪国立民族学博物馆），2001 年。

周星：《四大门：北方民众生活里的几种灵异动物》，ISA 工作论文 006，北京大学社会学人类学研究所、中国社会与发展研究中心，2000 年。

周远廉：《乾隆皇帝大传》，河南人民出版社 1990 年版。

周作人：《知堂集外文、〈亦报〉随笔》，岳麓书社1988年版。

庄孔韶：《银翅》，生活・读书・新知三联书店2000年版。

　　日文

アンダーソン・B（白石さや・白石隆訳）：『増補　創造の共同体』，NTT出版1997年版。

安部建夫：『清代史の研究』，創文社1971年版。

愛新覚羅・顕琦、江守五夫編：『満族の家族と社会』，第一書房1996年版。

青柳まちこ編・監訳：『「エスニック」とは何か—エスニシティ基本論文選』，新泉社1996年版。

赤川学：「言説分析と構築主義」，上野千鶴子編『構築主義とは何か』，勁草書房2001年版，第63—84頁。

赤松智城：「満洲旗人の家祭」，『民族学研究』1935年第1巻第2期。

秋葉隆：「満洲薩満教の家祭」，『宗教研究』新11—1，1935年。

秋葉隆、赤松智城：『満蒙の民族と宗教』，民俗苑1941年版。

綾部恒雄：『現代社会とエスニシティ』，弘文堂1993年版。

綾部恒雄：「エスニシティの概念と定義」，綾部恒雄［編］『文化人類学2：特集＝民族とエスニシティ』，アカデミア出版会1985年。

石橋秀雄：「清朝入関後のマンジュ（Manju）満洲の呼称をめぐって」—『御製清文鑑』と『満洲源流考』を中心に—」，『清代中国の諸問題』，山川出版社1995年。

イ・ザハーロフ（布村一夫　訳）：「支那人口の歴史的考察（下）」，『満鉄調査月報』，1942年第22巻第11号。

今西春秋（満和対訳）：『満洲実録』，日満文化協会1938年版。

上野千鶴子：「構築主義とは何か」，上野千鶴子編『構築主義とは何か』，勁草書房2001年版。

植野弘子：「満族の婚姻と女性をめぐる関係」，愛新覚羅・顕琦、江守五夫編『満族の家族と社会』第一書房1996年版。

上村忠夫・大貫隆・月本昭男・二宮宏之・山本ひろ子編：『歴史を問う六：歴史の解体と再生』，岩波書店2003年版。

烏丙安：「満族発祥の揺籃の地」，愛新覚羅・顕琦、江守五夫編『満族の家族と社会』，第一书房1996年版。

内堀基光：「民族論メモランダム」，田辺繁治編『人類学的認識の冒険―イデオロギーとプラクティス』，同文館，1989 年版。

小熊誠：「満族の家族組織と祖先祭祀」，江守ほか編『満族の家族と社会』，第一書房 1996 年版。

大山彦一：『中国人の家族制度の研究―東亜諸民族の社会学的考察』，関書院 1952 年版。

岡野正純・王向華：「香港観光版ガイド付き香港ツアー」，瀬川昌久編『文化のディスプレイ：東北アジア諸社会における博物館、観光、そして民族文化の再編』，風響社 2003 年版。

小田亮：「民族という物語―文化相対主義は生き残れるか」，合田涛、大塚和夫編『民族誌の現在―近代・開発・他者』，弘文堂 1995 年版。

小田亮：「しなやかな野生の知―構造主義と非同一性の思考」，青木保ほか編『思想化される周辺世界』，岩波書店 1996 年版。

笠原政治：「台湾山地社会史の風景」，山下晋司ほか編『社会人類学の可能性Ⅰ　歴史の中の社会』，弘文堂 1988 年版。

加藤剛：「［エスニシティ］概念の展開」，坪内良博編『東南アジアの社会』，弘文堂 1990 年版。

加藤節：「民族と国家―政治学への問い」，『思想』1996 年 No. 863。

川田順造：「アフリカにおける部族・民族・国家、再び―政治社会再編成の可能性を探る：新しい「民族」（nation）の創出は不可能だろうか？」，『アフリカ研究』2001 年 58 号。

川田順造：「［民族］概念についてのメモ」，『民族学研究』63―4，日本民族学会，1999 年。

川田順造：「無文字社会における歴史のディスクール」，関一敏編『人類学的歴史とは何か』，海鳴社 1986 年版。

川田順造：『無文字社会の歴史』，岩波書店 1976 年版。

ギアーツ・C 著，吉田禎吾・柳川啓一・中牧弘允・板橋作美訳：『文化の解釈学Ⅱ』，岩波現代選書 1987（1973）年版。

金連紘・梅棹忠夫：「（対談）日中友好にかける満洲族」，『月刊みんぱく』1986 年 3 月号。

栗本英世：「アフリカにおける部族・民族・国家、再び―政治社会再編成の可能性を探る：部族・民族・国家のゆくえ」，『アフリカ研究』

2001年58号。

栗本英世・井野瀬久美恵:「植民地経験の諸相」,栗本英世・井野瀬久美恵編『植民地経験―人類学と歴史学からのアプローチ』,人文书院1999年版。

小池誠:「知識の社会人類学」,『社会人類学年報』,1990年VOL.16。

高明潔（曽士才訳）:「北京の少数民族―都市少数民族のアイデンティティ」,『民族学研究』1990年54―4。

小坂井敏晶:『民族という虚構』,東京大学出版会2002年版。

小峰和夫:『満洲―起源・植民・覇権』,お茶の水書房1991年版。

佐々木史郎:「近現代のアムール川下流域と樺太における民族分類の変遷」,『国立民族学博物館研究報告』2003年26―1。

佐々木史郎:「少数民族の重層性」,『民博通信』,1995年70。

清水昭俊:「周辺民族と世界の構造」,清水昭俊編『周辺民族の現在』,世界思想社1998年版。

シロコゴロフ・S・M:『満洲族の社会組織』,大間知篤三、戸田茂喜訳,刀江書院1967年版。

シュッツ・アルフレッド:『現象学的社会学』,紀伊国屋書店1998年版。

シンジルト:『民族の語りの文法』,風響社2003年版。

末成道男:「人類学と歴史研究」,『東洋文化』1996年第76号。

末成道男:「『家祠』と『宗祠』―二つのレベルの祖先祭祀空間」,末成道男編『文化人類学五：特集＝漢族研究の最前線』,1988年,Vol.4/No.1。

杉島敬志編:『人類学的実践の再構築：ポストコロニアル転回以降』,世界思想社2001年版。

鈴木正崇:「創られた民族―中国の少数民族と国家形成」,飯島茂編『せめぎ会う「民族」と国家―人類学的視座から』,アカデミア出版会1996年版。

スミス・アントニ・D:『ネーションとエスニシティ』,巣山靖司、高城和義訳,名古屋大学出版会1999年版。

瀬川昌久:『族譜―華南漢族の宗族・風水・移住』,風響社1996年版。

瀬川昌久:『客家―華南漢族のエスニシティとその境界』,風響社1993年版。

瀬川昌久編：『文化のディスプレイ：東北アジア諸社会における博物館、観光、そして民族文化の再編』，風響社 2003 年版。

関一敏編：『人類学的歴史とは何か』，海鳴社 1986 年版。

関本照夫：「モニュメントとしての歴史」，関一敏編『人類学的歴史とは何か』，海鳴社 1986 年版。

関本照夫・船曳建夫編：『国民文化が生まれるとき』，リブロポート 1994 年版。

千田有紀：「構築主義の系譜学」，上野千鶴子編『構築主義とは何か』，勁草書房 2001 年版。

曾士才：「中国における民族観光の創出――貴州省の事例から」，『民族学研究』2001 年第 66 巻。

曾士才：「中国のエスニック・ツーリズム」，『中国二一：特集　中国の民族問題』，1998 年，Vol. 3。

曾士才：「多民族国家における民族学―中国民族学のゆくえ」，『社会人類学年報』，1991 年，VOL. 17。

曾士才：「民族識別から［民族識別］へ―中国民族学は変わり得るか」，末成道男編『文化人類学　八：特集＝中国研究の視角』，アカデミア出版会 1990 年版。

高原恒治：「満洲旗人の部落を訪ねて」，『満鉄調査月報』1939 年第 19 巻 4 月号。

棚橋訓：「ソロモン諸島の社会運動と中心世界の使い方」，清水昭俊編：『周辺民族の現在』，世界思想社 1998 年版。

田辺繁治：「日常的実践のエスノグラフィ―語り・コミュニティ・アイデンティティ」，田辺繁治、松田素二編『日常的実践のエスノグラフィ―語り・コミュニティ・アイデンティティ』，世界思想社 2002 年版。

千種達夫編著：『満洲家族制度の慣習』，株式会社一粒社 1964 年版。

張兆和（瀬川昌久訳）：「『押しつけられた表象』から『自己表象』へ」，末成道男編『中原と周辺』，風響社 1999 年版。

塚田誠之・瀬川昌久・横山廣子編：『流動する民族：中国南部の移住とエスニシティ』，平凡社 2001 年版。

デ・ホロート：『中国の風水思想』，牧尾良海訳，第一書房 1987 年版。

トンプソン・ポール：『記憶から歴史へ—オーラル・ヒストリーの世界』（The Voice of The Past 1978），酒井順子訳，青木書店 2002 年版。

中谷文美：「『文化』？『女』？—民族誌をめぐる本質主義と構築主義」，上野千鶴子編『構築主義とは何か』，勁草書房 2001 年版。

名和克郎：「民族論の発展のために—民族の記述と分析に関する理論的考察—」，『民族学研究』1992 年 57—3。

西谷修：『世界史の臨界』，岩波書店 2000 年版。

西谷修：『移動と離脱』，せりか書房 1997 年版。

聶莉莉：「風水宝地と王朝」，聶莉莉ほか編『大地は生きている』，てらいんく 2000 年版。

橋本和也：『観光人類学の戦略—文化の売り方・売られ方』，世界思想社 1999 年版。

旗田巍：「満洲八旗の成立過程に関する一考察——特に牛彔の成立について」，『東亜論叢』1940 年（2）。

平野健一郎：「中国における統一国家の形成と少数民族—満洲族を例として」，平野健一郎編『アジアにおける国民統合』，東京大学出版会 1988 年版。

細谷良夫：「マンジュ・グルンと『満洲国』」，『歴史の中の地域　シリーズ　世界史への問い—8』，岩波書店 1990 年版。

ホブズボウム・エリック、テレンス・レンジャー編，前川啓治・梶原景昭訳：『創られた伝統』，紀伊国屋書店 1992 年版。

前川啓治：「文化の構築—接合と操作」，『民族学研究』1997 年 61—4。

松田素二：「アフリカにおける部族・民族・国家、再び—政治社会再編成の可能性を探る：国民国家型から生活共同型民族へ」，『アフリカ研究』2001 年 58。

松田素二：「文化/人類学—文化解体を超えて」，杉島敬志編『人類学的実践の再構築—ポストコロニアル展開以後』，世界思想社 2001 年版。

三田村泰助：『清朝前史研究』，東洋史研究会出版 1965 年版。

宮崎広和：「オセアニア歴史人類学研究の最前線」，『社会人類学年報』1994 年 VOL. 20。

村田雄二郎：「中華ナショナリズムと『最後の帝国』」，蓮實重彦・山内昌之編『いま、なぜ民族か』，東京大学出版社1996年版。

毛里和子：「中華世界のアイデンティティの変容と再鋳造」，毛里和子編『現代中国の構造変動　7：中華世界—アイデンティティの再編』，東京大学出版会2001年版。

毛里和子：『周辺からの中国—民族問題と国家』，東京大学出版会1998年版。

茂木敏夫：「中華世界の構造変動と改革論」，『現代中国の構造変動　7：中華世界—アイデンティティの再編』，東京大学出版会2001年版。

横山廣子：「中国における民族的帰属の変更に関する覚書」，『民博通信』1995年第67号。

横山廣子：「多民族国家への道」，宇野重昭編『岩波講座現代中国　3：静かな社会変動』，岩波書店1989年版。

森明子：「対話への期待—文化、歴史、権力」，森明子編『歴史叙述の現在—歴史学と人類学の対話』，人文書院2002年版。

楊海英：「19世紀モンゴル史における『回民反乱』—歴史の書き方と『生き方の歴史』のあいだ」，『国立民族学博物館報告』2003年26—3。

箭内匡：「アイデンティティの識別不能地帯で—現代マプーチェにおける『生成』の民族誌」，田辺繁治・松田素二編『日常的実践のエスノグラフィ—語り・コミュニティ・アイデンティティ』，世界思想社2002年版。

柳田國男：「日本の祭」，『定本柳田國男集』第十巻，筑摩書房1962年版。

山下晋司：「儀礼に記憶された歴史」，山下晋司ほか編『社会人類学の可能性Ⅰ　歴史の中の社会』，弘文堂1988年版。

山下晋司編：『観光人類学』，新曜社1996年版。

山下晋司ほか編：『社会人類学の可能性Ⅰ　歴史の中の社会』，弘文堂1988年版。

山内昌之：「民族問題をどう理解すべきか—21世紀の新パラダイムの構築に向けて」，蓮實重彦・山内昌之編『いま、なぜ民族か』，東京大学出版社1996年版。

山本斌:『中国の民間伝承』,太平洋出版1975年版。

劉正愛:『民族生成の歴史人類学——満洲・旗人・満族』,風響社2006年版。

リクール・P:『記憶・歴史・忘却』(上),新曜社2004年版。

リクール・P:『記憶・歴史・忘却』(下),新曜社2004年版。

ル・ゴフ著,立川孝一訳:『歴史と記憶』,法政大学出版社1999年版。

ル・ゴフほか著,二宮宏之編訳:『歴史・文化・表象』,岩波書店1999年版。

ル＝ロワ＝ラデュリ著,樺山紘一他訳:『新しい歴史』,藤原書店2002年版。

レヴィ＝ストロース・クロード著,大橋保夫訳:『野生の思考』,みすず書房1976年版。

渡邊欣雄:「沖縄文化の創造」『アジア遊学』53号,勉誠出版2003年版。

渡邊欣雄:『風水の社会人類学』,風響社2001年版。

渡邊欣雄:『漢民族の宗教—社会人類学的研究』,第一書房1991年版。

渡邊欣雄:『民俗知識の課題』,凱風社1990年版。

渡邊欣雄:『風水思想と東アジア』,人文書院1990年版。

　　西文

Banks Marcus, *Ethnology*: *Anthropological Constructions*. London and New York: Routledge.

Fredri Barthk, "Introduction", In Barth, F. (ed.), *Ethnic Groups and Boundaries*, Oslo: Universitesforlaget, 1969.

Edward M. Bruner, *Culture on Tour*. Chicago: The University of Chicago Press, 2005.

Cameron Campbell, James Z. Lee, and Mark Elliott, "Identity Construction and Reconstruction: Naming and Manchu Ethnicity in Northeast China, 1749—1909." *Historical Methods*, (Summer 2002).

Malcolm Chapman, McDonald Maryon and Elizabeth Tonkin, "Introduction", *History and Ethnicity*, ASA Monographs 27 (1988).

Kai—wing Chow, "Imaging boundaries of Blood: Zhang Binglin and the Invention of the han 'Race'", In Frank Dikotter (ed.), *The Construction of Racal Identities in China and Japan*. London: Hust & Company, 1997.

J. Clifford & G. Marcus, (ed.), *Writing Culture: The Poetics and Politics of Ethnography*. Berkeley/Los Angeles/London: University of California Press, 1986.

Jacob J. Climo and Maria G. Cattell, *Social Memory and History: Anthropological Perspectives*. Oxford: AltaMira Press, 2002.

Abner Cohen, "Introduction: The Lesson of Ethnicity." In Cohen, A (ed), *Urban Ethnicity*: ix—xxiv. London: Tavistok Publications, 1974.

Ronald Cohen, "Ethnicity: Problem and Focus in Anthropology", in *Annual Review of Anthropology* 7 (1978).

Jennifer Cole, *Forget Colonialism?* Berkeley: University of California Press, 2001.

Pamela Kyle Crossley, *A Translucent Mirror: History and Identity in Qing Imperial Ideology*. Berkeley: University of California Press, 1999.

——. *The Manchus*. Oxford: Blackwell Publishers, 1997.

——. *Orphan Warriors: Three Manchu Generations and the End of the Qing World*. Princeton: Princeton University Press, 1990.

——. "Thinking About Ethnicity in Early Modern China." in *Late Imperial China* II (I) (1990).

——. "Manzhou Yuanliu Kao and the Formalization of the Manchu Heritage." in *Journal of Asian Studies*, Vol. 46, No. 4 (1987).

——. "An Introduction of the Qing Foundation Myth." in *Late Imperial China*, Vol. 6, No. 2 (1985).

Frank Dikotter, "Racial Discourse in China: Continuities and Permutation." In Frank Dikotter (ed.), *The Construction of Racal Identities in China and Japan*. London: Hust&Company. 1997.

Prasenjit Duara, *Rescuing History From the Nation: Questioning Narratives of Modern China*. Chicago: The University of Chicago Press, 1995.

J. D. Eller, *From Culture to Ethnicity to Conflict: An Anthropological Perspective on International Ethnic Conflict*, Michigan: The University of Michigan Press, 1999.

Mark C. Elliott, *The Manchu Way: The Eight Banners and Ethnic Identity in Late Imperial China*. Stanford: Stanford University Press, 2001.

Thomas Eriksen Hylland, *Ethnicity and Nationalism*. London: Pluto Press, 2002 (1993).

E. E. Evans-Pritchard, *Social Anthropology and Other Essays*. New York: Free Press, 1962.

E. E. Evans-Pritchard, (The Marett Lecture) Social Anthropology: Past and Present, in *1962 Essays in Social Anthropology*, 1950. エヴァンス゠プリチャード著 吉田禎吾訳 一九七〇「社会人類学―過去と現在」『人類学入門』弘文堂.

John K. Fairbank, *China: A New History*, Cambridge. Mass.: The Belknap Press of Harvard University Press, 1992.

Clifford Geertz, *The Interpretatioan of Cultures*, New York: Basic Books, Inc, 1973.

Emily Honig, *Creating Chinese Ethnicity: Subei People in Shanghai, 1850 – 1980*. New Haven and London: Yale University Press, 1992.

Francis Hsu L. K., *Under the Ancestors' Shadow: Kinship, Personality, and Social Mobility inChina*. Stanford: Stanford University Press, 1971.

Hal B. Levine, "Reconstructing Ethnicity", in *The Journal of the Royal Anthropological Institute*, Vol. 5, No. 2 (1999).

Charles Lindholm, *Culture and Identity: The History Theory and Practice of Psychological Anthropology*. New York: The McGraw-Hill Companies, Inc., 2001.

Dean MacCannell, *The Tourist: A New Theory of The Leisure Class*. Berkeley: University of California Press, 1999.

Jeannette Marie Mageo, *Cultural Memory*. Honolulu: University of Hawaii Press, 2001.

Michael Moerman, "Who Are the Lue: Ethnic Identification in A complex civilization", in *American Anthropologist*, Vol. 67 (1965).

Robert Perks and Alistair Thomson, *The Oral History Reader*. London: Routledge, 1998.

Evelyn Rawski, *The Last Emperors: A Social History of Qing Imperial*

Ideology. Berkeley: University of California Press, 1998.

Robert Redfield, *Peasant Society and Culture: An Anthropological Approach to Civilization*. Chicago: The University of Chicago Press, 1956.

Edward J. M. Rhoads, *Manchus and Han*, University of Washington Press, 2000.

Paul Ricoeur, "The Model of the Text: Meaningful Action Considered as a Text", *Social Research*, 38 (1971).

Shelly Rigger, "Voices of Manchu Identity, 1635—1935", In Steven Harrell (ed.), *Cultural Encounters on China's Ethnic Frontiers*. Seattle and London: University of Washington Press. 1995.

Ronato Rosald, *Ilongot Headhunting, 1883—1974: A Study in Society and History*. Stanford: Stanford University Press, 1980.

M. D. Sahlins, *Island of History*. Chicago: University of Chicago Press, 1985.

Anthony D. Smith, *The Nation in History: Historiographical Debates about Ethnicity and Nationalism*. Hanover: University Press of New England, 2000.

Anthony D. Smith, *National Identity*. Reno: University of Nevada Press, 1991.

Valenne Smith L. ed., *Hosts and Guests: The Anthropology of Tourism*. Philadelphia: University of Pennsylvania Press, 1977（张晓萍等译：《东道主与游客：旅游人类学研究》，云南大学出版社2002年版）。

Pamela Stewart J. and Andrew Strathern, "Introduction", In J. Stewart Pamela and Strathern Andrew (ed.), *Landscape, Memory and History*, London ect.: Pluto Press, 2003.

Michio Suenari, "Anthropology of One's Own Society in East Asia", In Chie Nakane and Chien Chiao (ed.), *Home Bound: Studies in East Asian Society*. The Center for East Asian Cultural Studies, 1992.

Joel Thoraval., "Ethnicity as Applied to the Chinese Cultural World", *China Perspectives* (Hong Kong), 25 (1998).

Jan Vansina., *Oral Tradition as History*. Wisconsin: The University of Wisconsin Press, 1985.

R. Wagner, *The Invention of Culture*. New Jersey: Prentice-Hall, 1975.

Yen-ho David Wu, "The Construction of Chinese Identities", *The Living Tree: The Changing Meaning of Beijing Chinese Today*. Cambridge: the American Academy of Arts and Sciences, 1991.

致　　谢

　　感谢我的恩师伊藤亚人、渡边欣雄先生和末成道男先生在我留学期间对我无微不至的关怀和学术上的耐心指导。

　　感谢辽宁省新宾满族自治县政府各部门对我的大力支持，感谢腰站村（包括其他几个村）村民们对我田野工作的理解和热情关照。自1993年进入该村以来，肇启忠、王淑琴，王连波、肇毓丽夫妇为我提供了舒适、清洁、温馨的居住环境，王淑琴的存在使我意识到从女性视角观察问题的重要性。

　　感谢已经作古的肇祥臻、刘庆贵、肇恒砚、肇溥维对我工作的大力支持，感谢肇毓砚、王文清、肇恒范、胡连玉、肇溥化、王文武、肇毓记、杨兆国、翟兴来等人对我研究的理解与帮助。

　　张德玉先生给刚踏上满族研究之路的我以许多启蒙性知识，在之后的十几年中，张先生一直关心我的研究，并为我提供了诸多有价值的资料与建议，在此表示衷心感谢。

　　感谢福州市满族联谊会负责人赵燕生先生、琴江满族村许辉先生，没有他们无私的帮助，我在福建的田野工作不可能完成。感谢中国社会科学院定宜庄先生，在选择福建调查点、黑龙江调查点以及后来的研究方面，定先生给予我很大帮助，我从定先生的学术论文和著作中受益颇深。

　　感谢高丙中先生给予我的关心与悉心指导。

　　感谢中国社会科学院民族学与人类学的领导和同事们对我工作的大力支持。

　　感谢郝时远先生对本书出版给予的鼓励和支持。

　　我要特别感谢中国社会科学出版社王茵女士和孙萍女士，以及那些默默无闻的编辑们，没有他们耐心细致和辛勤的劳动，本书不可能出版。

最后，我要感谢我的家人，他们的关怀和鼓励给我增添了无穷的力量。

需要感谢的人太多，在此无法一一提及，我只能用本书以及今后的学术成果来报答他们的关爱与期待。

刘正爱
2015 年 3 月于上地